高等学校应用型特色规划教材 经管系列

企业战略管理教程
(第二版)

主　编　雷银生
副主编　沈翠珍　贾书章

清华大学出版社
北京

内 容 简 介

企业战略管理是高等院校管理类专业的主干课程之一。全书共分十二章。第二版本着继承和扬弃的原则，秉承了第一版的编写特色：将企业战略管理的理论与企业的实践相结合，将理论分析与案例教学相结合，每章均精选了与该章教学内容紧密联系的经典案例，并进行案例点评，从而帮助学生加深对战略管理理论的理解；对战略管理概念的表述简洁明了，对理论的介绍通俗易懂，适合应用型人才的培养特点，也适应企业管理实际工作者的需求。

本书既可作为高等院校管理类专业学生的教材，也可作为相关从业人员的参考用书。

本书封面贴有清华大学出版社防伪标签，无标签者不得销售。
版权所有，侵权必究。举报：010-62782989，beiqinquan@tup.tsinghua.edu.cn。

图书在版编目(CIP)数据

企业战略管理教程(第二版)/雷银生主编；沈翠珍，贾书章副主编. --北京：清华大学出版社，2010.10（2022.8重印）
（高等学校应用型特色规划教材　经管系列）
ISBN 978-7-302-23578-1

Ⅰ. ①企…　Ⅱ. ①雷…　②沈…　③贾…　Ⅲ. ①企业管理—教材　Ⅳ. ①F270

中国版本图书馆 CIP 数据核字(2010)第 158506 号

责任编辑：温　洁
封面设计：杨玉兰
责任校对：周剑云
责任印制：曹婉颖

出版发行：清华大学出版社
　　　　网　　址：http://www.tup.com.cn, http://www.wqbook.com
　　　　地　　址：北京清华大学学研大厦 A 座　　邮　编：100084
　　　　社 总 机：010-83470000　　邮　购：010-62786544
　　　　投稿与读者服务：010-62776969, c-service@tup.tsinghua.edu.cn
　　　　质量反馈：010-62772015, zhiliang@tup.tsinghua.edu.cn

印 装 者：三河市铭诚印务有限公司
经　　销：全国新华书店
开　　本：185mm×230mm　　印　张：18　　字　数：384 千字
版　　次：2006 年 8 月第 1 版　　2010 年 10 月第 2 版　　印　次：2022 年 8 月第 17 次印刷
定　　价：49.00 元

产品编号：035315-04

出版说明

应用型人才是指能够将专业知识和技能应用于所从事的专业岗位的一种专门人才。应用型人才的本质特征是具有专业基本知识和基本技能，即具有明确的职业性、实用性、实践性和高层次性。加强应用型人才的培养，是"十一五"时期我国教育发展与改革的重要目标，也是协调高等教育规模速度与市场人才需求关系的重要途径。

教育部要求今后需要有相当数量的高校致力于培养应用型人才，以满足市场对应用型人才需求量的不断增加。为了培养高素质应用型人才，必须建立完善的教学计划和高水平的课程体系。在教育部有关精神的指导下，我们组织全国高校的专家教授，努力探求更为合理有效的应用型人才培养方案，并结合我国当前的实际情况，编写了这套《高等学校应用型特色规划教材 经管系列》丛书。

为使教材的编写真正切合应用型人才的培养目标，我社编辑在全国范围内走访了大量高等学校，拜访了众多院校主管教学的领导，以及教学一线的系主任和教师，掌握了各地区各学校所设专业的培养目标和办学特色，并广泛、深入地与用人单位进行交流，明确了用人单位的真正需求。这些工作为本套丛书的准确定位、合理选材、突出特色奠定了坚实的基础。

◆ 教材定位

- 以就业为导向。在应用型人才培养过程中，充分考虑市场需求，因此本套丛书充分体现"就业导向"的基本思路。
- 符合本学科的课程设置要求。以高等教育的培养目标为依据，注重教材的科学性、实用性和通用性。
- 定位明确。准确定位教材在人才培养过程中的地位和作用，正确处理教材的读者层次关系，面向就业，突出应用。
- 合理选材、编排得当。妥善处理传统内容与现代内容的关系，大力补充新知识、新技术、新工艺和新成果。根据本学科的教学基本要求和教学大纲的要求，制订编写大纲(编写原则、编写特色、编写内容、编写体例等)，突出重点、难点。
- 建设"立体化"的精品教材体系。提倡教材与电子教案、学习指导、习题解答、课程设计、毕业设计等辅助教学资料配套出版。

❖ 丛书特色

- ➤ 围绕应用讲理论，突出实践教学环节及特点，包含丰富的案例，并对案例作详细解析，强调实用性和可操作性。
- ➤ 涉及最新的理论成果和实务案例，充分反映岗位要求，真正体现以就业为导向的培养目标。
- ➤ 国际化与中国特色相结合，符合高等教育日趋国际化的发展趋势，部分教材采用双语形式。
- ➤ 在结构的布局、内容重点的选取、案例习题的设计等方面符合教改目标和教学大纲的要求，把教师的备课、授课、辅导答疑等教学环节有机地结合起来。

❖ 读者定位

本系列教材主要面向普通高等院校和高等职业技术院校，适合应用型人才培养的高等院校的教学需要。

❖ 关于作者

丛书编委特聘请执教多年且有较高学术造诣和实践经验的教授参与各册教材的编写，其中有相当一部分的教材主要执笔者是精品课程的负责人，本丛书凝聚了他们多年的教学经验和心血。

❖ 互动交流

本丛书的编写及出版过程，贯穿了清华大学出版社一贯严谨、务实、科学的作风。伴随我国教育改革的不断深入，要编写出满足新形势下教学需求的教材，还需要我们不断地努力、探索和实践。我们真诚希望使用本丛书的教师、学生和其他读者提出宝贵的意见和建议，使之更臻成熟。

清华大学出版社

第二版前言

企业战略管理是一门整合性、最高层次的管理理论，战略管理的目的是提高企业对外部环境的适应性，使企业做到可持续发展。在西方发达国家，战略管理的理论和方法已深入人心，不仅为众多的管理学家所推崇，也为大多数企业家所接受，并得到广泛的推广与应用。在美国的一次调查中，被调查的90%以上的企业家认为，企业家"最占时间，最为困难，最为重要的事情是制定企业战略"。1985年，日本富士银行对640家企业进行调查，结果显示："企业最急需会制定中长期战略、并为实现战略出谋划策的人。"

随着我国市场经济体制的逐步完善，国内市场与国际市场的逐步接轨，企业战略管理理论在我国企业的成长和发展中起着越来越重要的指导作用，"企业战略管理"也列为高等院校管理类专业的主干课程之一。通过本课程的学习，学生可以对战略管理的基本思想、基本理论和基本方法有一个全面了解和掌握，从而构造企业战略管理的基本思想，可以初步具备战略与创新的思维能力，为将来从事企业战略管理奠定理论基础。

本书是武汉工业学院从事企业战略管理教学和研究的教师在总结教学实践的基础上编写而成的。自2006年8月第一版出版发行以来，承蒙广大读者的厚爱，本书第一版已经重印10次，使作者感到无限的感激和欣慰。借此机会，向所有使用本书的师生和读者表示诚挚的谢意！

本书第二版本着继承和扬弃的原则，秉承了第一版的编写特色：将企业战略管理的理论与企业的实践相结合，将理论分析与案例教学相结合，每章均精选了与该章教学内容紧密联系的经典案例，并进行案例点评，帮助学生加深对战略管理理论的理解；对战略管理概念的表述简洁明了，对理论的介绍通俗易懂，适合应用型人才的培养特点，也适应企业管理的实际工作者的需求。

本书第二版主要作了如下改进和完善：一是引入了企业战略管理理论研究的新成果。将近几年理论界对企业战略管理理论研究的最新成果，特别是互联网的发展对企业战略管理的影响及企业如何顺应客观社会经济环境的变化，进行有效的战略管理等内容引入教材，使战略管理理论更具有时代性。二是选取新的企业案例。新的案例内容与当代客观社会经济环境联系更为紧密，更能反映企业战略管理理论在当代企业管理中的实际运用。

另外，本书配有电子课件，以适应多媒体教学的需求。下载地址：www.tup.tsinghua.edu.cn。

在本书第二版的编写过程中，我们参阅了国内外一些专家同行的著作和文献资料，吸收了广大读者的意见和建议，也得到了清华大学出版社的支持和帮助，在此一并表示崇高的敬意和衷心的感谢！

编 者

第一版前言

企业战略管理理论自 20 世纪 50 年代于美国产生以来，其理论研究已经有几十年的历史。在西方发达国家，战略管理的理论与方法已深入人心，不仅为众多的管理学家所推崇，也为大多数企业家所接受，并得到广泛的推广和应用。企业战略学目前已成为经济学和管理学研究的前沿领域之一。

随着我国市场经济体制的逐步完善，国内市场与国际市场的逐步接轨，企业战略管理理论在我国企业的成长和发展中起着越来越重要的指导作用，"企业战略管理"也列为高等院校管理类专业的主干课程之一。我国研究企业战略管理理论的专家学者越来越多，企业战略管理的理论和教材也不断翻新。本书是武汉工业学院从事企业战略管理教学和研究的教师在总结教学实践的基础上编写而成的，其主要特点是将企业战略管理理论与实践相结合，将理论教学与管理案例分析相结合。

全书共分十二章。第一章，介绍企业战略管理的概念、性质和特点，企业战略管理的过程、层次，企业战略管理理论的学派；第二章至第四章，介绍企业内部环境分析、外部环境分析的内容和方法，企业使命和战略目标的内容及方法；第五章至第九章，介绍企业总体战略、经营战略、职能战略、国际化经营战略的基本类型、适用条件和实施方式，以及各种战略的优缺点和几种重要的战略评价方法；第十章至第十二章，主要介绍企业战略实施与组织结构，战略领导与战略控制。

在本教材的编写过程中，我们参阅了国内外大量专家同行的著作和文献资料，并从中吸取了一些符合本教材编写要求的内容，相关参考书目附于书后的参考文献中，在此，我们对这些参考文献的作者表示崇高的敬意和衷心的感谢！

本书由雷银生教授担任主编，负责编写大纲的拟订和统稿工作。具体编写分工如下：雷银生教授编写第一章、第八章至第十二章；沈翠珍教授编写第二章至第五章、第七章；贾书章副教授编写第六章。

本书的编撰、出版工作得到了武汉工业学院各级领导的大力支持，清华大学出版社也给予了极大帮助，在此一并致谢。

尽管我们做出了不少努力，但由于学识有限，若有错误和不当之处，敬请专家和读者给予批评和指正，以便在本书再版时予以改正。

编 者

目 录

第一章 企业战略管理概论 ... 1

第一节 企业战略管理的概念、性质与特征 ... 1
一、企业战略管理的概念 ... 1
二、战略管理的性质 ... 4
三、战略管理的特征 ... 5
四、战略管理的原则 ... 7

第二节 企业战略管理过程 ... 8
一、确定企业使命 ... 8
二、战略环境分析 ... 9
三、战略选择及评价 ... 9
四、战略实施及控制 ... 11

第三节 企业战略层次 ... 12
一、企业战略 ... 12
二、经营(事业部)战略 ... 13
三、职能战略 ... 14
四、三种战略的比较 ... 15

第四节 企业战略管理理论的学派 ... 15
一、设计学派 ... 16
二、计划学派 ... 16
三、定位学派 ... 16
四、企业家学派 ... 17
五、认知学派 ... 17
六、学习学派 ... 18
七、权力学派 ... 18
八、文化学派 ... 19
九、环境学派 ... 19
十、结构学派 ... 19

本章小结 ... 20
思考题 ... 20
本章案例 ... 21

第二章 企业外部环境分析 ... 25

第一节 企业宏观环境因素分析 ... 25
一、政治法律环境因素分析 ... 26
二、经济环境因素分析 ... 27
三、社会文化环境因素分析 ... 30
四、科技环境因素分析 ... 31

第二节 产业环境分析 ... 32
一、产业竞争性分析——波特的五种力量模型 ... 32
二、互联网对产业竞争环境的影响 ... 40
三、产业内部结构分析——战略集团分析法 ... 41

第三节 企业的主要竞争对手分析 ... 44
一、竞争对手的未来目标 ... 45
二、竞争对手的假设 ... 45
三、竞争对手的现行战略 ... 46
四、竞争对手的能力 ... 46

第四节 市场信号辨识 ... 47
一、提前预告 ... 47
二、行动的事后宣告 ... 48
三、对产业情况的公开评论 ... 48
四、竞争者讨论和解释自身的行动 ... 49
五、交叉回避 ... 49
六、格斗商标 ... 49
七、秘密反不正当竞争行为诉讼 ... 50

本章小结 ... 50
思考题 ... 51
本章案例 ... 51

第三章 企业的内部环境分析 ... 54

第一节 企业的资源分析 ... 54

一、有形资产…………………………54
　　二、无形资产…………………………56
　　三、人力资源…………………………60
第二节　企业能力的构成………………61
　　一、研发能力…………………………62
　　二、生产管理能力……………………62
　　三、营销能力…………………………63
　　四、组织效能分析……………………65
第三节　企业核心竞争能力分析………67
　　一、核心能力的概念…………………67
　　二、核心能力的识别和特征…………69
　　三、核心能力与竞争优势……………70
第四节　企业内部环境分析的方法……72
　　一、价值链法…………………………72
　　二、SWOT分析法……………………73
　　三、财务比率分析法…………………75
本章小结……………………………………75
思考题………………………………………76
本章案例……………………………………77

第四章　企业使命与战略目标…………79

第一节　企业使命确定…………………79
　　一、企业使命的概念…………………79
　　二、确定企业使命的必要性…………80
　　三、企业使命的构成要素……………81
　　四、企业使命定位应考虑的因素……83
　　五、企业使命的表述应注意的问题…84
第二节　企业战略目标的确定…………86
　　一、企业战略目标的作用……………86
　　二、企业战略目标的内容……………86
　　三、对企业战略目标的要求…………88
本章小结……………………………………90
思考题………………………………………91
本章案例……………………………………91

第五章　企业总体战略选择……………95

第一节　发展型战略……………………95
　　一、发展型战略概述…………………95
　　二、密集型发展战略…………………99
　　三、一体化发展战略…………………102
　　四、多样化发展战略…………………104
第二节　稳定型战略……………………106
　　一、稳定型战略的含义和特点………106
　　二、稳定型战略的种类………………107
　　三、稳定型战略的适用条件
　　　　及其利弊…………………………108
第三节　紧缩型战略……………………110
　　一、紧缩型战略的含义和特点………110
　　二、紧缩型战略的种类………………111
　　三、紧缩型战略的适用条件
　　　　及其利弊…………………………112
第四节　组合战略………………………114
　　一、组合型战略的概念与特征………114
　　二、组合型战略的类型………………114
本章小结……………………………………116
思考题………………………………………117
本章案例……………………………………117

第六章　企业国际化经营战略…………120

第一节　企业国际化经营战略概述……120
　　一、企业国际化经营的原因…………120
　　二、企业国际化经营战略的含义……122
　　三、企业国际化经营战略的特征……122
　　四、企业国际化经营战略的意义……123
第二节　企业国际化经营的环境
　　　　因素分析…………………………123
　　一、国际贸易体制……………………124
　　二、政治和法律环境…………………124
　　三、经济环境…………………………124
　　四、地理、社会、人文环境…………126
第三节　企业一般国际竞争战略的
　　　　选择………………………………126

一、产品战略 126
　　二、竞争和联合战略 127
　　三、成长战略 127
　　四、公共关系战略 127
第四节　企业进入国际市场的方式
　　　　和战略选择 128
　　一、企业进入国际市场的方式 128
　　二、影响企业进入国际市场方式的
　　　　因素 131
　　三、国际市场进入的战略选择 135
第五节　国际战略联盟 136
　　一、国际战略联盟的类型 136
　　二、国际战略联盟的形式 137
　　三、国际战略联盟的动因 138
　　四、国际战略联盟的有效运行 139
　　五、战略联盟发展的新趋势 140
本章小结 141
思考题 142
本章案例 142

第七章　企业的竞争性战略 146

第一节　成本领先战略 146
　　一、适用条件 147
　　二、优势分析 148
　　三、风险分析 148
　　四、战略途径选择 149
　　五、误区避让 151
第二节　差异化战略 152
　　一、适用条件 152
　　二、优势分析 153
　　三、风险分析 154
　　四、战略途径选择 155
　　五、误区避让 159
第三节　集中化战略 160
　　一、基本概念 160

　　二、适用条件 161
　　三、优势分析 161
　　四、风险分析 162
　　五、战略途径选择 162
本章小结 163
思考题 164
本章案例 164

第八章　企业职能性战略 167

第一节　市场营销战略 167
　　一、市场细分 167
　　二、目标市场战略 170
　　三、市场定位策略 172
第二节　财务战略 173
　　一、财务战略的目标 173
　　二、筹资战略 174
　　三、投资战略 176
　　四、利润分配战略 178
第三节　人力资源战略 179
　　一、人力资源规划 179
　　二、人员选聘 180
　　三、人员培训 180
　　四、人员激励 181
　　五、人员绩效考评 182
第四节　研发与产品战略 183
　　一、研究与开发工作的类型 183
　　二、研究与开发战略的类型 183
　　三、产品组合及其战略 184
　　四、不同寿命周期阶段的
　　　　产品战略 185
本章小结 187
思考题 188
本章案例 188

第九章　企业战略评价方法 192

第一节　增长率—市场占有率矩阵法 192

一、增长率—市场占有率
　　　　　矩阵结构 192
　　　二、经营单位战略选择 193
　　　三、分析步骤 194
　　　四、BCG新矩阵 196
　第二节　行业吸引力—竞争能力
　　　　　分析法 197
　　　一、行业吸引力—竞争能力矩阵 197
　　　二、经营单位的分类 198
　　　三、政策指导矩阵 198
　第三节　PIMS分析 200
　　　一、PIMS的含义 200
　　　二、PIMS研究的数据库 200
　　　三、PIMS研究的主要结论 201
　第四节　汤姆森和斯特克兰方法 203
　　　一、鉴别战略簇 203
　　　二、各象限企业的战略选择 203
　本章小结 205
　思考题 205
　本章案例 206

第十章　企业战略与组织结构 210

　第一节　基本组织结构类型 210
　　　一、职能型组织结构 210
　　　二、事业部型组织结构 211
　　　三、矩阵型组织结构 214
　　　四、动态网络型组织结构 215
　第二节　战略与组织结构的关系 216
　　　一、组织结构服从战略 217
　　　二、战略的前导性和组织结构的
　　　　　滞后性 218
　　　三、组织结构与战略的匹配 218
　第三节　战略组织结构调整与变革 221
　　　一、战略组织结构调整 221
　　　二、战略组织结构变革 222

　本章小结 225
　思考题 226
　本章案例 226

第十一章　企业战略领导 233

　第一节　领导概论 233
　　　一、领导的定义 233
　　　二、领导的作用 234
　　　三、领导与管理 234
　　　四、领导与权力 235
　　　五、战略领导职责 236
　第二节　领导理论 237
　　　一、领导特质理论 237
　　　二、领导行为理论 238
　　　三、领导情景理论 239
　第三节　领导与战略的匹配 241
　　　一、总经理的类型 241
　　　二、战略与总经理的匹配 243
　　　三、战略领导班子的组建 243
　　　四、经理人员的激励 245
　本章小结 247
　思考题 247
　本章案例 248

第十二章　企业战略控制 253

　第一节　战略控制概述 253
　　　一、战略控制的动因 253
　　　二、战略控制的特征 254
　　　三、战略控制的原则 255
　第二节　战略控制过程 257
　　　一、确定评价标准 258
　　　二、审视战略基础 258
　　　三、衡量企业绩效 259
　　　四、战略调整或变革 260
　第三节　战略控制类型 260

一、依据控制时机分类......................260
　　二、依据控制对象和目的分类..........262
第四节　战略控制方法和战略控制系统...263
　　一、战略控制方法......................263
　　二、战略控制系统......................264

本章小结..265
思考题..266
本章案例..266

参考文献..271

第一章

企业战略管理概论

学习目标：通过本章的学习，学生应该理解战略管理的概念、性质和特征，理解企业战略的层次，掌握企业战略的管理过程，了解企业战略管理理论的主要学派。

关键概念：战略(strategy)　战略管理(strategic management)　企业战略(corporate strategy)　经营战略(business strategy)　职能战略(functional strategy)　战略管理过程(strategic management process)　战略管理学派(classical theorists on strategic management)

企业战略管理是一门整合性的、最高层次的管理理论。通过本课程的学习，学生可以对战略管理的基本思想、基本理论及基本方法有一个全面了解和掌握，从而构造企业战略管理的基本思想，可以初步具备战略与创新的思维能力，提高发现问题、分析问题和解决问题的能力。

第一节　企业战略管理的概念、性质与特征

一、企业战略管理的概念

(一)战略的含义

"战略"一词自古有之，《辞海》对"战略"的解释是："战略泛指重大的、带有全局性和决定全局的计谋。""战略"原是个军事方面的概念。从军事角度看，战略是指对战争全局的策划和指挥，即依据敌对双方的军事、政治、经济、地理等因素，遵从战争规律，照顾战争全局的各方面，所制定和采取的有关战争的方针、政策和方法。战略是军事指挥官在战争中利用军事手段达到战争目的的科学和艺术。这些军事战略的概念在运用于企业后，便成为指导企业根据经营环境和自身实力确定经营目标、分配关键资源、组织各类活动的方针、政策和方法。

在企业管理这个范畴中，究竟什么是战略，目前尚无统一的定义。不同的学者与经理人员给战略赋予不同的含义。有的认为战略应该包括目标，即广义的战略；有的则认为战略不应该包括目标这部分内容，即主张狭义的战略。在众多的关于战略的定义中，被普遍

接受的是明茨博格对于战略定义的独到认识。他归纳总结出人们对战略的五个定义，这五个定义都是对战略从不同角度进行的充分阐述。他认为，人们在不同的场合以不同的方式赋予战略不同的内涵，说明人们可以根据需要来接受各种不同的战略概念。只不过在正式使用战略概念时，人们只是引用其中的一个罢了。明茨博格借鉴市场学中四要素(4P)的提法，提出战略的五个不同方面的定义，即战略是计划(plan)，计谋(ploy)，模式(pattern)，定位(position)和观念(perspective)。

1. 战略是一种计划

大多数人将战略看做一种计划，即它是一种有意识的有预计的行动程序，一种处理某种局势的方针。把战略作为一种计划对待，是强调战略为一种实现特定目标而进行的有意识的活动。它是组织领导人为组织确定的方向以及为此而进行的一系列活动。根据这个定义，战略具有两个本质属性：一是战略是在企业开展经营活动之前制定的；二是战略是有意识、有目的开发的。明茨博格还引用了彼得·德鲁克的话："战略是一种统一的、综合的、一体化的计划，用来实现企业的基本目标。"

2. 战略是一种计谋

将战略视为计谋主要是指通过公布企业的战略或战略意图，向对手宣布本企业的竞争意愿和决心以及相应将采取的竞争性行动，以期形成对竞争对手的威胁。此时，战略强调的已不是竞争性行动本身，而是要阻止竞争对手正在准备中的、有可能对本企业造成关键打击的那些战略性行动。战略的这一理解和运用在军事上就称为"威慑性战略"，如大型军事演习。战略的计谋概念直接表现出对手之间的竞争关系，即通过采用包括威胁在内的各种手段来取得竞争优势。

3. 战略是一种模式

明茨博格引用钱德勒在其《战略与结构》一书中的观点，战略是企业为了实现战略目标进行竞争而进行的重要决策、采取的途径和行动以及为实现目标对企业主要资源进行分配的一种模式。这种定义将战略体现为一系列的行为。这就是说，无论企业是否事先对战略有所考虑，只要有具体的经营行为，就有战略。战略作为一种计划与战略作为一种模式的两种定义是相互独立的。在实践中，计划往往可能在最后没有得到实施，这样，计划的战略或设计的战略就变成了没有实现的战略。战略是一种模式的概念将战略视为行动的结果，这种行动可能是事先并没有设计的战略，但最后却形成了，因此成了已实现的战略。在已设计的战略与已实现的战略之间是准备实施的战略。这是指那些已经设计出来，即将实现的战略。而突发形成的战略则是指那些预先没有计划、自发产生的战略。这些战略之间的关系如图 1-1 所示。

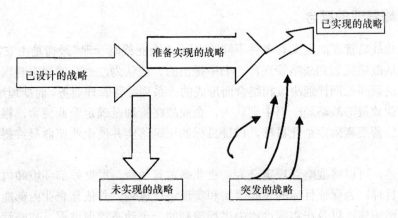

图 1-1　战略是一种模式

4. 战略是一种定位

明茨博格指出，战略可以包括产品及过程、顾客及市场、企业的社会责任与自我利益等任何经营活动及行为。而最重要的是，战略应帮助组织在环境中正确确定自己的位置，从而使上述各项行为在正确的定位之下来进行。这种意义上的战略，成为企业与环境之间的纽带。根据这一概念，首先，战略过程要确定企业应该进入的经营业务领域；其次，战略需要确定在选定的业务领域内进行竞争或运作的方式；最后，通过战略的实施，使组织能处于恰当的位置，保证自身的生存和发展。把战略作为一种定位来考虑，也包括通过正确配置企业资源，从而形成企业特有竞争优势的考虑。

5. 战略是一种观念

这种定义强调的是企业高层管理人员，特别是企业董事会成员的整体个性对形成组织特性的影响，以及组织特性差别对企业存在的目的、企业的社会形象和发展远景的影响。战略是一种观念。首先，它存在于战略者的头脑之中，是战略者的独创性和想象力的体现；其次，战略的观念被组织成员所共享，构成组织文化的一部分，由此而指导组织成员的意图和行动。战略过程的有效性将取决于战略观念的共享程度以及共同的战略观念转化为共同行动的程度。根据战略的观念概念，组织在其观念范围内的计划和位置的改变比较容易实现，而超出观念允许范围的改变则困难得多。因此，战略的"观念"概念提出了战略变革的界限，超过这一界限的战略变革的困难程度和对组织的影响不亚于一场重大的革命。

了解以上五种对战略不同的定义，有助于人们对战略管理及过程的深刻理解。不同的定义只能说明人们对战略的特性的不同认识，不能说明哪种战略定义更为重要。需要强调的是，尽管战略定义多样，但对于具体企业来说，战略仍只有一个，五个定义只不过是从不同角度对战略加以阐述。

(二)战略管理的概念

关于企业战略管理的定义有多种不同的表述。"企业战略管理"最初是由安索夫在1976年出版的《从战略规划到战略管理》一书中提出的。他认为，企业的战略管理是指将企业的日常业务决策同长期计划决策相结合而形成的一系列经营管理业务。而斯坦纳在1982年出版的《企业政策与战略》一书中则认为，企业战略管理是确定企业使命，根据企业外部环境和内部经营要素确定企业目标，保证目标的正确落实并使企业使命最终得以实现的一个动态过程。

综上所述，可以将战略管理定义为：企业确定其使命，根据外部环境和内部条件设定企业的战略目标，为保证目标的正确落实和实现进行谋划，并依靠企业内部能力将这种谋划和决策付诸实施，以及在实施过程中进行控制的一个动态管理过程。战略管理是一种崭新的管理思想和管理方式。这种管理方式的特点是指导企业全部活动的是企业战略，全部管理活动的重点在于制定战略和实施战略。而制定战略和实施战略的关键在于对企业外部环境的变化进行分析，对企业的内部条件和素质进行审核，并以此为前提确定企业的战略目标。战略管理的任务，在于通过战略制定、战略实施和日常管理，在保持这种动态平衡的条件下，实现企业的战略目标。

二、战略管理的性质

1. 战略管理是整合性管理理论

以往的管理理论，如生产管理理论、财务管理理论、市场营销管理理论等所谓的职能管理理论，是从企业局部的角度来讨论管理问题的。应当承认这种解剖式的理论创建和发展方式，对管理理论的发展以及深入了解某一方面的管理问题提供了丰富的要素。但它带来的弊端是显而易见的，被分解的管理理论如何解决企业整体性的管理问题？因为在实际的管理活动中企业是不能分割的，它是由具有执行不同功能的部分所组成的一个统一体，在社会进步和经济发展中作为一个整体而发挥着作用。如何将企业的各个职能部门协调一致，有机地结合起来运作，就需要企业战略管理理论发挥作用。企业战略管理理论从企业整体的、全局的角度出发，综合运用职能管理理论，处理涉及企业整体的和全面的管理问题，使企业的管理工作达到整体最优的水平。

2. 战略管理是最高层次的管理理论

从管理理论的层次来看，战略管理理论是最高层次的管理理论。按照内容所涉及的范围和影响的程度，人们将管理理论分成下列三个不同的层次：一是管理基础。它是管理中带有共性的基础理论、基本原则和基本技术，主要包括管理数学、管理经济学、管理心理学、管理原理和原则、管理组织学以及管理思想等。二是职能管理。它是将管理基础与特定的管理职能相结合，以提高组织职能部门的效率。它主要包括生产管理、市场营销管理、财务管理、人力资源管理、研究与开发管理等。三是战略管理。它是管理理论的最高层次，它不仅要以管理基础和职能管理为基础，还融合了政治学、法学、社会学、经济学等方面的知识。从这种分类中可知，战略管理是管理理论中顶级的管理理论。

3. 战略管理是企业高层管理人员最重要的活动和技能

美国学者罗伯特·卡茨将企业管理工作对管理者的能力要求划分成三个方面：一是技术能力，也即操作能力，是一个人运用一定的技术来完成某项组织任务的能力，包括方法、程序和技术；二是人际能力，是一个人与他人共事、共同完成工作任务的能力，包括领导、激励、排解纠纷和培植协作精神等；三是思维能力，即战略能力，这种能力包括将企业看成是一个整体，洞察企业与外界环境之间的关系，以及理解整个企业的各个部分应如何互相协调来生产公司的产品或提供服务的能力。处于企业中不同管理层次的管理人员，对他们的上述三种能力要求是不相同的。低层管理者所需要的能力主要是技术能力和人际能力；中层管理的有效性主要依赖于人际能力和思维能力；而高层管理者最需要的能力是思维能力或战略能力，这是保证他们工作有效性的最重要的因素。在 20 世纪 80 年代，美国的一次调查显示，90%以上的企业家认为："企业家最占时间、最为困难、最为重要的事是制定企业战略。"可见，对于企业高层管理者来说，最重要的活动和技能是制定战略和推进战略管理，以保证企业整体的有效性。

4. 战略管理的目的是提高企业对外部环境的适应性，使企业做到可持续发展

企业的生存和发展在很大的程度上受其外部环境因素的影响。现在，企业的外部环境既复杂多样，又动荡多变。如何在这种复杂多变的外部环境中生存并持续地发展，是战略管理的任务和目的。战略管理促使企业高层管理人员在制定、实施企业战略的各个阶段上，都要清楚地了解有哪些外部因素影响企业，影响的方向、性质和程度如何，以便及时调整企业现行的战略以适应外部环境的变化，做到以变应变，不断提高企业的适应能力。这就要求企业战略必须是具有弹性的，应随着环境的变化而及时做出调整。因此，战略管理的目的是促使企业提高对外部环境的适应能力，使其能够生存并可持续地发展。

三、战略管理的特征

与传统的生产管理、财务管理、市场营销管理、人力资源管理等职能管理相比较，战略管理具有如下特征。

1. 战略管理具有全局性

企业的战略管理是以企业的全局为对象，根据企业总体发展的需要而制定的。它所管

理的是企业的总体活动，所追求的是企业的总体效果。虽然这种管理也包括企业的局部活动，但是这些局部活动是作为总体活动的有机组成部分在战略管理中出现的。具体地说，战略管理不是强调企业某一事业部或某一职能部门的重要性，而是通过制定企业的使命、目标和战略来协调企业各部门的活动。在评价和控制过程中，战略管理重视的不是各个事业部或职能部门自身的表现，而是它们对实现企业使命、目标和战略的贡献大小。这样也就使战略管理具有了综合性和系统性的特点。

2. 战略管理具有长远性

企业战略管理中的战略决策是对企业未来较长时期(一般为 5 年以上)内，就企业如何生存和发展等问题进行统筹规划。虽然这种决策以企业外部环境和内部条件的当前情况为出发点，并且对企业当前的生产经营活动有指导、限制作用，但是这一切是为了更长远的发展，是长期发展的起步。从这一点上来说，战略管理也是面向未来的管理，战略决策要以经理人员所期望或预测将要发生的情况为基础。在迅速变化和竞争性的环境中，企业要取得成功必须对未来的变化采取预应性的态势，这就需要企业作出长期性的战略计划。

3. 战略管理具有纲领性

企业所确定的战略目标和发展方向，是一种原则性和概括性的纲领，是对企业未来的一种粗线条的设计。它是对企业未来成败的总体谋划，而不纠缠于现实具体的细枝末节。战略不在于精细，而在于洞察方向。它为企业指明了未来发展的方向，是企业全体人员行动的纲领。要把它变成企业的实际行动，需要经过一系列的展开、分析和具体化的过程。

4. 战略管理具有抗争性

企业战略是企业在竞争中战胜对手，应对外界环境的威胁、压力和挑战的整套行动方案。它是针对竞争对手制定的，具有直接的对抗性。它区别于那些不考虑竞争，单纯为改善企业现状，以提高管理水平为目的的行动方案和管理措施等。也就是说，企业战略是一种具有"火药味"的，而非"和平"状态下的计划。企业制定企业战略的目的，就是要在优胜劣汰的市场竞争中战胜对手，赢得竞争优势，赢得市场和顾客，使自己立于不败之地。

5. 战略管理的主体是企业的高层管理人员

由于战略决策涉及一个企业活动的各个方面，虽然它也需要企业中、低层管理者和全体员工的参与和支持，但企业的最高层管理人员介入战略决策是必需的。这不仅由于他们能够统观企业全局，而更重要的是他们具有对战略实施所需资源进行分配的权力。

6. 战略管理涉及企业资源的配置问题

企业的资源包括人力资源、实体财产和资金，这些资源或者在企业内部进行调整，或者从企业外部筹集。战略决策往往需要在相当长的一段时间内致力于一系列的活动，而实施这些活动需要有足够的资源作为保证。为保证战略目标的实现，必须对企业的资源进行统筹规划，合理配置。

7. 战略管理需要考虑企业外部环境中的诸多因素

现在的企业都存在于一个开放的系统中，它们影响着这些外部因素，但更通常的情况是被这些不能由企业自身控制的因素所影响。因此在未来竞争性的环境中，企业要使自己占据有利地位并取得竞争优势，就必须考虑与自身相关的外部因素，包括竞争者、顾客、资金供给者、政府等，以使企业的行为适应不断变化的外部环境，能够持续生存下去。

8. 战略管理具有风险性

战略管理考虑的是企业的未来，而未来具有不确定性，因而战略管理必然带有一定的风险性。风险并不可怕，就战略决策的本质而言，战略本身就是对风险的挑战。战略管理的这种风险性特征要求战略决策者必须有胆有识，敢于承担风险，敢于向风险挑战。同时，要求决策者必须随时关注环境的变化，并且能够根据环境的变化及时地调整企业的战略，以便提高企业承担风险的能力。

四、战略管理的原则

1. 适应性原则

企业战略管理重视企业与环境的互动关系，目的是使企业能够适应内外部环境的动态变化，细致分析机会与挑战的存在方式和影响程度，以正确制定恰当的战略或及时修订现行的战略。

2. 全过程管理原则

战略管理要求将战略的制定、实施、控制和修订作为一个完整、统一的过程来加以管理，不可忽视其中的任何一个阶段，以确保战略的权威性、一贯性和高效性，确保整个过程的有效性和效率。

3. 整体最优原则

企业战略管理将企业看作一个不可分割的整体，以整体和全局的观点来管理企业，目的是提高企业整体的优化程度。战略管理不是强调企业某个战略经营单位或某个职能部门的重要性，而是强调通过制定企业的宗旨、目标、战略来协调、统一各部门、各单位的活动，使之形成合力。某个局部的最优如果对整体产生不利影响，则需要对局部最优实施调整；反之，整体最优使某个局部受到不利影响，却是可以接受的。

4. 全员参与原则

战略管理要求企业高层管理者的英明决策，也要求企业中下层管理者及全体员工的广泛参与和全力支持。这种全员参与既表现在战略制定中的建议与分析，使高层管理者对战略管理作出慎重抉择，也表现在实施过程中下层管理者及全体员工的全心全意地投入。

5. 反馈修正原则

企业战略管理关心的是企业长期、稳定的发展。由于在企业经营过程中环境是不断发生变化的，在战略实施过程中，只有不断地跟踪反馈才能确保企业战略的适应性。从某种意义上说，对现行战略的评价和控制又是新一轮企业战略管理的开始。

第二节　企业战略管理过程

战略管理是对一个企业未来发展方向制定和实施决策的动态管理过程。一个规范性的、全面的战略管理过程可大体分为四个阶段(图 1-2)，即确定企业使命阶段、战略环境分析阶段、战略选择及评价阶段、战略实施及控制阶段。

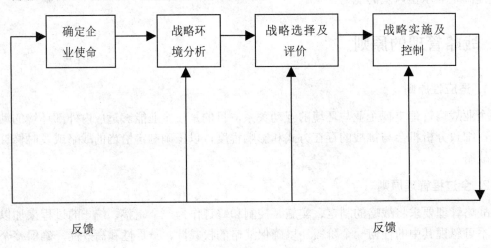

图 1-2　战略管理过程

一、确定企业使命

企业使命是企业在社会进步和社会、经济发展中所应担当的角色和承担的责任。一般说来，一个企业的使命包括两个方面的内容，即企业哲学和企业宗旨。所谓企业哲学是指一个企业为其经营活动或方式所确立的价值观、态度、信念和行为准则，是企业在社会活动及经营过程中起何种作用或如何起这种作用的一个抽象反映。所谓企业宗旨是指企业现在和将来应从事什么样的事业活动，以及应成为什么性质的企业或组织类型。企业在制定战略之前，必须先确定企业的使命。这是因为企业使命的确定过程，常常会从总体上引起企业发展方向、发展道路的改变，使企业发生战略性的变化；此外，确定企业使命也是制定企业战略目标的前提，是战略方案制订和选择的依据，是企业分配企业资源的基础。

二、战略环境分析

战略环境分析包括企业外部环境分析和企业内部环境或条件分析两部分。企业外部环境一般又包括宏观外部环境，即政治与法律因素、经济因素、技术因素、社会因素；微观外部环境，即企业所处行业的竞争状况。外部环境分析的目的就是要了解企业所处的战略环境，掌握各环境因素的变化规律和发展趋势，研究环境的变化将给企业的发展带来哪些机会和威胁，为制定战略打下良好的基础。战略环境分析还要了解企业自身在同行业中所处的相对地位，分析企业的资源和能力，明确企业内部条件的优势和劣势，以及了解不同的利益相关者对企业的期望，理解企业的文化。企业内部条件分析的目的就是为了发现企业所具备的优势或弱点，以便在制定和实施战略时扬长避短，有效地利用企业自身的各种资源，发挥出企业的核心竞争力。

三、战略选择及评价

战略选择及评价过程就是战略决策过程，即对战略进行探索、制定以及选择的过程。通常，这个过程主要包括三个方面的工作：一是拟定多种可供选择的战略方案，二是利用一定的各个战略评价方法对拟定的各个战略方案进行评价，三是最终选择出满意的供执行的战略。企业的战略选择应当解决以下两个基本的战略问题：一是确定企业的经营范围或战略经营领域。即确定企业从事生产经营活动的行业，明确企业的性质和所从事的事业，确定企业以什么样的产品或服务来满足哪一类顾客的需求。二是突出企业在某一特定经营领域的竞争优势。即要确定企业提供的特定产品或服务的类型，要在什么基础上取得超越竞争对手的优势。

一个企业可能会拟定出多种战略方案，这就需要对每种方案进行鉴别和评价，以选出适合企业自身的方案。除了运用一定的战略评价方法评价选择战略外，一般来说，在战略决策过程中，下列因素会影响战略决策者的战略选择。

1. 企业对外部环境的依赖程度

任何企业都存在于它的外部环境之中，而环境受股东、竞争对手、顾客、政府和社区等因素的影响。企业的生存对这些因素的依赖程度，影响着战略选择过程。依赖程度越高，企业选择战略的灵活性就越小。企业依赖于少数几个股东的程度越高，它战略选择的灵活性就越小；企业依赖于其竞争对手的程度越高，则它越不可能选择进攻性的战略(依赖性在此指竞争中处于相对较弱的地位)；企业的成功和生存越依赖于少数几个顾客，则企业对他们的期望应作出较快的反应;企业越是依赖于政府和社区,则它对市场状况和股东的要求反应越不灵敏。企业经营面对的市场的易变程度,影响着战略选择。如果市场的情况变化程度较大,则企业的战略需要具有较大的灵活性。

上面企业对环境的度量基于"客观的"衡量基础之上,但事实并不能为自己说话,客观的现象需要决策者主观地理解。因此,确切地说,是决策者对外部环境依赖性的主观认识影响着战略的选择。这样,处于同一环境中的同一企业,如果由两个决策者来进行战略选择,则会有不同的战略方案。

2. 管理者对待风险的态度

管理者对待风险的态度影响着战略选择。某些企业管理者极不愿承担风险,而另一些管理者却乐于承担风险。不同的对待风险的态度会导致不同的战略选择:①如果管理者认为,风险对于成功是必不可少的,并乐于承担风险,则企业通常采用进攻性战略,接受或寄希望于高风险的项目,在它们被迫对环境变化作出反应之前就已经作出了反应。并且,这类管理者倾向于在较大的范围内选择可行的战略方案。②如果管理者认为风险是实际存在的,并敢于承担风险,那么管理者就会试图在高风险战略和低风险战略之间寻求某种程度的平衡,以分散一定的风险。③如果管理者认为冒较高的风险将毁灭整个企业,需要减低或回避风险,则管理者就会只考虑风险很少的几个低风险战略选择方案。可能采取防御性的或稳定发展的战略,拒绝承担那些高风险的项目,乐于在稳定的产业环境中经营。

总之,管理者和股东对待风险的态度,会增加或减少他们所考虑的战略方案的数目,并增加或降低采用某一特定战略方案的可能性。

3. 企业过去的战略

对大多数企业来说,过去的战略是新战略选择过程的起点,这就导致新考虑的多数战略方案受到企业过去战略的制约。明茨博格曾对德国大众汽车公司 1934—1969 年和美国 1950—1968 年在越南的战略选择变化进行过详细研究,他认为:①现在的战略从过去某一有影响的领导者所制定的战略演化而来。这个独特的、紧密一体化的战略对以后的战略选择将成为主要的影响因素。②此后,这个战略就变得格式化。官僚化的管理组织使战略得以贯彻和实施,即原决策者推出这个战略并向下属说明,接下来低层管理人员将这个战略实施。明茨博格将此称为推拉现象。③当这个战略由于条件变化而开始失效时,企业总是将新的战略嫁接到这个老战略上来。④当外部环境变化更大时,企业才开始认真地考虑采取防御战略、组合战略或发展战略。而以前可能曾有人建议过这些战略,但决策者忽视了。

明茨博格对战略选择过程的研究结论具有概括性的意义。它说明原有的战略对以后的战略选择存在影响,所以战略选择过程更多的是一种战略演变过程。其他相关研究也表明,当人们要对他们选择执行方案的不良后果负个人责任时,他们总是将最大数量的资源投入自己这个执行方案之中以进行补救。这可以部分地说明为什么在改变过去的战略时,往往需要更换高层管理人员，因为新的管理者较少地受到过去战略的约束。

4. 企业中的权力关系

权力是人们之间的一种关系，是某个人影响另一个人或群体去做某些事情的能力。经验表明，企业中权力关系的存在是个关键的事实。在大多数企业中，如果一个权力很大的高层管理者支持某一战略方案，它往往就成为企业所选择的战略，并且会得到一致的拥护。例如，福特汽车公司的小亨利·福特、国际商用机器公司的老华森、国际电报电话公司的哈罗德·基宁等这些有权势的总经理，都曾经大大地影响过所在企业的战略选择。从某种意义上说，个人喜好也涉入战略选择之中。主要管理人员喜欢什么以及尊重什么等，都将影响对战略的选择。总之，权力关系或企业政治对战略选择有重大影响。

5. 中层管理人员和职能人员

中层管理人员和职能人员(尤其是公司计划人员)对战略选择有重大影响。鲍威尔和舒沃兹的研究指出，如果中层管理人员和公司计划人员参加战略选择过程，那么：①他们选择的战略通常与总经理选择的战略有所不同。②中层管理人员和职能人员的观点部分地受到个人的视野，以及其所在单位的经营目标和使命的影响。③他们倾向于向高层管理人员推荐那些低风险、渐进式推进的战略选择，而非高风险和突破性的选择。

卡特研究了一些中小型企业所作出的六项关于收买的决策，这项研究发现：①较低层的管理人员倾向于上报那些可能被上司接受的方案，而扣下不易通过的方案。在可能的情况下，他们的选择总是适合于企业自身的发展目标。②在对建议的战略选择进行评价时，不同的部门都从自身利益来评价方案并出现不同的评价结果。③企业外部环境的不确定性越大，下层管理人员就会使用越多的评价标准来指导战略选择过程。④职能人员为战略选择提供的数据量取决于以下因素：收集数据的难易程度；他们对日后数据执行情况负责的程度；为获得有利决策所必需的数据量；认为上司作决策时所希望有的数据量。

总之，中层管理人员和职能人员通过草拟战略方案以及对各方案风险的评价来影响战略选择。一般来说，他们对战略方案作出的建议和评价，总是倾向于与过去的战略差异不大，风险相对较低的战略选择。

四、战略实施及控制

战略实施与控制过程就是把战略方案付诸行动，保持经营活动朝着既定战略目标与方向不断前进的过程。这个阶段的主要工作包括计划、组织、领导和控制四种管理职能的活动。其一是，将企业的总体战略方案从空间上和时间上进行分解，形成企业各层次、各子系统的具体战略或政策，在企业各部门之间分配资源，制定职能战略和计划。其二是对企业的组织机构进行调整，以使调整后的机构能够适应所采取的战略，为战略实施提供一个有利的环境。新战略的实施往往需要对现有的组织进行重大变革，变革总会有阻力，所以对变革的领导是很重要的。这包括培育支持战略实施的企业文化和激励系统，从而克服变革阻力等。其三是要使领导者的素质及能力与所执行的战略相匹配，即挑选合适的企业高层管理者来贯彻既定的战略方案。

在战略的具体化和实施过程中，为了实现既定的战略目标，必须对战略的实施过程进行控制。战略控制是战略管理过程中的一个重要环节，它伴随战略实施的整个过程。管理人员应及时将反馈回来的实际成效与预定战略目标进行比较，以便及时发现偏差，适时采取措施进行调整，以确保战略方案的顺利实施。在战略实施过程中，如果企业外部环境或内部条件发生了重大变化，则要求对原战略目标或方案作出相应的调整，甚至重新审视环境，制定新的战略方案，进行新一轮的战略管理过程。从以上过程可以看出，战略管理过程是一种环环相扣、循环往复、不断发展的全过程的总体性管理，是一种动态的、持续不断的过程。

第三节 企业战略层次

企业的战略，不仅要确定企业整体目标以及实现这些目标的方法，而且要确定企业内每一层次、每一类业务以及每个部门的目标及其实现方法。因此，企业战略一般分为三个层次，即企业战略、经营(事业部)战略和职能战略。企业战略由企业的最高管理层制定，经营战略由企业内各事业部或经营单位制定，职能战略由各职能部门制定。对企业战略进行层次划分的意义在于既保持了企业方向和战略的统一和整体性，使对企业资源的调动能最大限度地符合企业长期发展目标的要求，又能适应分权管理的要求，提高企业活动的灵活性，使决策更好地适应市场。

一、企业战略

企业战略，即企业总体战略，是企业的战略总纲，是企业总体的、最高层次的战略，是企业最高管理层指导和控制企业一切行为的最高行动纲领。企业总体战略包括发展战略、稳定战略、防御战略和组合型战略等四种类型。其中最重要的是发展战略，在发展战略中需要决定企业向什么方向发展，是在原行业中进行产品或市场的扩张，还是通过一体化、多样化进入新的经营领域；还要决定用什么方式发展，要在内部创业、并购、合资等发展方式中作出战略选择。企业总体战略主要侧重以下决策内容。

1. 企业整体业务组合和核心业务的决策

选择业务组合和核心业务是企业战略的首要任务。首先，恰当的业务组合使企业能在充分利用现有竞争优势的基础上，不断淘汰那些不具优势和没有发展前景的业务，同时培育企业未来的业务和竞争优势。对拥有若干业务种类的企业来说，在企业战略中需要确定企业的核心业务类型，避免盲目地增加业务类型，导致企业丧失核心业务，进而丧失核心竞争力的来源。其次，因为资源和能力的有限性，企业战略在确定发展新业务的同时还需要决定是否应退出某些业务领域，以及退出的方式和时机。在保留的业务类型中，还需要决定对各种业务的支持力度。最后，还需要确定对各类业务的管理重点、管理权力中心及具体的政策。

2. 战略业务单位及其资源分配的决策

根据企业业务组合和各类业务在组合中的地位和作用，决定战略业务单位，同时确定各战略业务单位的资源分配方式和分配次序，是企业战略中的重要内容。企业战略对资源的分配一般只深入到将资源分配给各有关业务单位。除了核心业务关系到企业整体的生存和发展，而且占用的资源量较大，需要在企业战略中对资源的使用作进一步安排外，其他业务单位对所分配资源的具体使用一般由经营战略确定，企业战略只提出对资源使用效果的要求，并制定对资源使用效果的评价、考核方式和制度。各业务单位之间可能发生的活动和利益的协调也需要由企业战略确定。

3. 建立战略控制机制的决策

对处于不确定性程度较高的环境中的企业，在面临不同的环境变化特征下，具有不同的对环境变化的反应程度的要求。企业战略需要建立与所处环境确定性程度要求相一致的战略控制系统。根据预先设计(定期检查修正)的反应强度信号，对达到规定强度的环境变化作出行动上的调整或是战略上的改变，甚至对战略的根本方面以及相应的组织结构和关系进行变革。

企业战略与企业组织形态有着密切的关系。当企业的组织形态相对简单，经营业务和目标相对单一时，企业战略就是企业主要经营业务的战略，即经营(事业部)战略。当企业的组织形态为了适应环境而趋向复杂化，经营业务和目标也趋于多元化时，企业的总体战略也相应复杂化。另一方面，战略是企业根据所处环境变化的需要而提出来的，它对组织形态也有反作用，会要求企业组织形态在一定的时期作出相应的调整。

二、经营(事业部)战略

经营战略，也称竞争战略，是战略经营单位竞争战略的简称。战略经营单位是指企业内产品和服务有别于其他部分的一个单位。一个战略经营单位一般有自己独立的产品和细分市场。经营战略的作用集中于两个方面：一方面它是企业总体战略的具体化和展开，保证完成企业总体战略提出的相关任务和要求；另一方面是在企业总体战略指导统率下，根据各战略经营单位的内外条件，确定自身的战略目标及各种政策措施，从而切实保证经营单位的生存和发展。

企业战略是涉及企业全局发展的、整体性的、长期的战略计划，对企业的长期发展产生深远影响。而经营战略则着眼于企业整体中的相关的事业部或子公司，影响着某一类具体的产品和市场，是局部性的战略决策，只能在一定程度上影响总体战略的实现。所以，总体战略主要由企业的最高层参与决策、制定和组织实施；而经营战略制定的参与者主要是具体的事业部或子公司的决策层。

经营战略主要包括以下决策内容：确定业务的实现目标、业务的发展方向以及本业务活动与企业内其他业务活动的关系，包括需要与企业内其他业务共享的资源种类和活动方面；确定业务的涵盖范围，包括本业务在业务价值链上的位置、业务活动所采用的技术类型、主要市场和用户结构；确定业务的核心活动方面、基本竞争战略种类以及获得和控制价值的方式；确定业务内各项职能活动对该业务的作用，协调和平衡同一业务中各职能战略之间的发展；确定业务内资源的分配和平衡方式，建立对业务内各项活动资源使用效果的控制和评价机制；制定实现业务发展目标的计划，确定计划期和计划执行人等。

三、职能战略

职能战略又称职能部门战略，是为了贯彻、实施和支持企业战略与经营战略而在企业特定的职能管理领域制定的战略。职能战略一般可分为营销战略、人力资源战略、财务战略、生产战略、研发战略等。如果说企业战略和经营战略强调"做正确的事"，则职能战略强调"将事情做好"。职能战略直接处理各职能领域内的问题，如提高生产及市场营销系统的效率，改善对顾客服务的质量及程度，提高特定产品或服务的市场占有率等。

职能战略需要明确以下问题：经营战略对各职能的具体要求，包括特定职能活动对实现经营战略的具体贡献、职能的优势和劣势、职能功能的"瓶颈"部位等；各职能活动与其他职能活动的关系，各职能之间是否存在可以共享的职能活动或资源，找出关系到业务成功的重点职能和重点职能活动方面，这些重点职能和重点职能活动方面往往构成企业的核心专长，成为企业核心竞争力的主要来源；职能活动的组织安排，对与其他职能关联程度较高的职能，以及涉及业务核心专长的职能进行重点分析，决定是否需要将这些活动相对集中，给予重点扶持；职能的发展方向和资源分配，根据上面的分析确定对具体职能活动的资源分配并制定发展政策，并根据经营战略的要求调整职能活动的结构和流程。

企业战略、经营战略及职能战略构成了一个企业的战略层次，它们之间相互作用，紧密联系。企业要获得成功，必须将三者有机地结合起来。对于跨行业多样化经营的大型企业来说，三个战略层次十分清晰，共同构成了企业的战略体系。三个层次战略的制定与实施过程实际上是各级管理层充分协商、密切配合的结果。对于中小型企业而言，它们往往相当于大型企业的一个战略经营单位，战略层次往往不明显，所以经营战略对它们来说十分重要。对于单一经营的大型企业而言，前两个层次的战略往往是一样的，两种战略的决策权都集中在董事会和最高管理者手中。图 1-3 为企业战略结构图。

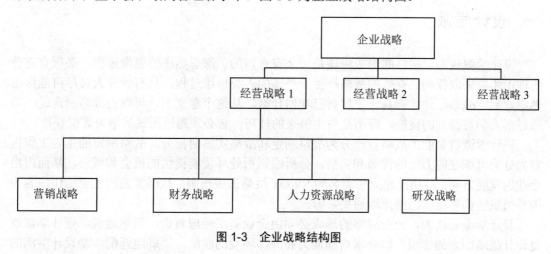

图 1-3　企业战略结构图

四、三种战略的比较

依据三种战略所涉及的战略问题，上述三种战略层次具备各自的特点。最高层次的战略——企业战略以价值为取向，以抽象概念为基础，与经营战略和职能战略的制定和实施相比没有那么具体。除此以外，它还有如下特点：风险性大，成本高，预期收益高，需要时间长，要求有较大的灵活性和大量外部资源的输入。这些特点是由企业战略决策具有意义深远性、未来性和革新性的本质特征所决定的。除了前文提到的决策内容以外，企业战略决策有时还包括制定股利分配政策、发展的优先顺序、长期资金来源及筹措等问题。

处于战略层次另一极端的是职能战略，它具有作业性取向，需要考虑可操作性问题。它涉及决策问题的时间跨度比较短。由于依靠已有资源，职能战略决策风险小，所需代价(成本)不高，所涉及的活动在企业范围内不需要很大的协调性。

经营战略的特点介于企业战略和职能战略特点之间。与企业战略相比，经营(事业部)战略具有较小风险性、较少的成本和不太高的预期收益；与职能战略相比，其风险、成本及预期收益又相对较高。

第四节　企业战略管理理论的学派

企业战略管理理论经过几十年的发展，出现了许多不同的观点和主张，形成了许多不同的理论学派。明茨博格等人沿着战略管理理论发展的历史脉络，将战略管理理论归结为十大学派，这十大理论学派分别从各自角度反映了战略形成的客观规律，对战略管理理论作出了贡献，它们相互补充共同构成了完整的战略管理理论体系。

一、设计学派

　　设计学派认为，战略的形成应该是一个有意识的、深思熟虑的思维过程，必须有充分的理由才能采取行动。有效的战略产生于严谨的人类思维过程，只有管理人员尽可能深思熟虑地制定战略，他才能真正了解自己在做什么。从这个意义上，可以说战略制定是一项通过后天学习得到的技能，而不是与生俱来的技巧，它必须通过正式的学习才能获得。

　　设计学派将企业的战略管理分为战略制定和战略实施两部分。战略制定的主要工作内容为分析组织在能力上的优势和劣势，分析组织所处环境能提供的机会和威胁，从而得出企业的发展方向。并由此建立了著名的 SWOT 战略形成模型。战略实施的主要工作内容为调整组织结构和相应的指挥沟通关系等。

　　设计学派还认为，企业战略的形成必须由企业高层经理负责。简单地说，设计学派就是设计战略制定的模型，以寻求内部能力和外部环境的匹配。"确定匹配"是设计学派的座右铭。这一学派的观点始出于塞兹尼克(Selznick)，发展于钱德勒(Chandler)，后由安德鲁斯(Kenneth R. Andrews)作出了精确的界定。

二、计划学派

　　计划学派是与设计学派同时期出现的一个战略理论学派，以安索夫于 1965 年出版《公司战略》一书为标志。该学派提出的战略制定过程模型与设计学派基本一致，只是更强调步骤上的正规性，更强调战略制定的分解和组合过程。计划学派主张战略产生于一个受控的、有意识的正式规划过程，该规划过程被分解成清晰的步骤，每个步骤都采用核查清单进行详细的描述，并由分析技术来支持。

　　根据计划学派的要求，战略需要从层次上分解为企业战略、经营战略和职能战略，各个层次的战略在目标和过程上也相应进行分解。战略制定首先由组织最高领导人提出对组织使命和愿景的看法，并对专业战略设计人员提出的战略方案进行选择，对战略实施结果负最终责任。战略方案的提出及后续的计划则是专门职能性计划人员的工作。该学派还认为，由正式过程得出的战略应当明确制定出来，以便通过细致的目标、预算、程序和计划来得到贯彻。

三、定位学派

　　战略定位观出现于 20 世纪 70 年代。在 20 世纪 90 年代中期，由于全球经济结构、产业结构和市场结构的突变，战略定位观成为主导的战略观。对战略定位观有突出贡献的人物是迈克尔·波特。1980年,迈克尔·波特明确提出企业在考虑战略时必须将企业与自身所处的环境相联系,而行业是企业经营最直接的环境,每个行业的结构又决定了企业的竞争范围,从而决定了企业的潜在利润水平。定位学派中最为突出的是一个简单的但具有革命性的观点,即只有少数的关键战略在某一既定行业被重视并符合要求,这些战略可以用来防御现存和潜在的竞争对手。定位学派把这种逻辑运用到各个行业中,最终得出基本的总体战略,并称之为通用战略。定位学派还认为,战略形成过程就是基于分析计算基础之上的对这些通用战略的选择。在战略形成过程中,分析家起主要作用,他们将计算结果送交控制选择过程的管理人员。战略产生于这一深思熟虑的形成过程,随后被清晰地表达出来并予以实施。

四、企业家学派

企业家学派认为,具备战略洞察力的企业家是企业成功的关键。因此,其研究的侧重点是企业高层管理者,它认为战略形成过程是一个直觉思维和寻找灵感的过程。企业家学派的最大特征在于强调领导的积极性和战略直觉。它一方面将战略制定视为个人直觉;另一方面认为不存在规范的战略制定过程。这使得战略从精妙设计、周密计划和准确定位等观念转变为某种隐约可见的"愿景"。该学派认为,战略是存在于个别领导人头脑中关于企业长期发展的意识,是这些领导人对企业未来的认识;战略制定过程带有不完全自觉的特性,需要依靠领导者个人的经验和直觉;企业领导人对战略制定和执行进行严密的个人控制,通过个人行动和介入使两者紧密结合为一个整体;领导人的战略意识和直觉具有很强的灵活性。这一学派还认为,战略远见是可以发展变化的。企业家式的战略既是深思熟虑的,又是随机应变的。具体表现为:在远见的整体感觉上是深思熟虑的,在展开远见的具体细节上是随机应变的。

五、认知学派

认知学派强调,战略形成是发生在战略家心里的认识过程,换句话说,如果要了解战略的形成过程,最好了解人的心理和大脑。因此,认知学派的研究集中在有关认知心理的四个方面:知觉、概念形成、重新定义和认知方法。认知学派试图从战略角度来研究管理者的类型,从认识过程了解决策方式,从而了解战略制定的过程。认知学派认为:战略制定过程是战略者的认知过程,这个过程存在于战略者的头脑之中;战略实质上是人脑的直觉和概念;由于环境的复杂性限制了战略者的认知能力,同时战略者能获得的信息非常有限,信息存在着被扭曲的可能;由于战略者往往不处于企业基本活动的第一线,所以,战略的变化往往会被延误;因为战略对个人认知具有依赖性,所以,不同战略者之间在战略风格上存在较大差异。认知学派的研究提示,设计学派、计划学派和定位学派研究假设的静态战略制定过程,不适用于实际战略制定中所处的复杂和变化的环境。

六、学习学派

学习学派与以往学派的不同之处在于,它认为战略是通过渐进学习自然选择形成的,可以在组织上下出现,并且战略的形成与贯彻是相互交织在一起的。该学派最有影响力的著作是奎因(Quinn)于 1980 年出版的《应变战略:逻辑渐进主义》和圣吉(Senge)于 1990 年出版的《第五项修炼》。该学派认为,组织环境具有的复杂和难以预测的特性,经常伴随着对战略而言不可或缺的知识库的传播,同时排斥有意识的控制,战略的制定首先必须采取不断学习的过程形式,在这一过程中,战略制定和实施的界限变得不可辨别。学习学派突出的学习过程,对处于非常复杂的环境下的企业尤其重要。在这些企业中,制定战略所需要的知识广泛分布于组织内的各个部门,不可能集中到某一个中心,甚至对企业优势和劣势的确定也需要通过逐渐的学习来完成。另外,当企业缺乏集中制定战略的权力中心时,战略制定就不得不成为一个集体学习的过程。有时,企业的高层经理能够制定出战略,但是需要经过集体同意才能使战略得以执行,这个集体同意的过程是集体协调,即集体学习的过程。

七、权力学派

权力学派把整个战略制定过程视为权力作用的过程。权力学派大体上有两种不同的观点,即微观权力观和宏观权力观。微观权力观把企业组织的战略制定看作一种实质上的政治活动,是组织内部各种正式和非正式利益团体运用权力、施加影响,通过说明、讨价还价,有时甚至是直接对抗,最后在各权力派别之间达成一致的过程。宏观权力观则把组织看作一个整体——运用其力量作用于其他各种相关的利益团体,包括竞争者、同盟者、合作者以及其他涉及企业战略利益的网络关系。因此,权力学派认为,战略制定不仅要注意行业环境、竞争力量等经济因素,而且要注意利益团体、权力分享等政治因素。权力学派理论特别适用于处于重大变革时期的大型成熟企业和采取直线职能制或事业部制的企业。由于内部权力分布和力量对比发生了变化,各种潜在的矛盾和冲突都暴露出来。同样,权力在企业处于停滞封闭时也表现得较为明显,这时由于各种力量在政治上互不协调,从而造成对战略变革的阻力。另外,在环境变化无常、企业无法制定出明确的战略时,权力活动也表现得较为活跃。

八、文化学派

文化学派认为,战略形成是建立在组织成员共同信念和理解基础之上的社会交互过程。个人通过文化适应过程或社会化过程来获得这些信念,这个过程虽然有时也通过较为正规的教导来强化,但大多为潜移默化而非语言文字的。文化学派的主要观点有:战略制定过程是集体行为过程,建立在由组织成员共同拥有的信仰和价值观之上;战略采取了观念的形式,以组织成员的意愿为基础,表现为有意识的行为方式;由于存在共同的信仰,组织内的协调和控制基本上是规范的;文化鼓励维持现有的战略,反对进行战略变革,即使是战略的变化也一定不会超出或违背企业的总体战略观点和现存文化。文化学派的观点在解释许多企业在同等条件下的经营行为和经营业绩存在很大差异方面,具有很强的说服力。一些企业之所以能够在激烈的市场竞争中立于不败之地,并获得长足发展,可以归结于企业文化的作用。

九、环境学派

环境学派将注意力移到了组织外部,重点研究组织所处外部环境对战略制定的影响。在他们的研究中,组织和领导成为被动成分,战略成为组织受环境影响的被动反映。环境是战略形成过程中的中心角色,而不仅是一种影响因素。组织必须适应这些环境力量,否则会被"淘汰"。在这一学派中,有两种不同的发展方向。一种称作"权变理论",它侧重于研究企业在特别的环境条件下和面临有限的战略选择时所作的预期反映。权变理论要求企业必须发挥主观能动性,因为企业可以在一定的环境条件下,对环境的变化采取相应的对策以影响和作用于环境,争取企业经营的主动权。另一种称作"规制理论",它强调企业必须适应环境,因为企业所处的环境往往是企业难以把握和控制的,因而企业战略的制定必须充分考虑环境的变化,了解和掌握环境变化的特点,只有如此,企业才能在适应环境的过程中找到自己的生存空间,并获得进一步的发展。

十、结构学派

结构学派是其他学派的综合,但它运用了自己的独特视角。结构学派与所有其他学派的一个根本区别在于:它提供了一种调和的可能,一种对其他学派进行综合的方式。这一学派有两个主要方面:即一方面把组织和组织周围环境的状态描述为结构,另一方面把战略形成过程描述为转变。如果说结构是一种存在状态,那么战略制定就是从一个状态到另一个状态的转变过程。换句话说，转变是结构的必然结果。结构学派的重要人物是钱德勒，他于 1962 年出版的《战略与结构》中提出了企业战略和结构发展的四个阶段：资源积聚阶段、资源使用的合理化阶段、连续发展阶段和对扩张资源的使用合理化阶段。对采取直线职能制的企业而言，这四个连续的阶段体现了企业扩张和纵向一体化战略；对采取事业部制的企业来说，这四个发展阶段就是多样化战略的发展阶段。在结构和战略的关系上，钱德勒认为，结构总是追随战略的，即企业应该根据战略的特性和需要设计自己的组织结构形式，并随着战略的变化及时调整。由于企业的环境在不断变化，企业的目标和战略就不可能始终保持不变。战略的变化必然带动组织内各项结构关系的变化，因此组织变革是不可避免的。

本 章 小 结

战略管理是指企业确定其使命，根据组织外部环境和内部条件设定企业的战略目标，为保证目标的正确落实和实现进行谋划，并依靠企业内部能力将这种谋划和决策付诸实施，以及在实施过程中进行控制的一个动态管理过程。战略管理是整合性管理理论，是最高层次的管理理论。战略管理是企业高层管理者最重要的活动和技能，战略管理的目的是提高企业对外部环境的适应性，促进企业的可持续发展。战略管理具有如下特征：全局性；长远性；纲领性；抗争性；战略管理的主体是企业高层管理人员；战略管理涉及企业重大资源的配置；战略管理需要考虑外部环境中的诸多因素；战略管理具有风险性。

战略管理的过程包括确定企业使命、战略环境分析、战略选择及评价、战略实施及控制四个步骤。企业战略包括企业总体战略、经营(事业部)战略和职能战略三个层次。明茨博格等人沿着战略管理理论发展的历史脉络，将战略管理理论归结为十大学派：设计学派、计划学派、定位学派、企业家学派、认知学派、学习学派、权力学派、文化学派、环境学派和结构学派。

思 考 题

1. 什么是战略管理？
2. 简述战略管理的性质。
3. 简述战略管理的特征。
4. 战略管理包括哪些基本过程？
5. 论述战略管理的层次。
6. 论述企业战略管理的理论学派。

本 章 案 例

"统一"的道路

1967年成立的台湾统一企业集团(简称"统一"),30多年来,在总裁高清愿的率领下,平均每年以35%以上的速度增长,成为台湾最大的综合食品企业,其声名不仅在台湾地区家喻户晓,而且在大陆也广为人知。统一高速成长的成功经营模式,对我国大陆企业有着重要的借鉴作用。

一、规模大型化、覆盖全行业

高清愿认为,随着国民收入的增加,食品的需求量必然会增长。因此,20世纪60年代他从处于鼎盛时期的纺织业,毅然转到了完全陌生的食品业,选定了向食品工业进军的目标。统一的一个个食品厂,沿着台湾西部交通线建起来了,生意兴旺发达,越做越大。"什么都可以做",这就是统一新产品开发的方向。统一主要是生产量大、价低、实惠的大众食品,主要有方便面、冷冻食品、奶粉、果汁、乳品、食用油、肉品、酱油等系列产品,品种在500种以上,几乎是应有尽有。

1. 奉行跟进主义

看到市场上哪个产品好卖,统一就马上大量生产哪个产品。这样投入少、见效快、风险小,不必经历产品初上市投石问路的摸黑期,是新产品开发成功的捷径。比如,统一的饮料,除了麦香红茶之外,没有一个是自己开发出来的,都是跟进同行业的先行者。而且,一做就要做大,做第一品牌。

2. 坚持要有突破

他们绝对不做无法突破市面上现有产品的开发工作。统一的研究费用几乎没有预算,随用随取,是台湾企业支出偏高的一家。比如,1995年,"白兰氏鸡精"投入广告费新台币2.4亿元,成功改变了消费者的饮食习惯,营业额一举上冲达新台币15亿元,整个市场比上年增长30%。白兰氏成功之后,统一马上跟进,从国外进口浓缩鸡精,委托正和制药代加工,推出品质更好的鸡精,依靠统一旗下渠道快速上架入市。

3. 整合上下工序

统一原材料的买进卖出,不必经过市场交易,节省了大量的广告、投标与销售的费用、税金和包装费。单是营业税每年就可以节省1100万美元。据台湾的一项调查证实,这种各事业部门垂直整合的经济效益高达86%。

4. 投资要大手笔

高清愿的大手笔令台湾同业惊叹。统一买机器,一定要买能大量生产的、最新的、自动化程度最高的。比如,四层楼房高的面粉厂,职工只有4个人,其中还有1人只负责抽取实验用的面粉样本。

二、产销一体化、重渠道开拓

1. 渠道是产品的"脚"

这就是统一人对渠道观言简意赅的表述。高清愿从长期观察中外食品行业竞争中悟出一个道理:"谁会卖,谁的事业才会成功。"他说:"技术到处都有,只要花钱就买得到。我会做,你会做,大家都会做,问题是怎么卖出去。"因此,他高瞻远瞩,十分重视渠道的开拓,在开发上游食品制造业成功之后,他就把发展的第二个战略目标选定在开拓渠道上了,急速向下游流通业进军。统一认为,这种产销一体化的直营方式,减少了商品流通过程中的环节,是食品工业发展的必由之路。

2. 引进 7-Eleven 便利商店

1978 年,统一就与美国南方公司进行技术合作,在台湾地区设立了第一家便利商店。高清愿的愿望是以每 2~3 天新开一家的速度发展。到 2000 年,全台湾地区达到 2000 家。统一 7-Eleven 便利商店,一般都设在商业区内,一年 365 天 24 小时营业,具有贴近消费者的地点优势,以消费能力日渐提高的青少年为主要服务对象。7-Eleven 掌握了繁忙的现代人对便利的渴求,提供即吃、即饮、即用的商品,取得了空前的成功。这种食品制造业与强劲零售贩卖网络的结合,堪称制造业和流通业结合的典范。据 1990 年的统计,每天进入每家 7-Eleven 便利商店的平均有 1400 人,每月进入 7-Eleven 便利商店的顾客总人次超过了台湾地区总人口(2000 万)。

3. 引进家乐福超大型卖场

1988 年,高清愿又与法国家乐福合作,分别出资 35%与 65%,把超大型卖场引进台湾地区。统一对经营超大型卖场没有把握,因此决定完全交由法国家乐福经营,以快速占领市场。

4. 台湾流通业霸主

1991 年,统一就拥有便利商店 600 家,面包店 400 家,遍布各地的自动贩卖机 700 台,以及与法商合资成立的超级商场家乐福,食品渠道绵绵密密遍布了整个台湾地区。1995 年,统一 7-Eleven 便利商店营业额达新台币 240 亿元,家乐福营业额达新台币 180 亿元,总计新台币 420 亿元,不仅远远地超过了统一食品制造业的新台币 256 亿元,而且一举超越了连续 3 年保持零售额第一的万客隆(营业额新台币 200 亿元),成为台湾流通业的新霸主,高清愿再创事业的新高峰。

5. 促进商业步入"三 C 时代"

台湾群泰商店经营管理公司执行顾问李孟喜认为,7-Eleven、万客隆和家乐福等现代化渠道的出现,使得台湾地区商业环境步入了"三 C 时代":即连锁化经营(Chain Store)、电脑化管理(Computerize)、顾问经营技术提供(Consultant)的时代。

三、成长多元化、突破本行业

经营多元化,极力地向纵向与横向扩张,有效地扩大企业的生存空间,不局限于一个行业和地区,不吊死在一棵树上,是统一高速成长的成功之路。正如高清愿所说的,"台湾市场小,必须多元化。在食品行业受到限制,市场饱和以后就要转投其他行业,这是环境逼出来的"。在台湾地区内"实在困难,要再成长,只有国际化一条出路"。其寻求产业与地区的突破,多元化成长有如下特点。

1. "化敌为友"的聪明策略

美国通用食品全球知名度高,世界各地都有公司,其市场经验及销售渠道,都是统一极欲借助的资源。同时,通用何尝不想利用统一中国食品的经验和渠道,共同发展中国式快餐食品,占领台湾地区市场,打进东南亚,甚至中国大陆市场。统一与通用联手,是双方利益的互通与结合,化敌为友,不谋而合,强强合作,优势互补,取得了成长方式的新突破。1983年,统一依靠自身渠道的优势,代理通用的麦斯威尔咖啡,迅速侵吞雀巢市场份额,3年间市场占有率猛升到30%以上。1985年,双方签约,通用以3倍于统一股票面额的价格,买下了统一企业20%的股权,统一公司从此如虎添翼。

2. 要的是经营技术与科技

高清愿说:"统一卖股权给通用,最主要的动机不是在钱。通用研究部门有1000多人,300多个博士。通过生产技术及管理指导,可望帮统一每年节省500万美元左右的成本。"通用做事很谨慎,财务要求很严格,为了确保投资的安全性,对统一进行了查账。高清愿说:"通用的清查,等于替统一做了一次体检,统一从中学到了许多经验。"统一常务董事郑高辉(台南纺织总经理)指出,通用的加入,可代为监督统一的经营。

3. 借用外力扩张企业触角

统一开发新事业所需要的技术,一般都是通过与世界知名公司合作获取。比如,1989年,统一与全世界最大的酱油公司——日本龟甲万公司合资组成统万公司,生产更高附加价值的酱油;1990年,统一与美国百事可乐公司合作成立饮料公司,拓展台湾碳酸饮料市场;另外统一还买下台湾王安电脑30%的股权;与日本的日清制粉、日清油脂、明治乳业、川崎制铁等合资办厂。

4. 注重前瞻性研究

统一开发新事业,总要进行超前研究,因此,能够准确把握市场先机,被誉为台湾地区前瞻性最佳的企业。1993年9月,统一以零售业霸主的姿态,利用既有资源正式进攻邮购这个小市场,开创了"零渠道革命",令同业感到惊讶。实际上,统一早在1985年就开始研究"型录购物"——看图邮购的方式,8年后在人们认为不适合的时机切入市场。等到大家都觉得市场适合时,统一已经跑出很远。

四、经营国际化、全球性扩张

统一在岛内经历了横跨食品、物流和金融三大领域的高速成长之后,它的再成长走的就是国际化的路。进入20世纪90年代以来,统一经营国际化,从以下三个方面展开。

1. 率先攻占美国市场

高清愿不满足于台湾地区2000万人的市场,决心将触角伸向太平洋彼岸美国2亿人的市场。1990年5月26日凌晨,高清愿闪电般地在美国签下一纸台湾最大的民间企业购并案——以3.35亿美元买下了负债为自有资本7倍的美国第3大饼干公司威登(Wyndham)食品公司。不久，又斥资6000万美元买下了旧金山Famous Amos饼干公司。现在统一饼干已经从北美市场，一直卖到了亚太市场。统一以美国作为走向世界练兵场的起点，无论是对统一还是对台湾地区都是很有意义的。高清愿认为，在发展成熟、竞争白热化、地域性强的欧美食品市场，用购并收编的方式，远比自行从小到大含辛茹苦地开发迅速有效得多。统一就这样从一家形象保守的乡土企业，一跃成为国际活动能力极强的攻击型扩张企业。

2. 瞄准20亿人口的亚洲市场

统一扩张的第二条战线，就是瞄准了包括东南亚、中国大陆地区和印度在内的亚洲20亿人口的大市场。在国际战略的指引下，其迅速在东南亚的印尼、越南、泰国、菲律宾和中国大陆地区开设食品厂。

统一在大陆地区起步虽然晚，但却有着后来居上的趋势。他们采取了金额少、据点多、分散的投资策略；以拿手的方便面、罐头和饮料为主轴，搭配赖以起家的面粉和饲料的产品策略；以合资作为敲门砖，独资事业快速跟进的运作策略，步步为营地张开了大陆竞争网络，将海峡两岸市场联结了起来。高清愿看中了大陆地区的市场、资源和劳动力，将在大陆地区投资作为岛外产业扩张动作。统一在大陆地区的目标，是运用后发先至的策略向食品第一品牌冲击，期望用20～30年时间，开创60倍于现在规模的事业。1993年至1994年，统一先后在北京、天津、上海等地开设了食品厂，分别生产方便面、饮料、奶粉、果汁、面粉、汽水、肉制品、沙拉油、酱制品和饲料等系列产品。

3. 目标成为全球最大食品企业

统一国际化的目标是成为全球最大的食品企业。1992年4月，高清愿雄心勃勃地在美国洛杉矶的统一海外干部餐会上宣布：25年后(即到2017年)统一发展的战略目标是，营业额达到1200亿美元，成为全球最大的食品企业，公开地向通用、雀巢、联合利华等世界级食品业巨人挑战。(资料来源：吴肇贵. 销售与市场，1999(10). 有删改)

案例分析

1. "统一"企业为什么能获得快速的发展？
2. 你对"统一"的发展道路有何评价？其经验对中国大陆地区企业有哪些借鉴作用？

案例点评

企业战略包括企业总体战略、经营(事业部)战略和职能战略三个层次。企业要获得长足的发展，必须对以上三个层次的战略作出部署和安排。案例材料中介绍的"统一"集团推行的"规模大型化、覆盖全行业"，"产销一体化、重渠道开拓"，"成长多元化、突破本行业"，"经营国际化、全球性扩张"，实际上就是在不同的企业发展阶段，企业实施的四种不同的企业总体战略，具体运用的是什么战略类型将在第五章学习。

"统一"集团"注重前瞻性研究"和"要的是经营技术与科技"、"投资要大手笔"、"引进7-Eleven便利商店"和"促进商业步入三C时代"反映的是企业三个不同的职能战略情况。具体实施的是什么职能战略，将在第八章中加以学习。

第二章

企业外部环境分析

学习目标：通过本章的学习，学生应该理解并掌握企业宏观环境因素分析、产业竞争性分析、竞争对手分析的内容和方法，了解市场信号的含义。

关键概念：战略环境(strategic environment)　企业战略外部环境(external environment of corporate strategy)　企业宏观环境(macro environment of a corporate)　产业环境(environment of the industry)　战略集团(strategic group enterprise)

任何企业都是在一定的环境下生存和发展的。环境的发展和变化，给企业的生存和发展提供了机会，也带来了威胁。因此，战略分析的起点，就是对企业的战略环境进行分析。所谓战略环境，是指与企业经营有关的企业内部因素和外部因素的总和。其中外部因素包括宏观环境要素和企业所在的行业环境、竞争状况等。内部因素包括企业的资源和能力等。战略环境分析的目的是确定可以使企业受益的有限机会和企业应当回避的威胁。本章主要分析企业的外部环境要素。

第一节　企业宏观环境因素分析

宏观环境因素分析的目的是了解影响企业的宏观环境由哪些要素组成，这些因素又是如何影响企业战略管理过程的。

宏观环境是指对企业发展具有战略性影响的环境因素。企业的宏观环境因素包括政治法律环境、经济环境、社会文化环境、技术环境和自然环境。这是企业一般共处的环境。它一方面具有变动性和不可控性，另一方面也具有一定的规律性。为了制定出正确的战略，必须考虑这些因素。企业能否全面、准确、及时地掌握和分析这些因素，对企业成败有着巨大的影响。由于自然环境的变化一般较小或较慢，而政治环境、经济环境、技术环境和社会文化环境的变化可能较大，因此，后者对企业经营战略的影响也比较显著。所以，企业宏观环境因素分析的主要内容是政治法律环境(political environment)、经济环境(economic environment)、社会文化环境(social & cultural environment)和技术环境(technological environment)。对企业的宏观环境进行分析的方法被称为 PEST 分析法。宏观环境与企业的关系如图 2-1 所示。

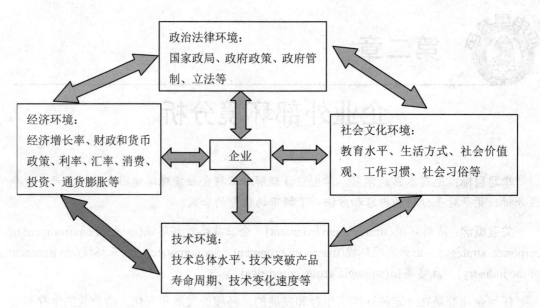

图 2-1 PEST 分析法

一、政治法律环境因素分析

政治法律因素是指一个国家或地区的政局稳定状况、政府政策、政府管制、政治力量和立法等因素。这些因素常对企业经营活动具有现实和潜在的制约和影响。国家每出台一项新政策，颁布一条新法令，都会对企业产生或大或小的影响。有些政策法规可能会给企业提供一些新的经营机会；有些则会限制企业的战略选择，甚至导致企业效率下降，影响企业生存。

1. 政治因素分析

国家政治环境直接影响着企业的经营状况。对于企业来说，很难预测国家政治环境的变化趋势。政治环境因素一旦影响到企业，会使企业发生非常迅速的变化。企业领导者需要具备较高的政治素质，保持高度的政治敏锐性，随时关注并认真理解、执行党和国家的各项方针、政策、法规，从而为企业的发展制定出正确的经营战略。

政治环境分析主要分析的因素有：

(1) 企业所在地区和国家的政局稳定状况。

(2) 执政党所要推行的基本政策以及这些政策的连续性和稳定性。

政府往往通过各种法律、政策来保护消费者和环境，调整产业结构，引导投资方向。

(3) 政府对企业行为的影响。作为供应者，政府拥有无法比拟的自然资源、土地和国家储备等。它的决定与偏好极大地影响着一些企业的战略。作为购买者，政府很容易培育、维持、增强、消除许多市场机会，如政府采购。

(4) 各种政治性团体。一方面，这些政治性团体会对国家政治环境施加影响，政府的决策会适应这些力量；另一方面，这些团体也可以对企业施加影响，如诉诸法律、利用传播媒介等。因此，企业有可能花费时间、财力与各种利益集团抗争。

2．法律因素分析

法律是政府用来管理企业的一种手段。随着市场经济的发展，政府以往所采取的行政管理手段将变为主要通过法律形式来贯彻执行，政府将依法行政。这些法律法规的作用是双重的：一方面，它们对企业的行为有着种种的限制；另一方面，它们也保护着企业的合理竞争与正当权利。因此这是企业战略必须考虑的一个重要因素。

法律环境分析主要分析的因素有：

(1) 法律规范，特别是和企业经营密切相关的经济法律法规。如我国的《公司法》、《中外合资经营企业法》、《合同法》、《专利法》、《商标法》、《税法》和《企业破产法》等。

(2) 国家司法执法机关。在我国主要有法院、检察院、公安机关以及各种行政执法机关。与企业关系较为密切的行政执法机关有工商行政管理机关和税务机关、物价机关、计量管理机关、技术质量管理机关、专利机关、环境保护管理机关和政府审计机关。此外，还有一些临时性的行政执法机关，如各级政府的财政、税收和物价检查组织等。

(3) 企业的法律意识。企业的法律意识是法律观和法律思想的总称，是企业对法律制度的认识和评价。企业的法律意识，最终都会物化为一定性质的法律行为，并造成一定的行为后果，从而构成每个企业不得不面对的法律环境。

(4) 国际法所规定的国际法津环境和目标国的国内法律环境。

此外，这一环境因素中还包括国际政治形势及其变化，主要包括：国际政治局势、国际关系、目标国的国内政治环境等。对一个开放的国家来说，国际政治形势的影响是显而易见的。

二、经济环境因素分析

企业是一个经济实体。现代的经济环境正在发生着巨大的变化，在制定经营战略之前，企业应对其所处的经济环境有一个非常清楚的了解和认识。企业的经济环境主要由经济体制、经济发展水平、社会经济结构、经济政策、社会购买力、消费者收入水平和支出模式、消费者储蓄和信贷等要素构成。

(一)企业经济环境的构成

1. 经济体制

经济体制是指国家经济的组织形式。经济体制规定了国家与企业、企业与企业、企业与各经济部门之间的关系,并通过一定的管理手段和方法,调控或影响社会经济流动的范围、内容和方式等。

2. 经济发展水平

经济发展水平是指一个国家经济发展的规模、速度和所达到的水准。反映一个国家经济发展水平的常用指标有国民生产总值、国民收入、人均国民收入、经济发展速度、经济增长状况等。

3. 社会经济结构

社会经济结构是指国民经济中不同经济成分、不同产业部门以及社会再生产各个方面在组成国民经济整体时相互的适应性、量的比例和排列关联的状况。社会经济结构主要包括五方面内容,即产业结构、分配结构、交换结构、消费结构和技术结构,其中最重要的是产业结构。

4. 经济政策

经济政策是指国家、政党制定的一定时期内实现国家经济发展目标的战略和策略,它包括综合性的全国经济发展战略和产业政策、国民收入分配政策、价格政策、物资流通政策、金融货币政策、劳动工资政策、对外贸易政策等。

5. 社会购买力

社会购买力是指一定时期内社会各方面用于购买产品的货币支付能力。国民收入的使用主要由消费和储蓄两部分构成。其中,消费部分又分为个人消费和社会消费,前者形成居民购买力,后者形成社会集团购买力。市场规模归根结底取决于购买力的大小。调查社会购买力水平,要注意国家经济政策和分配政策带来的居民购买力变化,注意不同地区居民货币收入的变动情况。

6. 消费者收入水平和支出模式

消费者支出模式取决于消费者的收入水平。随着消费者人均收入的增长,消费者用于购买食品方面的支出比重会有所下降,而用于耐用消费品、服装、交通、教育、旅游、娱乐、卫生保健等方面的支出比重会上升。调查消费者支出模式,除要考虑消费者收入水平外,还要考虑不同国家和地区的生活习惯、价值观念以及所处的家庭生命周期不同阶段等因素。

7. 消费者储蓄和信贷

消费者储蓄，可以减少当前消费，增加未来的消费。在一定时期内，消费者储蓄水平直接影响到消费者的本期货币支出和潜在购买力水平。所以，消费者储蓄的增减变动会引起市场需求规模和结构的变动，从而对企业的营销活动产生影响。消费者储蓄情况，受政策变动、利率变动、通货膨胀水平等因素的影响。

(二)反映宏观经济运行状况的指标

宏观经济运行状况可通过一系列的指标来反映，如国民经济增长率、就业水平、物价水平、通货膨胀率、汇率、国际收支情况、利息率等。

1. 国民经济运行状况及其趋势

国民经济运行状况及其趋势是宏观经济环境的基础。一般来说，国民生产总值增长速度快，居民用于个人消费的支出会相应增加，从而提供了开辟新市场或开办新企业的机遇。反之，居民个人消费会有所减少，不利于企业的发展。企业主要应该了解国民经济目前处于什么阶段——是产业结构调整期，经济低速增长期，还是高速增长期，并具体分析有关的经济指标，如国民生产总值、国民收入、国家预算收入水平及其分配的状况等。

2. 利率(利息率)

一方面利率直接影响企业的战略抉择。因为利率较低利于企业实施企业合并或兼并战略，利率较高则不利于企业采用积极进取的增长战略。另一方面，利率还会直接影响企业的销售市场状况。例如，较低的长期利率对零售业十分有利，因为这意味着鼓励居民的短期消费；从消费角度讲，较高的长期利率对建筑业或汽车制造业有利，因为它鼓励居民购买长期耐用消费品。

3. 通货膨胀率

对大多数企业而言，通货膨胀是一个不利因素，因为它导致了企业经营的各种成本(如购买原料费用、劳务费用、工资等)相应增加。同时，长期的通货膨胀既抑制企业的发展，又会促使政府采取放慢增长速度的紧缩政策，影响整个宏观经济环境。但对某些企业来说，较高的通货膨胀率也可能是一种机遇。例如，假定石油与天然气价格的增长速度快于其他行业产品价格的增长率，那么石油开发公司将因此获利。

4. 汇率

汇率是一国货币购买力的表现形式。在国际市场上，它直接影响企业成本，并进而影响企业国际战略的制定。一般而言，如果本国货币购买力较高，则企业倾向于购买外国的产品与原材料，或到国外投资，开办独资企业或合营企业。反之，如果本国货币购买力较低，则会降低企业到海外投资、贸易或开发新市场的热情。

另外，经济环境因素中还包括：居民收入因素，它可进一步细分为名义收入、实际收入、可支配收入以及可随意支配收入等；消费支出模式和生活费用；经济体制；金融制度等。

因此，企业的经济环境分析就是要对以上的各个要素进行分析，运用各种指标准确分析宏观经济环境对企业的影响，从而制定出正确的企业经营战略。

三、社会文化环境因素分析

社会文化环境是指一个国家或地区人们共同的价值观、生活方式、人口状况、文化传统、教育程度、风俗习惯、宗教信仰等各个方面，这些因素是人类在长期的生活和成长过程中逐渐形成的，人们总是自觉不自觉地接受这些准则作为行动的指南。社会文化因素对企业有着多方面的影响，其中有些是直接的，有些是间接的，最主要的是它能够极大地影响社会对产品的需求和消费。特别是外贸出口产品，如果对出口国家的社会文化环境了解得不深、不透，就会影响产品销路。

1. 价值观

价值观是指社会公众评价各种行为的观念标准。不同的国家和地区，其价值观是不同的。例如，西方国家价值观的核心是个人能力与事业心，东方国家价值观的核心强调集体利益。日本、韩国的企业注重内部关系的融洽、协调与合作，形成了东方企业自己的高效率模式。

2. 文化传统

文化传统是一个国家或地区在较长历史时期内所形成的一种社会习惯，它是影响活动的一个重要因素。例如，中国的春节、中秋节就会给卡片、食品、玩具、服装、礼品的制造及零售业带来极好的商机。

文化环境对企业的影响是间接、潜在和持久的。文化的基本要素包括哲学、宗教、语言与文字、文学艺术等，它们共同构成文化系统，对企业文化有重大的影响。哲学是文化的核心部分，在整个文化中起着主导作用；宗教作为文化的一个侧面，在长期发展过程中与传统文化有着密切联系；语言文字和文化艺术是文化的具体表现，是社会现实生活的反映，它对企业职工的心理、人生观、价值观、性格、道德及审美观点的影响和导向作用不容忽视。

3. 社会发展趋向

近一二十年来，社会环境方面的变化日趋加快，这些变化打破了传统习惯，使人们开始重新审视自己的信仰、追求和生活方式，影响着人们的穿着款式、消费倾向、业余爱好，以及对产品与服务的需求，从而使企业面临更严峻的挑战。现代社会发展的主要倾向之一，就是人们对物质生活的要求越来越高。一方面，人们已从"重义轻利"转向注重功利和实惠，有些人甚至走到唯利是图的地步；产品的更新换代日益加速；日益增长的物质需求给企业发展创造了外部条件。另一方面，随着物质水平的提高，人们正在产生更加强烈的社交、自尊、信仰、求知、审美、成就等高层次需求。人们希望从事能够发挥自己才能的工作，使自己的潜力得到充分的发挥。

4．消费者心理

在当代物质丰富的条件下，人们购买商品不仅是要满足生理需求，更重要的是还要获得心理或精神上的享受，因此，企业在制定战略时，必须注意到消费者的心理因素，树立"创造市场、创造需求"的观念。

5．社会各阶层对企业的期望

在这里，社会各阶层包括股东、董事会成员、原材料供应者、产品销售人员及其他与企业有关的阶层。这些阶层对企业的期望是不同的。例如，股东集团评价战略的标准主要是看投资回报率、股东权益增长率等；企业工作人员评价战略的标准主要是看工资收益、福利待遇及其工作环境的舒适程度等；消费者则主要关心企业产品的价格、质量、服务态度等；至于政府机构，它们评价企业的立足点主要是看企业经营活动是否符合国家的政策、法规和有关的各项行政规章制度。

6．人口因素

人口因素主要包括人口总数、年龄构成、人口分布、人口密度、教育水平、家庭状况、居住条件、死亡率、结婚率、离婚率、民族结构以及年龄发展趋势、家庭结构变化等。

人口因素对企业战略的制定有重大影响。例如，人口总数直接影响着社会生产总规模；人口的地理分布影响着企业的厂址选择；人口的性别比例和年龄结构在一定程度上决定了社会需求结构，进而影响社会供给结构和企业生产结构；人口的教育文化水平直接影响着企业的人力资源状况；家庭户数及其结构的变化与耐用消费品的需求和变化趋势密切相关，因而也就影响到耐用消费品的生产规模等。

四、科技环境因素分析

科技环境因素主要是指与本企业产品有关的科学技术的现有水平、发展趋势和发展速度。现代企业的发展在很大程度上也受到科学技术的影响，包括新材料、新设备、新工艺等物质化的硬技术，以及体现新技术、新管理的思想、方式、方法等信息化的软技术。科学技术的发展和应用，对于提高生产效率、降低成本、开发新产品新技术有着十分重要的作用，它能为企业带来新的发展机会和生存空间。

技术的突飞猛进大大缩短了产品的寿命周期。在计算机界有著名的"摩尔法则",即计算机的功能每六个月增加一倍,价格下降一半。科技的发展改变了人们的工作方式。计算机在制造业的运用,让我们看到无纸化设计、无人化生产的现代企业模式;计算机在银行业的运用,让我们得以最快、最方便地处理各种账务往来;计算机在商业领域的运用,让我们享受集中贮运、规模经营带来的成本降低的好处。同时,新技术的产生导致生活方式的重大改变,刺激选择性消费、奢侈性消费等领域的发展。

科技发展对企业的影响作用是双重的。正如一位著名外国学者指出的那样:"新技术是一种创造性的毁灭力量。"一种新技术的发明或应用,会促进一些新行业的兴起,同时伤害乃至消灭另外一些行业。如日本电子手表工业严重威胁了瑞士的世界手表王国地位;化工行业提供了新型的化纤织品,夺去了传统棉毛织品行业的很大一部分市场。

目前,科学技术正在以前所未有的速度向前发展,企业要想发展而不被淘汰,就必须及时掌握科学技术发展的新动向,不失时机地使企业跟上时代前进的步伐。

第二节 产业环境分析

产业环境属于外部环境中的微观环境,产业环境分析的内容主要是本行业的企业竞争格局以及本行业与其他行业的关系。行业的结构及其竞争性决定了行业的竞争原则和企业可能采取的战略。

产业环境的分析主要从两方面入手:一是分析产业中竞争的性质和该产业所具有的潜在盈利空间,常用的工具是波特提出的"五种力量模型";二是弄清该产业内部企业之间在经营上的差异,以及这些差异与它们战略地位的关系,常用工具是战略集团分析法。

一、产业竞争性分析——波特的五种力量模型

美国哈佛大学的著名战略学家、研究企业竞争战略理论的专家迈克尔·波特教授,为企业分析竞争局面提供了一条清晰的思路。按照波特教授的观点,一个行业中的竞争,远不只限于在原有竞争对手之间进行,而是存在着五种基本的竞争力量,即新进入者的威胁、现有企业的竞争、替代品的威胁、供应商的讨价还价能力和买方(顾客)的讨价还价能力,这五种竞争力量之间相互影响,相互制约,形成了行业中的竞争结构,如图2-2所示。通过行业竞争结构的分析,可以了解本企业在行业中所处的竞争地位、所具有的竞争优劣势等,以便企业制定出战胜各种竞争力量的基本对策。

这五种基本竞争力量的状况及其综合强度,决定了行业的竞争激烈程度,从而决定着行业中最终的获利潜力。在竞争激烈的行业中,不会有一家企业能获得惊人的收益。随着行业中竞争的不断加剧,会导致投资收益率下降,直至趋于最低的收益率水平。若投资收

益率长期处于较低水平,投资者将会把资本抽出投入到其他行业,直至现有企业停止经营。反之,在竞争相对缓和的行业中,各企业普遍可以获得较高的收益,这会刺激资本流入该行业,行业内现有企业也会增加投资。所以,行业竞争力量的综合强度也决定着资本的流向。

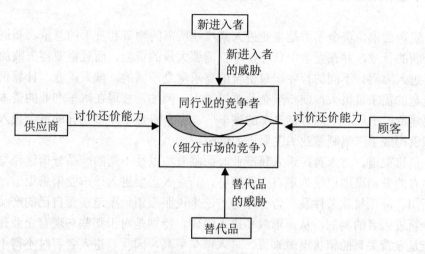

图 2-2 波特的五种基本竞争力量模型

(一)新进入者的威胁

所谓新进入者也称潜在进入者,可以是新创办的企业,也可以是由于实现多元化经营而新进入本行业的企业。新进入者往往带来新的生产能力和充裕的资源,与现有企业争夺市场份额和利润,从而对现有企业的生存和发展形成巨大的威胁。我们把这种威胁称为进入威胁。进入威胁的大小取决于进入障碍和现有企业的反击强度。

1. 进入障碍

进入障碍是指要进入一个产业需克服的障碍和需付出的代价。如果一个产业的进入障碍比较高,则新进入者的加入就比较困难,对产业内现有企业的威胁就比较小。反之则威胁较大。一般而言,决定进入障碍高低的主要因素有以下几种:

(1) 规模经济。规模经济是指生产单位产品的成本随生产规模(产量水平)的增加而降低。规模经济会迫使潜在进入者不得不面临两难的选择:要么以大的生产规模进入该产业,结果是大量投资引致市场整个投入量增加,利益分配格局剧烈变化,从而导致该产业现有企业的强烈抵制;要么以小的生产规模进入,结果是产品成本过高造成竞争劣势。这两种情况都会使潜在进入者望而却步。在一些资本密集的传统制造业中(如汽车、钢铁、船舶制造、有色金属冶炼、化纤等),规模经济都是难以逾越的进入障碍。

(2) 产品差异优势。这是指原有企业通过长期的广告宣传、用户服务和产品质量等获得的市场信誉和用户忠诚。产品差异形成的进入障碍,迫使新进入者必须在产品开发、广告宣传和用户服务等方面进行大量的投资,才有可能树立自己的信誉,并从原有企业手中夺取用户,取得一定的市场份额。而一旦进入失败,原来在商誉上的投资残余价值就会很少。因此,这种投资风险比较大。在保健品和化妆品行业中,产品差异往往是最重要的进入障碍。

(3) 资金需求。资金需求是企业进入某产业所需的物资和货币的总量。新进入者想要进入一个新的行业,并在竞争中获胜,不仅需要大量的资金,而且需要冒失败的风险,由此形成了进入障碍。不同的行业,对资金的需求量是不同的,像采矿业、计算机业、汽车业等对资金的需求量很大,使一般企业难以进入。例如,按现在汽车产业的资本密集水平计算,要建造一个年产十几万辆汽车的整车厂,至少需要 100 多亿元的资金投入。因此,资金需求就构成了汽车制造业的主要进入壁垒。

(4) 销售渠道。进入者在进入新产业时面临着与以往不同的产品分销途径与方式,一个产业原有的分销渠道已经为现有企业服务,新进入者要进入该产业销售渠道,就必须通过价格折扣、降低付款条件及广告合作等方法来说服原销售渠道接受自己的产品,这样做势必减少新进入者的利润,从而形成了进入障碍。特别是对于那些与现有企业建立了长期关系甚至是专营关系的销售渠道来说,进入壁垒更高,因此新进入者有时不得不投入巨资去开辟一条新的销售渠道。

(5) 转换成本。转换成本是指购买者变换供应者所付出的一次性成本。它包括重新训练业务人员、增加新设备、调整检测工具等引起的成本,甚至还包括中断原供应关系的心理成本等。这一切都会造成购买者对变换供应者的抵制。进入者要想进入,就必须花费大量的时间和推出特殊的服务来消除行业内原有企业客户的这种抵制心理。

(6) 与规模经济无关的固有成本优势。产业内原有企业常常在其他方面还具有与规模经济无关的固有的成本优势,新进入者无论达到什么样的规模经济状态都不能与之相比。如产品技术专利、资源的独占权、占据市场的有利地位、独有的技术诀窍等。如在烟草、金融、电信、某些战略资源等行业,国家规定了严格的准入制度。

2. 现有企业的反击强度

原有企业对进入者的态度和反应,直接影响到进入的成功与否。如果现有企业对新进入者采取比较宽容的态度,则新进入者进入某一产业就会相对容易一些;反之,如果现有企业非常在意甚至不满,就会对新进入者采取强烈的反击和报复措施,如在规模、价格、广告等方面加以遏制。这为新进入者增加了成功的难度。一般来说,现有企业在以下几种情况下会对新进入者进入本产业反应强烈:

(1) 现有企业资源条件充足,有能力对新进入者进行强烈的反击和报复。

(2) 现有企业所处的产业退出壁垒较高,该企业深深陷于该产业,且资产的流动性较低。

(3) 产业增长速度缓慢,吸收新进入者的能力有限。在这种情况下,新进入者势必要侵蚀现有企业的市场份额和利润,所以它们必然会进行强烈的反击和报复。

(二)现有企业的竞争

在同一个行业内部,存在着众多生产相同或相似产品的企业,被称为同业企业。同业企业之间始终存在着竞争。不过,其竞争的激烈程度往往因行业不同而不同,有的行业比较缓和,有的行业非常激烈。影响其竞争激烈程度的主要因素有以下几个方面。

1．同业企业的数量和力量对比

在同一个行业中,生产相同或相似产品的企业越多,竞争就越激烈。每一个企业为了在有限的市场中占领更大的份额,获取更多的利润,必然会在价格、质量、服务等方面与对手展开激烈的竞争,从而使整个行业的利润水平随之降低。

另外,如果同业企业之间实力相差不大,处于相持不下的局面,这时,为了争夺市场和在行业中的领导地位,各企业之间的竞争也会趋向激烈,这将导致行业的不稳定。如果一个行业内仅有一个或少数几个大型企业处于支配地位,行业市场集中度高,则领导企业可通过价格领导制等方式在行业中起协调作用并建立行业秩序。

2．行业发展的速度

一个行业在不同的寿命周期阶段,其发展的速度也往往不同。当行业的发展处于成长阶段,其发展速度比较快,由于市场的不断扩大和企业生存空间的加大,每个企业都可以较容易地在市场中找到自己的位置,因此企业考虑更多的是如何集中精力更好更快地发展壮大自己,而不会过多考虑竞争对手的情况,从而使企业间的竞争相对缓和。若行业处于成熟期,市场增长缓慢,这时,各企业为了保证自身的生存,必然产生你死我活的竞争。

3．产品的差异化程度与用户的转换成本

同业企业之间的产品,如果差异性小、标准化、通用化水平高,则用户的转换成本较低,容易导致企业之间激烈的竞争。反之,若同业企业之间的产品差异性比较大,各具特色,各自拥有不同的市场和用户,这时用户的转换成本高,企业间的竞争就不会太激烈。

4．固定成本和库存成本

固定成本高的产业迫使企业要尽量充分利用其生产能力,以降低单位产品成本。当生产能力利用不足时宁愿降价以扩大销量也不愿使生产能力闲置,家电行业企业、汽车制造行业都是如此。另一种情况与产品的库存成本问题有关。如果企业生产的产品不容易储存或库存成本较高(如一些鲜活农副产品),当产量过剩时企业就可能会不择手段地出货。这两种情况都必然导致行业竞争加剧。

5．行业内生产能力的增加幅度

基于行业的技术特点或规模经济的要求,在一个行业内,如果每个企业都能按部就班

地逐步扩大生产能力，竞争激烈程度就不会太高。反之，如果行业内企业在一定时间内迅速大幅度提高了生产能力，因为生产能力的提高已经提前透支了未来的增长因素，从而导致在一段时期内生产能力相对过剩，最终使竞争加剧。

6. 退出障碍

退出障碍是指企业在退出某个产业时需要克服的障碍和付出的代价，主要包括以下方面：①具有高度专门化的资产，其清算价值低或转换成本高。②退出的费用高。如高额的劳动合同违约费、员工安置费、设备备件费。③已建立某种战略协同关系。如果企业退出，就会破坏这种协同关系，影响企业的产品形象、市场营销能力以及分享设备的能力等。④心理因素。如退出产业会影响员工的忠诚度，经营者对个人事业前途充满畏惧等。⑤政府和社会限制。如政府因担心增加失业人数、影响区域经济发展等，有时候会出面劝阻或反对企业退出该产业。上述种种因素，都给企业退出某产业造成了障碍，如果退出障碍比较高，那么即使经营不善的企业也要继续维持下去(竞争者的数目很难减少)，从而加剧了现有企业之间的竞争。

(三)替代品的威胁

替代品是指那些与本行业的产品具有相同或相似功能的其他产品。如晶体管可以替代电子管，E-mail可以代替电报、信函等。替代品的出现，会给行业内的所有企业带来冲击。替代品往往在某些方面具有超过原有产品的竞争优势，比如价格低、质量高、功能新、性能好等，因此它有实力与原有产品争夺市场，分割利润，使原有企业处于极其不利的地位。企业应随时警惕替代品的出现，并预先制定出防范措施。不过，当某些替代产品的出现代表着时代潮流，具有很强的市场吸引力的时候，企业采取完全排斥的态度，不如采取引进、吸纳新技术的态度更为有利。比如，当彩色胶卷、彩色电视机等新产品出现在市场之后，原先那些生产黑白胶卷、黑白电视机的企业与其采取一味的抵抗态度，不如尽快吸纳新技术，跟上时代的发展。

当本行业中生产的产品存在替代品时，生产替代品的企业会给本行业的现有企业带来了一定的竞争压力。替代品的竞争压力越大，对现有企业的威胁就越大。决定替代品压力大小的主要因素有如下几个方面。

1. 替代品与现有产品的相对价值/价格比

所谓相对价值价格比(Relative Value/Price，RVP)，是指替代品价值价格比与现有产品价值价格比的比值，而一个产品的价值价格比是指提供给用户的价值与用户为它支付的价格之比。一般来讲，替代品及现有产品的价格是比较容易确定的，而估算替代品及现有产品的价值是比较困难的。替代品与现有产品的相对价值取决于以下几个方面：

(1) 替代品能向用户提供的价值差异性的大小。

(2) 用户是否能够感知替代品的价值差异，并承认其价值。如用户对替代品并不完全了解，其感知会带有主观性。

(3) 替代品使用频率是否比现有产品使用频率低。

(4) 替代品的交货和安装成本是否比现有产品低。替代品的交货和安装成本包括替代品的运输成本、安装成本、调试成本、改变安装地点的成本等。

(5) 替代品价格的相对变动性和替代品可得性。如陶瓷元件的好处是材料资源储量丰富、价格便宜，而金属元件价格易发生较大波动。

(6) 直接使用成本及间接使用成本。直接使用成本是指使用替代品后成本的变化。例如，汽车的子午胎比斜交胎贵，但子午胎跑的路程比斜交胎多 25%，使汽车燃料利用率提高 2%～6%，这种节约可抵消子午胎与斜交胎差价的 30%～50%。间接使用成本是指用户使用替代品后所引起的整个价值链成本的变化。例如，自动传送带相对于传统的人工搬运方式，可实现减少工人数目、降低工人技能水平、减少工厂起重机数目和减少装运劳动强度等方面的节约。

(7) 用户使用替代品前后经营业绩表现的差异。如机器人代替由人操作的机器，工作效率和工作质量大大提高。

(8) 替代品比现有产品在功能上增加了多少。

(9) 互补产品的成本及性能。例如，手动剃须刀片和刀架是互补产品，其替代品是电动剃须器。电动剃须器与电池是互补产品，新的互补产品的成本和性能是否比原有的互补产品优越。

上述因素所起作用各不相同，必须仔细分析，以便准确地估算替代品与现有产品的相对价值/价格比(RVP)。

2．用户转向替代品的转换成本

用户转向替代品的转换成本反映在以下 7 个方面：

(1) 搜集替代品的信息。

(2) 检验替代品是否能达到使用者所要求的性能标准。

(3) 由于使用替代品，用户的生产活动或价值活动必须重新设计。例如，洗衣粉代替肥皂，计算机代替了部分秘书的工作，使洗衣的过程或秘书的工作要重新安排。

(4) 使用替代品后的培训及学习成本有所增加。

(5) 使用替代品后，劳动者地位发生改变。例如，自动化机器代替手工劳动，使操作人员地位发生了变化。

(6) 使用替代品有失败的风险。例如，计算机硬盘坏了，使原来计算机内储存的文件丢失。

(7) 使用替代品还需要对相应的软件、零部件和检测工具进行投资等。

总之，转换成本越高，替代发生的可能性就越小。

3．用户使用替代品的欲望

在不同竞争环境下，在不同的行业中，不同的顾客，其替代的欲望是不同的。

(1) 在不同竞争环境下，其替代欲望不同。行业内竞争激烈，则用户使用替代品的欲望就比较强烈；若行业内竞争不激烈，则用户使用替代品的欲望相对就不强烈。

(2) 不同的行业替代欲望不同。例如，软件业产品转换快，用户替代欲望强烈；机械制造业产品转换相对慢，用户替代欲望就不强烈。

(3) 不同顾客替代欲望不同。由于文化、年龄、历史、收入状况、性格等不同，其替代欲望有很大区别。例如，年轻人文化程度高，接受新鲜事物快，则替代欲望强；而老年人，或文化程度低、收入状况不佳的人，替代欲望低。

(四)供应商的讨价还价能力

供应商是指企业从事生产经营活动所需要的各种资源、配件等的供应单位。它们往往通过提高价格或降低质量及服务的手段，向行业的下游企业施加集中的压力，并以此来榨取行业利润。供应商的讨价还价能力越强，现有产业的盈利空间就越小；反之则盈利空间大。决定供应商讨价还价能力的因素主要有以下几点。

1．供应商所在行业的集中度

供应商所在行业的集中度高于购买者的集中度，即供应由少数几家公司实行高度集中控制，并且由它们向分散而众多的企业提供产品时，供应商就很容易联手操纵市场，供应商处于强势地位，他们会迫使购买者在价格、质量、付款条件和交货方式等方面接受有利于供应商的条款。

2．本行业对于供应商的重要性

当供应商向很多行业出售产品时，如果某行业的购买量在供应商的销售量中只占较小部分，则供应商有较强的讨价还价能力。如果本行业是一个重要的客户，供应商就会通过合理定价以及协助该行业的研究开发活动或公关活动等方式来保护与该行业的关系。

3．前向一体化的可能性

如果供应商实现前向一体化的可能性大，则对行业施加的竞争压力就大。相反，如果供应商难以实现前向一体化，则对行业施加的竞争压力就会比较小。比如，以原油开采为主业的石油公司(原油供应商)自己大量兴建石油化工厂，就会对石油化工产业(原油购买者)带来很大竞争压力。

4．供应商的产品对于本行业的重要性

如果供应商的产品对买主生产过程或产品质量至关重要时，供应商就有较强的讨价还

价能力,特别是当这种产品不能储存时,供应商的讨价还价能力会更强。

5. 产品的差异化程度和转换成本的大小

如果供应商的产品与众不同,购买者对供应商的依赖性越强,供应商就会处于优势地位,在交易中持强硬态度。另外,如果购买者中途转换供应商需要付出巨大的代价,则变更供应商就会很困难,供应商讨价还价能力就很强。

6. 供应商产品的可替代程度

如果供应商提供的产品可替代程度低,用户的选择余地小,则购买者只好接受供应商的价格及其他条件,以便维持生产经营,这时,供应商讨价还价的能力就强。相反,如果供应商产品的可替代性强,用户的选择余地很大,这时,供应商处于不利地位,讨价还价能力低。

(五)顾客讨价还价的能力

顾客是企业产品或服务的购买者,是企业服务的对象。顾客对本行业的竞争压力,表现为要求企业提供的产品尽可能价格低、质量高,并且能提供周到的服务。同时,顾客还可能利用现有企业之间的竞争对生产厂家施加压力。影响顾客讨价还价能力的主要因素有以下几点。

1. 顾客的集中度

顾客采取集中进货的方式,或者进货批量较大,则它们对供方企业具有很大的讨价还价能力。

2. 顾客从供方购买的产品占其成本的比重

顾客从本行业购买的产品在其成本中占的比重较大,它在购买时选择性较强,其讨价还价的欲望也会非常强烈,并会尽量压低价格。反之,如果所购产品在顾客成本中只占很小比例,则顾客对所购产品的价格并不十分敏感,花大力气去讨价还价的可能性也不大。

3. 顾客选择后向一体化的可能性

如果顾客实力强大,具有实现后向一体化的能力,并选择后向一体化经营方式,则他们可以在向外购买与自行生产两种方式之间进行选择,这就增强了顾客对供方的讨价还价能力。

4. 顾客从供方购买的产品的标准化程度和转换成本

本行业产品的标准化程度高,顾客的转换成本小,因而,顾客对产品的挑选余地就比较大,也会形成对本行业的压力。

5. 顾客信息的掌握程度

如果顾客对所购产品的市场需求、市场价格、生产成本等信息有足够的了解，他们可能就此与供方进行充分的讨价还价。

二、互联网对产业竞争环境的影响

以互联网为基础的信息技术的发展，使得整个世界"越来越小"，形成了所谓的"地球村"，这意味着企业的竞争环境将由区域化向全球化发展。同时，随着信息化进程的加快，尤其是互联网的迅猛发展，企业所处的环境逐渐网络化、数字化，可以利用的信息资源越来越丰富。这一新的市场环境，无论对个人的消费行为还是对企业的经营方式都产生了巨大影响，同时，也影响着行业竞争力的强度和行业平衡。

1. 对现有竞争者的影响

互联网的应用使得市场的界限变得模糊，拓宽了市场的范围，也增加了竞争对手的数量。在网络世界中，竞争者所处的地理位置已变得不再重要，因为互联网削弱了地方保护政策的限制，这对那些享受地区优势的企业带来了新的挑战。人们可以在网上购买一台数码相机或签订一份购买汽车的合同，而不必亲监现场。

互联网也改变着行业的竞争结构。出现了纯粹的在线经销商、在线经销方式和传统经销方式相结合的经销商、纯粹的传统经销商并存的局面，竞争也就变得更为激烈。互联网也加剧了制造企业之间的竞争。许多企业意识到通过网上直销方式能够降低运营成本，开始运用互联网来促进低成本运营，从而加剧了企业之间的价格竞争，并使企业间的竞争转向服务、产品性能和产品质量等方面。

2. 对进入壁垒的影响

在互联网商业环境中，潜在进入者的进入壁垒相对降低。通过在线销售，现有企业很容易将其业务扩展到新的区域市场中。公司根据需要可以将制造和组装业务通过契约的形式外包，许多需要在互联网上运营的价值链活动也可以外包给那些提供专门服务和技术的供应商，这不仅提高了企业的运营效率，也使得行业的进入壁垒降低。各行业的企业不仅面临在现实市场中竞争对手的竞争，而且也将面临在虚拟网络市场中出现的竞争对手的竞争。

3. 对买方讨价还价能力的影响

互联网出现前，买方在追求最优购买的过程中面临着诸多障碍，收集产品信息通常也需花费大量的时间。互联网巨大的信息流使顾客对其购买行为产生了前所未有的控制能力，买方可以通过互联网来获取所需的有关产品及服务的大量信息，可以对多种产品的价格、服务等进行分析。互联网不仅为顾客了解产品提供极大的方便，其本身也是一个理想的购物渠道。消费者在网上购买商品可以不受时间和地理位置的限制，买方讨价还价能力自然会有很大提升。因此，互联网时代是"客户制定规则"的时代，为了吸引和留住顾客，竞争者之间的竞争方式也将从传统的关注利润向关注顾客转移。

4．对供应商讨价还价能力的影响

在互联网时代，企业拥有了更多的采购选择权。互联网使得企业能够跨越自身的边界限制寻找更好的供应商，并与之紧密合作从而提高供应效率、节省成本。在经济全球化时代，互联网让更多的企业能够找到合适的国际供应商，同样，地方性企业通过互联网也可以在更大的范围内寻找供应商，并且与那些能提供价格更优惠、质量更优良的产品的供应商开展合作。此外，企业可以利用在线销售或电子市场来有效地挑选供应商，并对他们进行分类整理，这就加大了供应商之间的竞争，并降低了供应商的讨价还价能力。

5．对行业竞争结构的总体影响

综上所述，互联网技术正在对大多数行业的竞争结构产生重要影响，企业面临更多潜在竞争者的进入威胁，买方讨价还价的能力在增强，互联网也促进了供应商和分销商之间的合作，这些影响使企业之间的竞争日益激烈。

三、产业内部结构分析——战略集团分析法

一个产业中可能包括很多企业，企业之间相互竞争的基础可能完全不同，这就需要在产业和企业之间找到一个中间层次，用以描绘具有相同竞争基础的企业群组。战略集团分析的目的就是要确定这个中间层次，从而明确谁是直接的竞争对手，竞争得以发生的基础是什么。

1．战略集团

所谓战略集团，是指一个产业内执行同样或类似战略并具有类似战略特征的一组企业。在一个产业中，如果所有的企业都执行着基本相同的战略，则该产业中只有一个战略集团。反之，如果每个企业都奉行着与众不同的战略，则该产业中有多少企业便有多少战略集团。当然，在正常情况下，一个产业中仅有几个战略集团，它们采用着性质不同的战略。每个战略集团内的企业数目不等，但战略相似。

战略的不同点主要表现在以下几个方面：

(1) 纵向一体化的程度不同。有的企业自己生产原材料和零部件，有的则完全从外部采购；有的企业有自己的销售渠道和网点，有的则全靠批发商和零售商。

(2) 专业化程度不同。有的企业只经营某一种产品和服务项目，有的则生产多品种多规格的产品和服务，有的甚至跨产业经营。

(3) 研究开发重点不同。有的企业注重争取开发新产品的领导地位，不断投放新产品；有的企业把研发重点放在生产技术的改进上，力求在质量和成本上取得优势。

(4) 营销的重点不同。有的企业重视维持高价产品，有的企业则采取低价策略展开竞争；有的企业特别重视对最终用户的推销活动，有的企业主要以完善对销售者的服务来巩固和扩大销售渠道。

(5) 成本地位不同。有的企业是行业领先者，具有规模经济效益，占有成本优势，而有些企业可能是追随者或刚进入者，在成本上处于相对弱势。

(6) 所有制结构不同。有的企业是国有企业，享受国家种种优惠政策，而有的企业是民营企业，在经营过程中可能与国有企业待遇不同。

(7) 地理覆盖的程度不同。有的企业在全国甚至全球范围内经营，有的企业仅在本地区经营。

(8) 组织规模不同。如企业可分为大型企业、中型企业和小企业。

(9) 产品质量不同。有的企业采用先进的技术设备，产品质量优良；有的企业设备技术老化，产品质量中等或一般。

(10) 定价策略不同。有的企业秉承高价策略，有的企业采取低价策略，有的企业采取渗透定价等。

在一个或几个方面的战略不同，就会引起企业在产业中地位的不同。相同战略、相同地位企业的结合，就形成了战略集团。

2. 战略集团图

每个战略集团内的企业数目不等，但集团内企业战略相似。在同一战略集团内的企业除了战略外，还在许多方面彼此相近。它们在类似的战略影响下，会对外部环境作出类似的反应，采取类似的竞争行动，占有大致相同的市场份额。这种特征可以用战略集团图来描述，图2-3给出了一个战略集团图的例子。

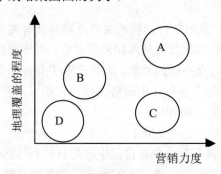

图2-3　某产业战略集团划分示意图

A 集团：地理范围广(在全球范围内经营)，营销力度大(广告覆盖率高、营销人员数目多)，是世界著名品牌。

B集团：国内经营，营销力度适中，是国内较小品牌。
C集团：国内经营，营销能力较强，是国内著名品牌。
D集团：国内自有品牌。

战略集团图分析法既不同于产业整体分析法，也不同于针对单个企业的个别分析法，而是介于两者之间。该方法不仅能够从产业中找出不同企业战略管理的共性，更准确地把握产业中的竞争方向和实质，还能使企业更好地了解战略集团的竞争状况以及不同战略集团之间的差异，从而帮助企业预测市场变化，发现新的战略机会并揭示不同战略集团之间演变的难点和障碍所在。

战略集团图是一种分析工具，在勾画该图时，所遵循的原则如下：

(1) 图轴所选取的最佳战略变量是那些对产业中战略集团的形成起决定作用的变量。

(2) 所选的轴变量不能一同变化。例如，如果一切实行产品差别化的企业也都具有宽产品线，则不应当将这两个变量都选为图轴，而应把反应产业中战略组成多样化程度的变量选为图轴。

(3) 图轴变量无需是连续或单调的。

(4) 对一个产业可以勾画数个战略集团图，利用战略方向的各种组合来认识最关键的竞争问题。

3. 战略集团间的竞争

一个产业中如果出现两个或两个以上的战略集团，则可能出现战略集团之间的竞争，包括价格、广告、服务等。战略集团之间的竞争最终决定了行业竞争的激烈程度，进而决定着行业中最终的获利潜力。一般来说，下列四个因素决定着一个产业中战略集团之间的竞争激烈程度。

1) 战略集团之间市场相互牵连程度

市场牵连程度是指各战略集团对同一顾客进行争夺的程度。战略集团间的市场牵连程度越高，战略集团间的竞争就越激烈。例如，在速冻食品产业中，对所有战略集团来说顾客都一样，所以战略集团市场牵连程度非常高，它们不得不在几乎完全一样的市场上竞争。但如果战略集团将目标放在差别很大的细分市场上，则它们的市场重合度会很小，战略集团间的竞争也会趋于缓和。例如瑞士的许多手表厂商以生产诸如劳力士、欧米茄等高档机械手表闻名于世，它们的客户群体大都是各国的高层白领和社会政要，所以它们几乎不可能会和以生产普通电子石英表为主的亚洲厂商发生正面冲突。

2) 战略集团数量以及它们的相对规模

一个产业中战略集团数量越多且各个战略集团的实力越接近，则战略集团间的竞争越激烈。战略集团数量多意味着集团离散，每一个战略集团规模都较小，某一集团受到其他集团攻击的可能性就大,从而引发集团之间的激烈竞争。反之,如果产业中集团之间的规模相差悬殊,如某一集团在产业中占有很小的份额,另一集团却拥有很大的份额,则实力弱小的集团不大可能以其竞争行动影响到大集团的利益,所以产业中竞争激烈程度会很低。

3) 战略集团实施产品差别化战略

如果各个战略集团各自实施不同的战略来分开顾客群,使他们形成各自集团的忠实顾客群,则竞争的激烈程度就会大大低于无差别产品市场的情况。

4) 集团战略的差异

战略差异是指不同战略集团奉行的战略在关键战略方向上的差异程度,这些战略方向包括商标商誉、销售渠道、产品质量、技术领先程度、成本状况、服务质量、纵向一体化程度、价格、与母公司或东道国政府的关系等。如果其他条件相同,则集团间的战略差异越大,集团间发生大规模冲突的可能性就越小。因为集团奉行不同的战略,导致它们在竞争思想上有极大的差别,并使它们难以理解对手的行为,更不会贸然地对竞争对手的行动作出反应。

4. 战略集团内部的竞争

在战略集团内部同样存在着竞争,这主要是由于各企业的优势不同造成的。在一个战略集团内,各企业会有生产规模和能力上的差别。如果一个战略集团的经济效益主要取决于产量规模,则规模大的企业就会处于优势地位。另外,同一战略集团内的企业,虽然常常采用相同的战略,但各企业的战略实施能力不同,即在管理能力、生产技术、研究开发能力和销售能力等方面是有差别的,能力强者处于优势地位。

5. 企业的竞争对手的确认

一般来说,在战略集团图上,战略集团之间相距越近,成员之间的竞争越激烈;同一战略集团内的企业是最直接的竞争对手,其次是相距最近的两个集团中的成员企业。

第三节　企业的主要竞争对手分析

竞争对手是企业经营行为最直接的影响者和被影响者,这种直接的互动关系决定了竞争对手分析在外部环境分析中的重要性。企业的竞争对手分析是从个别企业的角度,对竞争对手的未来目标、现行战略、假设和能力等因素进行分析(见图2-4)。关注公司的竞争对手,重视他们的战略,观察他们的行动,评价他们的优势和劣势,以推测其下一步的行动方向,这对本企业制定和调整战略决策至关重要。

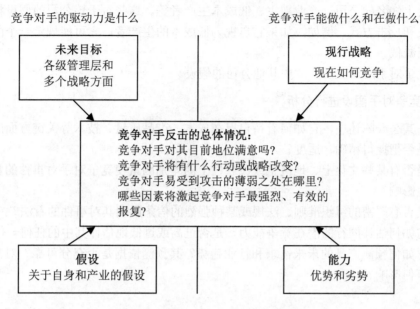

图 2-4 对竞争对手的分析内容示意图

一、竞争对手的未来目标

分析并了解竞争对手的未来目标,有利于预测竞争对手对其自身的定位和检测其财务成果满意度,有助于推断竞争对手改变竞争战略的可能性及对其他企业战略行为的反应程度。对竞争对手未来目标的分析包括以下关键问题:

(1) 竞争对手追求的市场地位总体目标是什么?

(2) 竞争对手各管理部门对未来的目标是否取得一致性意见?如果有分歧,是否可能导致战略上的突变?

(3) 竞争对手的当前财务目标及未来财务目标是什么?

(4) 竞争对手核心领导的个人行为对整个企业未来目标影响如何?

二、竞争对手的假设

假设经常是企业采取各种行为的最根本原因,因此了解竞争对手的假设,有助于正确判断竞争对手的真实意图。

1. 竞争对手的两类假设

(1) 竞争对手对自己的假设。每个公司都对自己的情况有所假设。例如,它可能把自己看成社会上知名的公司、产业霸主、低成本生产者等。这些对于该公司的假设将指导它的行动方式和反击方式。例如，如果它自视为低成本的生产者，它可能规定一个削价条例使价格自行减低。

(2) 竞争对手对产业及产业中其他公司的假设。

2．对竞争对手假设进行分析

(1) 在其公开陈述中，它如何看待自己在成本、产品质量、技术等关键方面的地位和优劣势？是否把握得精确、适度？

(2) 是否有某些文化上、地区上或民族性上的差别因素使竞争对手对事件的觉察和重视程度产生影响？

(3) 是否有严密的组织准则、法规或某种强烈的信条影响其对事件的看法？

(4) 它如何估计同行的潜在竞争能力？是否过高或过低地估计其中的任何一位？

(5) 它如何预测产品的未来需求和行业趋势？其预测依据是否充分可靠？对其当前的行为决策有何影响？

三、竞争对手的现行战略

对竞争对手分析的第三个要素是列出每个竞争对手现行战略的清单。对竞争对手进行现行战略的分析，实际上就是看它正在做些什么？正在想些什么？

针对竞争对手现行战略至少应该分析以下几个方面：

(1) 其市场占有率如何？产品在市场上是如何分布的？采取什么销售方式？有何特殊销售渠道和促销策略？

(2) 研究开发能力如何？投入资源如何？

(3) 其产品价格如何制定？在产品设计、要素成本、劳动生产率等因素中哪些因素对成本影响较大？

(4) 采取的一般竞争战略属于成本优先战略，或者是特色经营战略，还是集中一点战略？

四、竞争对手的能力

对竞争对手的能力进行客观评价，是竞争对手分析过程中的一项重要内容，因为能力将决定其对战略行动作出反应的可能性、时间选择、性质和强度。对竞争对手的能力分析包括以下方面：

(1) 核心能力。竞争对手在各个职能领域内的能力如何？其最强能力在哪个职能部门？最弱能力在哪个职能部门？这些能力将发生怎样的变化？

(2) 增长能力。竞争对手在人员、技术、市场占有率等方面的增长能力如何？财务方面、对外筹资方面是否能支持增长能力？

(3) 迅速反应的能力。竞争对手在财务、生产能力和新产品方面迅速对其他公司的行动作出反应(发动即时进攻或立即组织防御)的能力如何？

(4) 适应变化的能力。竞争对手能否适应诸如成本竞争、服务竞争、产品创新、营销升级、技术变迁、通货膨胀、经济衰退等外部环境的变化？有没有严重的退出障碍？

(5) 持久耐力。竞争对手维持长期较量的能力如何？为维持长期较量会在多大程度上影响收益？

第四节　市场信号辨识

市场信号是指竞争对手采取的能直接或间接反映其意图、目标或内部情况的行为。市场信号是与竞争对手的分析相联系的，它是市场中信息传递的间接方式，有助于企业分析和预测竞争者的情况及制定自己的战略。从市场信号中了解竞争对手，是建立在对竞争对手的未来目标、假设、现行战略和能力已经进行调研的基础之上的。用调研成果同发现的市场信号相比较，可以鉴别哪些信号是真实的，哪些信号是虚张声势或故意误导，从而迅速作出判断，采取正确反应。

市场信号多种多样，采取何种形式主要依据竞争对手的行为和使用的媒介。比较重要的市场信号形式有以下几种。

一、提前预告

这是竞争对手使用的正式的信息传递方式，表明它可能或打算采取某种行动，如工厂建设、价格更改等。提前预告的目的为以下几种。

1. 可以表示某种行动意图以抢先于竞争对手占据某种有利地位

如果一个竞争者宣布了某种重大的新增能力计划，这种增大的能力可以满足预期工业增长的全部需求，则这个企业可能会试图劝说其他企业不要再增加能力，因为那会导致过剩。如 IBM 的典型做法是，宣布一种还未做好上市准备的新产品，以使购买者等待购买其新产品，在其新产品未上市前不购买其他企业的产品。

2. 如果某个竞争者坚持执行其预定的计划，则提前预告可能是一种威胁

如果企业 A 得知企业 B 对某些产品降价的意图(或企业 B 宣布了这种意图)，则企业 A 可能也宣布降价，但降价幅度比企业 B 大得多。这可能会制止企业 B 实施降价措施，因为

A知道B不喜欢较低的价格,并准备进行价格战。

3．提前预告是对竞争者意见的试探

例如企业A宣布一项新的计划,并观察其他企业的反应。如果其他企业反应并非出乎预料,则企业A将按计划进行变更。如果其他企业发出不愉快的信号,或宣布某种与A不同的变更计划,则A可能撤销计划的变更,或宣布一项修正计划以适应竞争对手。

4．提前预告是在不断发展的竞争环境中表达高兴和不高兴信息的工具

宣告一项与某个竞争者一致的行动意味着高兴,而宣告一项惩罚行动或与竞争者差异很大的行动则表示不高兴。

5．提前预告作为一种调和步骤,可以减小对其他企业的刺激作用

例如企业A认为产业的价格水平应向下调整,提前宣告这一行动,并用具体的成本变化加以说明,这种做法可以避免使企业B将这种价格变化认为是企业A在市场份额方面的侵略行动并采取某些积极的反应。当必要的战略调整并不带有侵略性时,普遍使用预告这种方式。但这种预告也可被用于欺骗竞争对手,使其具有安全感,这有利于本企业采取侵略行动。

6．在企业可能造成能力过剩时,提前预告可以避免如能力增加等有代价的刺激行为

一个企业可以提前宣布扩展计划,以有利于其他竞争企业作好扩展计划,这样可以使行业能力过剩的可能性变小。

7．提前预告可以向金融机构传送信息,以达到提高股票价格和提高企业信誉的目的

这种做法意味着企业在某种公共关系动机的驱使下,将其本身的情况尽可能地公布出去。但这种预告也有可能将不适当的信息传送给竞争对手,因而造成麻烦。

二、行动的事后宣告

竞争对手经常在其行动(如新建工厂、新辟市场、兼并收购等)开始或结束后才宣布,这就是事后宣告,其目的是让其他企业注意此信息而改变其行为。

三、对产业情况的公开评论

竞争对手公开对产业情况发表评论,如对市场需求和价格的预测、对生产能力增长的预测、对原材料供应情况的预测等。这些评论可能正是它对产业的假设,发表评论是希望其他企业在同样的假设下运作,避免因看法不一使竞争激化。

四、竞争者讨论和解释自身的行动

竞争对手经常利用某些机会来讨论或解释自身的行动，如进入某产业、降价、联合、兼并收购等。一个企业对其自身行为的解释或讨论可有意或无意地服务于三种目的：

(1) 使其他企业了解这一行动的道理，理解其行动的原因和结果，从而追随这一行动或不采取类似行动。

(2) 对行为的解释和讨论可能是一种抢先占据的姿态。即将推出新产品和进入新市场的企业有时告诉新闻界，其代价是如何高昂、行动是如何困难，从而吓住其他企业不敢一试。

(3) 这种讨论和解释可能是传达某种承诺。一个竞争者可以强调投入资源的巨大数量和在新领域中的长期目的，并使对手相信它将驻足在那个领域中，没有取代对手的意图。

五、交叉回避

交叉回避是指当一个企业在某个领域中开展一项行动，而其竞争者的反应是在对发起者有影响的另一领域中采取行动。

例如，一个以东部为基地的企业进入西部市场，然后这个企业可能发现一个西部企业的反应是向东部市场进军。一个类似于这种情况的例子曾在美国咖啡业中发生过。麦克斯韦尔公司很长时间以来在东海岸有很大市场，而发尔格公司的力量在西海岸很强大。发尔格公司被帕克特与甘伯公司兼并后，通过采取积极的市场策略开始加强对东海岸市场的"入侵"。麦克斯韦尔公司的反击策略是在发尔格公司的西部市场上降价和增加市场推销活动。

如果交叉回避行动是直指入侵者的获利市场，则可能是表示某些事件即将发生的信号，但不希望触发仓促的反击行动。对入侵者次要市场的行动也可能表示，如果入侵者不撤销行动，防御者将在随后的交叉回避行动中投入更大的力量。上述分析的含义是在交错的市场中保持一种有节制的姿态，可能是一种有用的潜在威慑力量。

六、格斗商标

一种与交叉回避相关的信号形式是格斗商标。一个受到威胁或潜在威胁的企业可能采用一种商标，这种商标具有对威胁者进行惩罚或表示要进行惩罚的作用。

例如，可口可乐公司在20世纪70年代中期曾采用了一种叫做"皮伯先生"的新商标，这种商标的产品与一种正在侵占其市场的叫做"皮伯博士"的产品非常近似。格斗商标可以作为一种警告或威慑的手段，也可作为一种进攻性的战略武器。

七、秘密反不正当竞争行为诉讼

如果某企业秘密指控一个竞争对手有不正当竞争行为，则这一行动可被认作不满信号。在某些情况下，这是一种骚扰或拖延战术。因此，秘密诉讼与交叉回避战略非常相似。因为秘密诉讼可以在任何时候由提出企业撤回，相对于削价竞争等策略来说，这是一种潜在温和的不满信号。当一个较弱的企业指控一个较强的企业时，这种指控可能是一种使较强企业警觉的方式，使其在诉讼悬而未决时不采取任何入侵行动。当大企业指控小企业时，诉讼可能是实行处罚的经过粉饰的方法，因为诉讼迫使弱小企业在很长时期中承担极高的法律费用并牵制其在市场竞争中的注意力。

竞争对手提供市场信号的方式是多种多样的，有些市场信号是虚假的，有些则是某些事件发生的前兆，还有些表示某些行动的趋势。研究竞争对手的历史，考察它所发布的市场信息与其实际行动之间的关系，将极大地提高判断市场信号真实性的能力。市场信号增进企业对竞争对手的了解，对企业选择和制定竞争战略也大有好处。认为注意市场信号会分散企业领导精力的看法，是不正确的，无视市场信号就等于无视全部竞争者。

本 章 小 结

任何企业都是在一定的环境下生存和发展的。环境的发展和变化，给企业的生存和发展既提供了机会，也带来了威胁。因此，战略分析的起点，就是对企业的战略环境进行分析。所谓战略环境，是指与企业经营有关的企业内部因素和外部因素的总和。其中外部因素包括宏观环境要素和企业所在的行业环境、竞争状况等。内部因素包括企业的资源和能力等。战略环境分析的目的是确认有限的可以使企业受益的机会和企业应当回避的威胁。本章分析企业的外部环境要素。

宏观环境是指对企业的发展具有战略性影响的环境因素。企业的宏观环境要素包括政治法律环境、经济环境、社会文化环境、技术环境和自然环境。这是企业一般共处的环境。它一方面具有变动性和不可控性，另一方面也具有一定的规律性。为了制定出正确的战略，必须考虑这些因素。

产业环境属于外部环境中的微观环境，产业环境分析的内容主要是分析本行业中的企业竞争格局以及本行业和其他行业的关系。行业的结构及其竞争性决定着行业的竞争原则和企业可能采取的战略。产业环境的分析主要从两个方面着手：一是分析产业中竞争的性质和该产业所具有的潜在盈利空间，常用的工具是波特提出的"五种力量模型"；二是弄清该产业内部企业之间在经营上的差异，以及这些差异与它们战略地位的关系，常用工具是战略集团分析法。

竞争对手是企业经营行为最直接的影响者和被影响者，这种直接的互动关系决定了竞争对手分析在外部环境分析中的重要性。竞争对手分析是从个别企业的角度，对竞争对手的未来目标、竞争对手的现行战略、竞争对手的假设和竞争对手的能力等因素进行分析。关注公司的竞争对手，重视他们的战略，观察他们的行动，评价他们的优势和劣势，以推测其下一步的行为动向，对本企业制定和调整战略决策至关重要。

市场信号同竞争对手的分析相联系，指竞争对手采取的能直接或间接反映其意图、目标或内部情况的行动。它是市场中信息传递的间接方式，有助于企业分析和预测竞争者的情况及制定自己的战略。市场信号多种多样，有些信号是虚假的，有些信号是某些事件发生的前兆，还有些表示了某些行动的趋势。比较重要的市场信号形式有提前预告、行动的事后宣告、对产业情况的公开评论、竞争者讨论和解释自身的行动、交叉回避、格斗商标和秘密反不正当竞争行为诉讼。

思 考 题

1. 外部环境分析主要包括哪些因素？为什么企业研究和了解外部环境很重要？
2. 企业的宏观环境包含哪几个方面？
3. 行业环境的五种基本竞争力量是什么？它们如何影响企业的获利能力？
4. 试比较总体环境和行业环境的区别。这些区别有什么重要性？
5. 分析企业战略环境有哪些方法？
6. 在分析某个企业的外部环境的基础上，提出你认为企业应该采取的应对措施。
7. 既然外部环境如此重要，为什么有些企业并没有重视？查找一些不了解外部环境的案例，并讨论不进行外部环境分析的后果。
8. 仔细研究你感兴趣的一家企业。你认为该企业将采取什么样的措施制造行业进入障碍？
9. 在什么样的条件下，企业会对行业的潜在参加竞争者采取报复行为？

本 章 案 例

不断创新的华为公司

深圳华为技术有限公司(以下简称华为)是一个高科技民营企业。1988年创建时注册资金只有2.4亿元。经过几年的艰苦创业，产值连年翻番，1997年达到50亿元，1999年突破 100 亿元，并于 2002 年实现 220 亿元的销售额。自 1994 年起，华为连续多年在深圳市开发型高新技术企业的综合排序、销售额排序、利税排序中均名列榜首。

目前，华为在全球建立了三十多个分支机构，在美国达拉斯、印度班加罗尔、瑞典斯德哥尔摩、俄罗斯莫斯科以及北京、上海等地建立了研究所，其产品几乎覆盖了国内电信的主要领域，并且众多产品已经进入德国、西班牙、巴西、俄罗斯、埃及、泰国、新加坡、韩国等四十多个国家。

几乎没有人怀疑过华为的发展潜力，它没有通过炒作和宣传来美化企业的形象，而是一直用事实证明着自己的实力。即使在思科的"骚扰"下，华为也赢得了人们的掌声。华为的成功除了得益于行业自身的快速成长之外，主要归功于它在对企业外部环境的准确判断的基础上，采取了以下两方面的战略措施。

一、技术创新战略

华为创业伊始，就以国际先进水平为目标，力求领先于世界。它立足于当代计算机与集成电路的高新技术，大胆创新，取得了一系列突破。20 世纪 90 年代，国际经济、政治环境趋于稳定，这对华为的技术创新来说，无疑是一个福音。华为利用这一大好形势，与国内外著名大学、研究开发机构和重点实验室建立了长期广泛的合作与交流，与国际上知名公司和供应商建立了良好稳定的合作伙伴关系，一举奠定了自身在数据技术和核心网络方面的技术优势。目前，华为已跻身于世界少数几家能够提供 CAC08—STP 数字程控交换机设备的巨头行列，在移动智能网、STP、GPRS 等核心网络方面形成了领先的优势。

华为并不满足于现有领域的成功，它在行业结构分析中发现了一个新的利润增长点——光网络设备市场，并且正在成为该领域的一颗新星。华为公司传输产品新总工程师郭中梁概括道："华为在这个市场起步不是最早，但是发展最快。"1993 年，华为开始进入光网络设备市场；1999 年，华为在国内光网络设备市场上与朗讯基本上平分秋色，两家的市场份额之和占了这块蛋糕的 6 成以上。华为一跃成为国内市场中第二大光网络设备提供商，其光网络设备已进入二十多个国家和地区。

二、市场竞争战略

随着市场环境不断变化，消费者行为日趋成熟，华为的市场战略也经历了从公关型—推销型—营销型—管理型的几次转变和飞跃。如今它还采取以技术换市场的策略，开拓国际市场。华为非常重视发现和培养战略营销管理人才和国际营销人才，培育了一支高素质的销售员、工程师队伍与营销现场管理者队伍。目前从事市场营销和技术服务的人员占员工总数的 35%，均具有本科以上学历，并且在全国建立了 33 个市场、销售办事处，35 个用户服务中心。市场战略的成功使华为的销售收入按年均 100% 的速度递增。

华为今日的成就是来之不易的，激烈的市场竞争环境和对技术的不懈追求，使华为更加专注于寻找强势企业在市场和技术上遗留的空当，使之成为产品和技术差异化的依托，并且加强企业面对突发状况时快速反应的能力。2002 年 2 月，思科状告华为侵犯其知识产权，华为立即迅速地把有争议的产品从美国市场撤回，并随即用思科抓不住把柄的替代品弥补市场空白,没有给思科留下可乘之机,这种快速反应靠的是华为对市场的独特把握和对技术的长期积累。华为的产品和技术从本质上来说,有很多并非是独有的,却是具有差异性的,这种产品和技术的差异性和快速反应能力为华为避免知识产权纠纷,抵御竞争对手的威胁提供了最有力的支持。

为了更迅速、更完整地了解市场信息,降低研发风险,提高企业适应外部宏观环境变化以及抵御企业外部竞争对手压力的能力,华为提出"工程商人"的理念,即在华为内部,各岗位是流动的,技术研发人员与市场营销人员和销售人员不断转换岗位。这种方法把咨询、服务和营销有机地结合在一起,技术研发人员可以把自身对现有技术和产品的独特感受和直接从市场上搜集到的信息融合起来,更加准确地制定技术研发的方向,从而有利于把企业的技术优势转化为企业的品牌优势。

当中兴通过小灵通而获利颇丰时,华为并没有盲目跟随。它深刻地认识到自己在无线市话技术上并不占优势,抢占这块市场,对别人来说是机会,对自己而言则是严重的威胁。于是,华为仍将研发和销售重点放在全球高端路由器上,并实现500万台的销售量,成为世界上主要的数据产品供应商。华为这种专注的精神打造出华为独特的品牌优势,有效防止了品牌内涵的流失和扩散,提升了品牌的认知度和美誉度。(资料来源:李亚主编.民营企业发展战略.北京:中国方正出版社,2004)

案例分析

1. 华为公司之所以取得今天的成绩,关键原因是什么?
2. 为什么了解、判断和预测企业战略外部环境,对企业的生存和发展有着极为重要的意义?

案例点评

华为公司之所以取得今天的成绩,关键在于它对不断变化的外部环境的把握,并在此基础上采取了正确而有效的应对措施。抓住国际政治经济形势大好的机会,率先与外国研发力量广泛合作,一举奠定技术优势,加强产品差异化和企业快速反应的能力,从容面对竞争对手的突然发难,适时区分机会和威胁,集中精力打造品牌优势等,这一切为华为成为我国最出色的民营企业之一奠定了坚实的基础。由此可见,了解、判断和预测企业战略外部环境,对企业的生存和发展有着极为重要的意义。

企业发展所面临的外部环境可以分为宏观环境和微观环境。其中宏观环境指的是对企业的发展具有战略性影响的环境因素,例如政法、社会文化等。一般在分析企业的外部环境时,通常是先分析企业的宏观环境,然后再分析微观环境,由外到内进行分析。

第三章

企业的内部环境分析

学习目标：通过本章的学习，学生应该了解企业资源、企业能力、企业核心能力的概念；理解企业资源分析、企业能力构成、企业核心能力分析的内容；掌握企业内部环境分析的基本方法。

关键概念：商誉(good-will) 企业的资源(enterprise resource) 企业的能力(enterprise competence) 企业核心能力(the core competence of enterprise) 硬核心能力(the hard core competence) 软核心能力(the soft core competence)

企业内部环境是相对于外部环境而言的独立概念，是指企业生存和发展的内部因素。企业外部环境分析向企业展示了未来发展的机会和威胁，但企业能否成功抓住机会，避开威胁，则取决于企业自身的实力。企业的实力源于其战略资源和能力。深入分析企业的战略资源和能力是制定正确战略的基础。

第一节 企业的资源分析

企业的资源是指能够给企业带来竞争优势的任何要素，是企业参与市场竞争的必备条件，包括有形资产、无形资产和人力资源。每个企业都有多种资源，这些资源各有不同的特点和作用。企业资源的分类如图3-1所示。

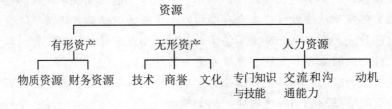

图3-1 企业资源的分类

一、有形资产

有形资产是比较容易确认和评估的一类资产，它包括财务资源和物质资源，一般可以从企业的财务报表上查到。

(一) 财务资源

企业财务资源可以定义为可用于生产或投资的资金来源。它构成企业最基本的资源之一，包括各种内部及外部融资渠道。

1. 未分配利润

未分配利润是企业利润中被保留下来用于新投资的部分，它们没有作为股利发放给股东。未分配利润是实施组织战略最常用的财务资源。它的优点为，企业不需要征求任何团体或个人的意见，不存在筹资成本，企业也不必向银行等外界公布其战略计划以征求同意。它的缺点为，利润保留以股东股利流失为代价，要求企业有足够多的利润，不适合陷入财务困境的企业。

2. 股票发行

股票发行也被称为权益资本融资，常常涉及企业的权益或股权。这种融资方式的成功依赖于现有的和潜在的股东对企业前景的态度，会稀释企业的股权比例。其优点为，可以注入大量新资本(如一次性并购)，与银行存款相比无需承诺还本付息。可以在新的投资产生利润后再发放股利，给股东以回报。缺点为，改变企业的股权结构，股票发行产生大量的管理费用，如承销费用。

3. 贷款

在证券市场不够完善的中国，从银行和其他金融机构贷款是一种重要的融资方式，是企业的一项基本财务资源。贷款的种类多种多样，利率和期限各有不同。大额贷款通常需要企业的资产作担保。贷款的融资成本低于股权的融资成本。其安全性有保证，但必须还本付息。风险评估在很大程度上决定了借款人对企业的看法，决定其能否为企业提供贷款。企业以往的业绩、新战略的前景、用于担保资产的价值和借贷双方的长期合作关系等各方面均对贷款融资产生影响。其优点为，融资成本低，融资迅速且保持了现有的股权结构。缺点为，融资方式苛刻，增加企业的运营压力，还本付息会成为企业的主要负担。

4. 租赁

从专业企业租赁也是重要的融资方式之一。其优点为，是一种简单快速并可能享有税收优惠的融资方式。由于采取租赁，企业减少了营运所需的资本，从而提高了企业的资本收益。缺点为，这种融资方式有一定的局限性，租用方最后没有获得其租用设备的所有权。

5. 调整应收、应付款项

组织可以通过延迟对贷方债权人的支付、减少存货、加速借方的债权回收等几种途径调整其应收、应付款项，为企业增加财务资源。其优点为，这种方式通过更有效地运用组织的现有资源进行融资，因此它与未分配利润方式有许多相同的优点。其缺点为，如果组织已经在合理有效地运作，可能难以运用这种融资方式。组织也许需要大量的资本支出，才能获得此方式带来的成本收益。例如，一个新的计算机存货控制系统虽然可以使存货减少，但却需要追加新的投资。

6. 出售资产

出售企业一部分资产为其他方面提供更有力的资金支持是20世纪90年代国外一些企业的重要战略。这种融资方式在资源稀缺或业务过于分散时非常有价值。其优点为，这种融资获取财务资源的方式简单明了，将资源集中于优势环节，也没有稀释企业的股权。缺点为，这种方式对企业冲击较大且不可逆转，另外，出售时机的局限性可能导致资产的售价低于其实际价值。

(二) 物质资源

物质资源是企业从事生产的基础，它包括企业所拥有的土地、厂房、机器设备、运输工具、办公设施，还有企业的原材料、产品、库存商品等，是企业的实物资源。

物质资源一般可以从企业的财务报表上得到反映。但从战略的角度看，资产负债表所反映企业所拥有的物质资源价值是模糊的，有时甚至是一种错误的指示，这是因为过去所做的成本报价并不能真实地反映物质资源的市场价值。当考虑某项资源的战略价值时，不仅要看到会计科目上的数目，而且要注意评价其产生竞争优势的潜力。换句话说，物质资源的战略价值不仅与其账面价值有关，而且取决于企业的商誉、组织的能力、地理位置、设备的先进程度等因素。假如一个企业拥有巨额固定资产，有些设备还很先进，但位于偏僻的地区，交通不便，信息滞后，则很难快速适应市场需求的变化。

在评估有形资产的战略价值时，必须注意以下两个关键问题。第一，是否有机会更经济地利用财务资源、库存和固定资产，即能否用较少的有形资产获得同样的产品或用同样的资源获得更大的产出。第二，怎样才能使现有资源更有效地发挥作用。

事实上，企业可以通过多种方法增加有形资产的回报率，如采用先进的技术和工艺，以增加资源的利用率。通过与其他企业的联合，尤其是与供应商和客户的联合，充分地利用资源。当然，企业也可以把有形资产卖给能利用这些资产获利的企业。实际上，由于不同的企业掌握的技术不同，人员构成和素质也有很大差异，因此它们对一定有形资产的利用能力也不同。换句话说，同样的有形资产在不同能力的企业中表现出不同的战略价值。

二、无形资产

资产负债表上标明的有形资产一般可以从市场上直接获得，可以用货币加以直接度量，并可以直接转化为货币。相反，无形资产是企业不可能从市场上直接获得，不能用货币直接度量，也不能直接转化为货币的那一类经营资产，包括企业的商誉、技术、文化等。无形资产往往是企业在长期的经营实践中逐步积累起来的，虽然不能直接转化为货币，但却同样能给企业带来效益，因此同样具有价值。

(一)技术资源

技术资源是重要的无形资产，包括其先进性、独创性和独占性。企业要把适应顾客的需求变化，生产并不断开发新产品及服务作为其首要任务。产品及服务的开发和生产依赖企业所拥有的技术资源。一旦企业拥有了某种专利、版权和商业秘密，它就可以凭借这些无形资产去建立自己的竞争优势。

企业所具有的技术能否成为重要的无形资产，除与其先进性和独创性有关外，还与其是否易于转移有密切的关系。如果某项技术易于被模仿，或者主要由某个人所掌握，而这个人又很容易流动，那么该项技术的战略价值将大大降低。相反，如果某项技术很难被模仿，或者与其他技术方法一起使用才能发挥其应有的作用，这些其他技术方法又掌握在很少人手中，那么该项技术作为一种无形资产的战略价值就很高。

一个企业不可能独自开发出所需的全部技术，即使能够也是资源浪费。技术资源除了来源于自身积累，企业还需要通过与外部合作获取技术资源，并内化为企业所有。企业与外部合作的途径有以下几条。

1. 联合开发新技术

由企业自行开发新技术，需要大量的人、财、物的投入，并经过应用研究和开发研究，直到试制成功，新产品投入市场，一般需较长的时间，并有很大的风险。联合开发通常是指企业与科研院所或其他企业的研发合作，借助这些单位的科技优势，弥补企业自身开发能力的不足。这些单位往往拥有为数众多的科技人才、科研成果和先进的研制设备，处在某个研究领域的前沿，掌握最新的科研信息，具有丰富成熟的科研经验，与他们联合开发，企业可以节省时间，避免方向选择上的错误，减少风险。另外，联合开发也可以加快科技成果向产品的转化。

2. 委托开发

委托开发也是解决企业自身新技术开发能力不足，加快开发新技术速度的途径。其基本做法是企业将新技术及产品开发项目的某一部分，甚至全部，委托给科研院所或有开发能力的其他单位(受托单位)进行开发，由企业(委托单位)提出开发要求，如性能、规格、外形、材质等，企业并不参与受托单位的开发研制工作。委托开发的形式更有利于企业集中资源做好新产品开发的其他配套和准备工作，并将产品开发的部分风险转移到受托单位。这种形式对受托单位来说有利于其发挥科研开发的优势，而且不必承担新产品开发后投放市场的风险。

3. 引进技术

引进技术是指企业引进国外某种专用设备和技术来生产某种新产品。引进技术可以绕开研究和开发环节，在短时期内获得新技术，生产出新产品，并缩短与技术先进企业之间的差距。

4. 购买专利

专利是公布并实施保护的在科学技术上的发明创造。世界上每年公布的专利数目是非常惊人的。在我国大约只有10%的专利得到应用，专利具有很大的应用潜力，应成为企业技术资源的一项重要来源。要挑选适合企业自身的技术、工艺特点的专利。

(二)商誉资源

1. 商誉的含义

商誉是指一家企业由于顾客信任、管理卓越、生产效率高或其他特殊优势，而具有的企业形象，它能够给企业带来超过正常收益率水平的获利能力。在产品质量和服务对潜在顾客利益的影响并不明显的行业，企业商誉往往是最重要的资源。一般来说，商誉往往与企业联系在一起，有时也与特定的品牌有关。例如，在软饮料行业，可口可乐和百事可乐是世界上商誉很高的两家企业，这种巨大的无形资产已成为它们最重要的竞争资源。医疗、教育等行业都是更多地依赖于信誉和知名度的行业。信誉和知名度高的企业不仅其产品和服务容易被消费者接受，在同样的质量下可以卖出较好的价格，而且可以在融资、借贷方面得到方便和优惠。可见，在激烈的市场竞争中，如何建立并合理应用商誉，关系到企业的市场绩效。

2. 商誉的内容

企业商誉通常包括企业的生产经营能力(生产经营规模、技术水平、财务状况、销售网络、管理水平等)、品牌声誉(商品品质、商标、包装等)和商业道德(经营作风、售后服务、员工素质、竞争方式)等方面的内容。正确理解商誉的特征，依法保护企业的商誉，客观公正地评估商誉的价值，是企业发展中必须解决的战略问题。

3. 商誉的特征

(1) 复杂性。商誉形成的原因是复杂的。企业所处的地理位置优势、资源优势或经营效率高、历史悠久、人员素质高等都可以是商誉的组成部分。商誉是多因素共同作用形成的知识产权，其中包括生产经营能力、商品品质和商业道德等。在市场竞争中，这些因素都是企业决策者们智力劳动的创造性成果，其外在形式表现为社会的评价，其内在实质是企业的一项重要的无形资源。

(2) 长期性。商誉是企业通过长期、连续的市场竞争活动而逐渐形成的。企业要取得良好的社会评价，形成良好的商誉，就必须经过大量、长期和有效的市场营销、技术创新、广告宣传、公关活动和优质服务等一系列的智力投入方能形成。而一旦形成，它又具有惯性特征，即可以在较长时间里保持稳定，并发生无形的作用，不会随企业产出的增加而耗减。

(3) 依附性。商誉在无形资源中属于不可确指的无形资源，它不能离开企业的其他资源而单独存在和单独出售。它只有在企业整体出售成交或整体合并成功后，这项资源的价值才能真正体现。我国的企业财务制度规定，除企业合并外，商誉不得作价入账。商誉是由企业享有的而且不可分离的权利。企业的商誉是社会或他人包括同业竞争者对其生产、经营、服务标准方面品质的总体评价，而这种评价是通过经营者日常的市场交易行为和竞争活动逐渐形成的，是外界对企业的信用与名誉状况的客观认同。所以，商誉只能归属于某一特定的企业，离开了某一特定的企业，这种商誉就变得毫无价值。

(4) 经济性。客观公正的评价与良好的声誉会增加企业的经济效益。反之，任何对其商誉的诋毁、贬低行为，都可能使企业的经济效益下降，甚至可能导致该企业破产。

商誉可以为企业带来良好的市场业绩，因而也可能成为竞争对手攻击的对象。侵犯商誉行为者出自敌意，为削弱竞争对手的竞争能力，往往虚构一些无中生有的内容，并将这些虚假内容散布开来，在社会上造成不良影响，导致企业的经济效益下滑。商誉需要企业、法律及社会的保护。

(三)企业文化资源

所谓企业文化是基于共同价值观之上，企业全体职工共同遵循的目标、行为规范和思维方式的总称。当今，企业文化的价值越来越被企业界所重视。人们从海尔等许多大企业成功的范例中发现，这些企业之所以能在快速发展中立于不败之地，是由于它们成功地创造了具有自身特色的企业文化。哈佛学者约翰·科特和詹姆斯·赫斯科特在对数百家企业长期研究的基础上撰写了《企业文化和经营业绩》一书，得出如下研究结论：第一，企业文化对企业的长期经营业绩具有重大影响；第二，企业文化在下一个十年内很可能成为决定企业兴衰的关键要素；第三，影响企业长期发展的起负面作用的企业文化并不罕见，而且容易孳延，即便在那些汇集了许多通情达理、知识程度高的人才的公司中也是如此；第四，企业文化尽管不易改变，但它们完全可能转化为有利于企业经营业绩增长的企业文化。理论界的研究和企业界的实践均已证明，企业文化的力量既可能支持企业的战略管理，助其成功，也可能抵制它们，使其失败。因此，分析企业文化的现状，从中找出能够制约企业战略的关键要素，加以加强或改进，就成为企业战略管理者面临的重要挑战。对企业文化进行分析应注意把握以下内容。

1. 企业文化现状分析

应对企业的物质文化层、制度文化层、精神文化层逐一分析。例如精神文化层需重点分析为绝大多数员工认同的经营宗旨、价值观、思维方式、行为道德准则、心理期望、信念、具有企业个性特点的群体意识等内容。

2. 企业文化建设过程分析

企业领导人是如何塑造企业文化的？是否有科学的文化建设目标、计划、工作内容、预算保证等？企业是如何宣传贯彻现行企业文化的？现行文化是否为广大员工接受并付诸实践？

3. 企业文化特色分析

企业文化是企业独特的传统、习惯和价值观的积淀。企业文化的生命力和感召性在于其独具特色、震撼人心。例如海尔文化中海尔生存理念的特色是突出危机意识、居危思进、开拓进取。CEO 张瑞敏形象地归结为"永远战战兢兢，永远如履薄冰"。做好企业文化特色分析，准确把握企业文化的特点，是成功进行文化建设的关键。

4. 企业文化与战略目标、战略和内外环境的一致性分析

分析过去，企业文化是否与制定的战略目标协调一致，所起的作用是正面的，还是负面的，对企业绩效的影响有多大。企业文化是否与社会文化环境和产业文化环境相适应。

5. 企业文化形成机制分析

分析研究现有企业文化的形成机制，弄清企业未来战略目标、战略方向、战略业务选择以及政策方针与员工已接受的企业文化的相容或相悖程度，进而明确下一步文化建设的方向和思路。

三、人力资源

一个组织最重要的资源是人力资源。大量研究发现，能够有效地利用其人力资源的组织总是比那些忽视人力资源的组织发展得更快。是人的进取心和掌握的技术创造了企业的繁荣，而不是实物资源和财务资源。在技术飞速发展和信息化加快的知识经济时代，人力资源在组织中的作用也越来越突出。

所谓人力资源主要是指组织成员向组织提供的技能、知识以及推理和决策能力，我们通常把这些能力称为人力资本。实际上，确认和评价一个企业人力资本的价值是一项困难和复杂的工作，这是因为人们常常根据他们的工作业绩、经验和资历来评价个人的技巧和能力。然而，个人能力能否充分发挥作用还取决于他所在工作环境的状况。有时，很难直

接评价个人对组织业绩的贡献。因此，企业常常通过间接的方式来评价个人的业绩，如考查个人的工作时间、热情、职业习惯和态度等。在环境迅速变化的条件下，如果一个企业想要适应这种变化，并利用新的机会求得发展，更重要的不是考查其雇员过去或现在具有怎样的能力和业绩，而是评估他们是否具有挑战未来的信心、知识和能力。近年来，许多企业，如深圳华为等都已开始对其成员做更广泛、更细致的知识、技巧、态度和行为测评。与此同时，越来越多的企业认识到在评估其人力资源状况时，不仅要考查其成员个人的专长和知识，而且尤其要评价他们的人际沟通技巧和合作共事能力。换句话说，一个企业的能力不仅取决于其拥有的资源数量，而且更重要的是取决于它是否具有将各种资源整合的能力。大量的研究发现，一个具有创造性和内聚力文化的企业具有更大的竞争优势，在这样的企业里，管理人员和企业员工分享共同的理念和价值观。

企业如何面对错综复杂的内外部环境继续生存和发展，关键在于人力资源的开发与管理，在于企业如何充分利用和发挥自身的人力资源的优势，取得更大的经济效益。当一个企业拥有和开发了有价值的、稀缺的、独有的或有组织的资源的时候，它就创造了竞争优势。我们可以用同样的标准来衡量人力资源的战略性影响。

(1) 创造价值。通过努力降低成本、向客户提供独一无二的产品和服务，或通过两者的结合，人们创造出了价值。这两者的实现都离不开有创造性的人才。

(2) 稀缺性。当竞争对手不能获得与你拥有同等技术、知识和能力的人才时，这些人才就成为你获得竞争优势的源泉。一些企业已经意识到一些雇员的价值和稀缺性。一流的企业为获得竞争优势，都会在吸引和培训最具优势的人才方面进行大量的投资。

(3) 难于模仿。当员工的能力和贡献不能被他人仿效时，他们就成了竞争优势的来源。如迪斯尼等企业因创造了独特的企业文化和员工的团队精神而闻名，而这些都是难以仿效的。

(4) 有组织。当人们的天才和智慧能够有效地结合在一起，在分配一项新任务后，能够在很短的时间内开展工作，他们同样获得了竞争优势。使员工有效组织的方法是团队精神和相互合作。

以上四条突出地说明了人力资源管理与战略管理之间的紧密关系。

第二节　企业能力的构成

企业能力是指企业协调资源并发挥其生产与竞争作用的能力。这些能力存在于企业的日常工作之中。单独一项资源并不能产生实际的能力，能力来自于对各项资源进行有效的组合。能力是企业若干资源有机组合后的结果和表现。企业能力由研发能力、生产管理能力、营销能力等组成。

一、研发能力

在当代的市场中,激烈的竞争要求企业不断推出新产品或改进技术、工艺,这一系列活动都离不开企业的研发。研发已经成为企业持续竞争优势的关键来源。企业投资于研究与开发,能开发出更高级的新产品或服务、提高产品质量、降低成本,能为消费者创造更大的价值,在与对手的竞争中,获得消费者的认可,进而增强企业的竞争优势。

新产品开发能力分析应着重从新产品开发计划、开发组织、开发过程和开发效果四个方面进行分析,并将分析结果与主要竞争对手比较,进而判断企业此项能力的强弱,为企业战略的选择提供依据。

二、生产管理能力

生产是企业的基本功能,是厂商为客户提供价值的基础。企业的生产活动包括对所有的投入品(诸如原材料、劳动、资本、机器与设施等)进行加工,使之转变为产品或服务并能够为消费者带来价值和效用的所有活动。在不同的行业,由于各自特点不同,企业生产所涉及的投入品、物质转换过程及产出品也不相同。如表 3-1 所示,罗杰·施罗德(Roger Schroeder)列出了生产管理的五种基本功能及相应的决策领域:生产过程、生产能力、库存、人力和质量。

表 3-1 生产管理的五种基本功能

功　能	简　述
生产过程	生产过程决策涉及实际生产系统的设计。具体决策内容包括对技术、设施的选择,工艺流程分析,设施布局,生产线的平衡,工艺控制及运输分析
生产能力	生产能力决策确定企业的最佳产出水平——不能太多,也不能太少。具体决策内容包括预测、设施计划、综合计划、生产计划、生产能力计划及排队分析
库存	库存决策涉及对原材料、在制品及产成品存量的管理。具体决策内容包括订货的内容、时间和数量及物料搬运
人力	人力决策涉及对熟练及非熟练工人、职员及管理人员的管理。具体决策内容包括岗位设计、工作考核、丰富工作内容、工作标准及激励方法
质量	质量管理的目的在于生产高质量的产品与服务。具体决策内容包括质量控制、抽样检查、测试、质量保证及成本控制

生产过程往往占用企业大量的人力及资本,是形成企业产品、服务成本优势或差异化的主要来源,生产功能中的优势与弱点决定了企业能够做什么,不能做什么,是企业制定

战略的依据，对竞争优势的形成有重大影响。

三、营销能力

一个企业营销能力的强弱往往体现在其产品竞争能力、销售活动能力和市场决策能力上。因此，营销能力分析通常从这三个方面来进行。

(一)产品竞争能力分析

产品竞争能力分析是对企业当前销售各种产品的市场地位、收益性、成长性、竞争性和结构性等方面进行分析，分析结果将为改进产品组合和开发新产品指明方向。

1. 产品市场地位分析

产品市场地位分析除通过市场调查，分析判断该产品的知名度、美誉度、产品形象之外，还要定量测评市场占有率和市场覆盖率。

$$市场占有率 = \frac{本企业产品销售量}{市场同类产品销售量} \times 100\%$$

市场占有率是产品市场地位的重要标志，也是企业最重要的战略目标之一。企业应分品种、分地区、分时期进行统计，并与竞争对手比较以便发现问题和查找原因。另外还要注意，当前企业竞争的焦点已开始由过去的市场份额规模增长，转向了市场份额质量(用市场份额与忠诚顾客的百分比来衡量)的提高，因而在分析市场占有率的同时，还要注意忠诚顾客的比率。

$$市场覆盖率 = \frac{本企业产品投放地区数}{全市场应销售地区数} \times 100\%$$

公式中的销售地区可以是省、市、县、区。

2. 产品收益性分析

产品的收益性高低直接决定企业的效益，企业应确立高收益的产品组合。收益性分析可采用如下方法进行：

(1) 进行销售额的 ABC 分析，以找出需深入调查的 A 类重点产品。
(2) 进行边际利润分析，以明确企业各种产品的边际利润贡献度。
(3) 进行量本利分析，以查明经营安全性和确定目标销售量。

3. 产品成长性分析

通常是把企业最近几年的销售量或销售额按时间顺序画成曲线，来观察其增减变化趋势，采用的指标主要有销售增长率和市场扩大率。

$$市场扩大率=\frac{某年度市场占有率}{上年度市场占有率}\times100\%$$

4．产品竞争性分析

就是分析相对于竞争产品，本企业产品在质量、外观、包装、商标、价格、服务等方面所具有的优越性。

5．产品结构性分析

产品结构又称产品组合。产品结构可分为深度结构和宽度结构。宽度结构是指产品的系列结构，深度结构是指同一系列的规格结构。产品结构分析的目的是发现优势产品和弱势产品，弄清产品结构不合理的地方，进而改进产品组合，为保持和提高产品竞争力奠定基础。具体可运用波士顿矩阵等方法进行分析。

(二)销售活动能力分析

销售活动能力分析是在产品竞争力分析基础上，以重点发展产品和销路不畅产品为对象，对其销售组织、销售绩效、销售渠道、促销活动等方面进行分析，以判断企业销售活动的能力、存在的问题、问题成因，进而为制定战略提供依据。

1．销售组织分析

销售组织分析主要分析以下内容：

(1) 销售组织机构，包括人员编制、业务分工、责任权限、管理方式等方面的分析。

(2) 销售人员素质，包括销售队伍结构、业务能力、专业资格、培训进修情况、综合素质等方面的分析。

(3) 销售管理，包括销售计划统计报表、顾客档案、市场调查、薪酬制度等方面的分析。

2．销售绩效分析

销售绩效分析主要分析计划完成率、地区发展状况以及销售活动效率等内容。主要指标及计算公式如表3-2所示。

3．销售渠道分析

销售渠道分析主要分析以下内容：

(1) 销售渠道结构。分析企业直接销售和间接销售的各种形式，绘制销售渠道结构图，计算各个销售渠道的销售额构成比例和利润贡献度，分析现有渠道结构的合理性。

(2) 评价中间商。依据与各中间商交易额大小及交易额增长率高低，从各中间商的重要性和发展性两方面进行分类和评价，确定今后需重点管理、扩大交易的中间商。

(3) 销售渠道管理分析。分析企业的渠道整合和渠道管理方针,重点分析企业与中间商是否建立了双赢的合作伙伴关系?若没有,问题何在?怎样建立?

4.促销活动分析

促销活动分析主要对企业开展促销活动的方法、内容和效果进行评价,例如促销经费占销售额的比例是否适度,促销组合是否合理,促销活动对提高产品知名度、扩大销售的贡献如何等。

表3-2 销售绩效分析

项 目	计算公式
1. 销售计划完成率	(实际销售额/计划销售额)×100%
2. 销售额增长率	[(本期销售额-前期销售额)/前期销售额]×100%
3. 销售价格保持率	(实际销售价格/计划销售价格)×100%
4. 销售毛利率	(销售毛利润/实际销售额)×100%
5. 销售费用率	(直接销售费用/实际销售额)×100%
6. 欠款回收率	[本期回收金额/(上期末应收款+本期销售额)]×100%
7. 顾客平均销售额	实际销售额/顾客总数
8. 新顾客销售额比率	(新顾客销售额/实际销售额)×100%
9. 老顾客销售额比率	(老顾客销售额/实际销售额)×100%
10. 平均访问销售额	实际销售额/总访问次数
11. 平均每日访问次数	访问总次数/实际访问天数
12. 访问成交率	(成交件数/总访问次数)×100%
13. 顾客意见发生率	(顾客意见总数/固定顾客数)×100%
14. 新顾客开发率	(新顾客增加数/访问顾客数)×100%

(三)市场决策能力分析

市场决策能力分析是以前述产品市场竞争力分析、销售活动能力分析、新产品开发能力分析的结果为依据,对照企业当前实施的经营方针和经营战略,来发现企业在市场决策中的不当之处,评估判断企业领导者的市场决策能力,并探讨企业中、长期所应采取的经营战略,以提高企业领导者的决策能力和水平,使企业获得持续的成长和发展。

四、组织效能分析

企业的一切活动说到底都是组织的活动,组织是实现目标的工具,是进行有效管理的手段。分析组织效能、发现制约企业长远发展的组织管理问题并加以改进，则为企业战略的正确制定和成功实施奠定了坚实的组织基础。

进行组织效能分析，首先必须明确评价组织效能的一般标准。良好组织应符合以下基本原则：目标明确、组织有效、统一指挥、责权对等、分工合理、协作明确、信息通畅、沟通有效、管理幅度与管理层次有机结合、有利于人才成长和合理使用、有良好的组织氛围。

遵从以上评价标准具体进行组织效能分析时，可以从以下多角度进行分析：

（1）从分析组织任务分解入手，对组织任务的分解过程和分解结果进行逻辑分析，进而对组织任务分解的合理性作出判断。例如分析职能管理体系的分工，如果任务分解不合理，出现任务交叉、任务割裂、任务空当、轻重不分、横向协调不畅等情况，那么据此建立的职能组织结构也不可能合理。

（2）从分析岗位责任制、职责权限对等性入手发现改善的机会。在企业组织的等级链上，每一个环节即职位上都要贯彻责权对等原则。如果某个职位的责权不清晰、不对等，则等级链就缺乏牢固的连接环，整个组织就会松垮、低效。

（3）从分析管理体制入手，对企业集权与分权的有效性进行分析。在分析时要注意分析影响本企业职权集中和分散的各种因素，例如组织的规模、职责和决策的重要性、组织文化、下级管理人员数量和素质、控制技术的发展程度、环境的影响等，切忌"一刀切"。一般而言，规模较大的企业职权应适度分散，反之则需适度集中。从内部扩展起来的公司集权较多，合并或联合起来的公司分权较多。各级管理人员数量、素质不足则倾向于职权集中，反之则倾向于职权分散。实行多元化经营分权较多，实行单一化经营集权较多。其实集权和分权对于一个组织而言都是必要的，没有绝对的集权，也没有绝对的分权。该由下级获得的权力过于集中，是上级"擅权"。该由上级掌握的权力过于分散，是上级"失职"。分析组织效能时，要考虑的不是分权好还是集权好，而是如何合理确定集权与分权的程度，哪些应集权，哪些该分权。

（4）从分析组织结构入手，确定现有组织结构是否适应未来战略方向。现代企业组织形式主要有直线职能制、事业部制、矩阵制、扁平式、网络式、虚拟式等。各种组织形式各有优势，此项分析旨在确定适应未来战略方向的最佳组织形式。

（5）从分析管理层次和管理幅度入手，发现新增或合并管理职能部门的可能性。管理层次决定组织的纵向结构，管理幅度决定组织的横向结构。古典组织学家主张狭窄的管理幅度以实现有效的控制。现代组织学家认为下级憎恶限制人们动机和行为的严密管理，主张管理的宽幅度以减少管理层次，加速组织中信息的传递。现实中，管理幅度和管理层次的确定需综合考虑企业规模、生产特点、经营性质、授权程度、组织协调程度、管理者的能力、下级的成熟程度、工作的标准化程度、工作条件、工作环境等多种因素。

（6）从分析人员入手，根据组织任务分解、职位标准和职务手册等对企业所有现职管理者承担现职工作的能力和职业前景进行分析判断，看现职管理者的胜任程度和职位标准等是否应当修正。

以上逐一讨论了进行企业研发能力、生产管理能力、营销能力和组织效能分析的基本框架与方法。综合以上分析，便可得出企业能力强势所在和弱势所在的结论，进而准确锁定企业面临的战略问题。例如，基于企业资源、能力的强势和弱势，哪些市场机会最适合本企业；现存资源、能力弱势的严重程度如何，要纠正资源、能力弱势，防范外部威胁，应采取什么措施；企业现行战略的优劣势是什么，企业是否可以在作出某些局部调整后继续执行现行战略，或者必须对现行战略做重大变革。

第三节 企业核心竞争能力分析

企业的能力多种多样，企业内部的各个部门拥有属于自己的不同能力。在这些能力中，有的能力是一般能力，有的能力是核心能力(core competence)。核心能力是企业持续拥有某种竞争优势的源泉，是市场竞争的中坚力量，是企业各个业务单位的"黏合剂"，更是新事业或业务发展的"根基"。

一、核心能力的概念

核心能力也称独特能力和核心竞争力，是一个企业能够比其他企业做得出色，使企业长期、持续地拥有某种竞争优势的能力，通常表现为企业经营中的累积性常识，尤其是关于如何协调不同生产技能和有机结合多种技术流的学识。它可能出现在特定的业务职能中。核心能力与一般能力是有区别的。核心能力并不是企业内部人、财、物的简单叠加，它能够使企业在市场中获得和保持战胜对手的竞争优势，能帮助企业获得商机和超额利润率。

企业核心能力的概念最初是由 C. R. Prahalad 和 Gary Hamel 在《哈佛商业评论》中的提出的。从那时起，有关企业核心能力的观点和著作愈来愈多，研究也在不断深入和细化。但遗憾的是，直到今天，企业核心能力还没有一个能为大家普遍接受的、较为清晰的定义，而且由于不同研究者关注的问题不同和视角上的差异，对核心能力理解上的歧义有进一步扩大的趋势，由此给企业核心能力的识别和培育造成了相当大的困难。因此，需要对企业核心能力的内涵做更多的研究和讨论。

Prahalad 和 Hamel 给出了一个关于企业核心能力的形象化说明，如图 3-2 所示。如果把一个企业比喻成一棵大树，树干和大树枝是核心产品，小树枝是企业的不同业务单位，树叶、花和果实是最终产品，而为这棵大树提供营养和保持稳定的根系就是核心能力。

尽管上述有关核心能力的定义还远远不能说明企业千差万别的现实，而且概念上比较模糊和交叉，但经过十几年的努力，人们还是在某些方面达成了共识。

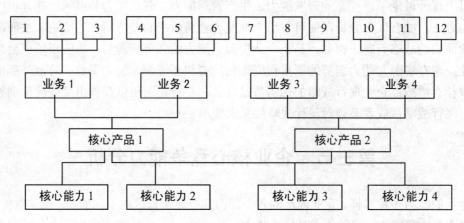

图 3-2 核心能力——竞争力之源

(1) 核心能力是指某些技能或知识集合而非产品和功能。毫无疑问,一个具体的产品或某项产品功能,包括那些受到专利保护的产品和特殊功能也很容易被他人复制,或为一些替代品所替代,而技能或知识集合可能掌握在一群人手中,而这群人的技能和知识集合又是通过组织协调才能发挥作用,所以它们才是竞争者难以模仿的核心能力。

(2) 企业核心能力不仅是产品生产技能的协调和技术集成,它也涉及组织和价值传递。例如核心能力常常涉及跨组织边界的沟通、包容和深刻的承诺,核心能力往往是跨越各部门技能或知识的集合。

(3) 企业核心能力并不等同于"核心产品",尽管它们之间有着密切的联系。核心产品只是企业核心能力在产品上的一种具体体现,换句话说,某一核心产品可能因市场环境的变化不再受消费者的欢迎,但具有核心能力的企业会根据需求的变化迅速采取行动,在不改变核心能力的情况下生产出差异化产品,满足顾客的新需求。当然,在大多数情况下,核心产品在一定程度上反映了企业核心能力。

(4) 核心能力根植于整个组织系统,不能仅仅依靠一两个魅力型领袖或天才人物的存在,它是通过整个企业的组织系统和文化价值传递而发挥作用的,一旦形成这种以整个组织体系和共同的文化价值为基础的组织能力,竞争对手就难以通过简单模仿或挖走几个关键人物复制这种能力。

(5) 不存在外延方向上统一的"核心能力",但存在内涵上统一的核心能力,关键在于"核心"和"能力"两个方面的统一。换句话说,不是所有成功的企业都拥有一种为大家所共同承认和易于识别的核心能力,每一个企业都可以拥有自己独特的核心能力,但这种能力一方面必须为企业带来相对持久的竞争优势,另一方面又不是一般意义上的组织或管理能力。即如果一味地扩充核心能力涵盖的内容,那么核心能力也就失去了"核心"。

二、核心能力的识别和特征

企业核心能力可分为硬核心能力和软核心能力两类。硬核心能力是指以核心产品和核心技术或技能形式为主要特征的核心能力，这类核心能力在技术密集型行业尤为重要。软核心能力是指企业在长期运作中形成的具有核心能力特征的经营管理方面的能力。这类核心能力更加无形化，更难识别与模仿。

无论是哪种核心能力，其形成要经历企业内部资源、知识、技术等的积累和整合过程。通过这一系列的有效积累与整合，企业形成了持续的竞争优势，从而为获取超额利润提供保证。但是并不是企业的所有资源、知识和能力都能形成技术的竞争优势，都能发展成为核心能力。

一种能力是企业的核心能力还是一般能力呢？一般认为核心能力有三个主要特征。

1．一个企业的核心能力应该为顾客创造可感知的价值

强调为顾客创造价值不仅是核心能力的本质，而且有益于帮助企业管理人员和技术开发人员从顾客和市场的角度评价一种能力和资源的优劣，而不是自身的主观好恶。事实上，也只有那些为顾客创造价值的能力才能在市场上得到回报，从而进一步获得人员和资金的支持，反过来又会使这种能力得到进一步培育和提升。实际上，企业或组织也往往根据市场标准来判断一项能力和资源的优劣。例如，日本本田在生产世界一流的发动机和传动系统方面的能力确为用户提供了很多可感知的价值(省油、易发动、易加速、噪声低以及振动小等)。

2．一个企业的核心能力应该具有难以模仿性

核心能力是企业所独有的而未被竞争者或潜在竞争对手所拥有的。如果该能力易被竞争对手所模仿，或通过努力很容易达到，则它就不可能给企业带来持久的竞争优势。核心能力是企业在长期生产经营过程中的知识积累和特殊的技能(包括技术的、管理的等)以及相关的资源(如人力资源、财务资源、品牌资源、企业文化等)组合成的一个综合体系，是企业独具的，与他人不同的一种能力。它具有路径依赖性和持久的竞争力。当然，所谓难以模仿也是一个相对概念，实际上，世界上也没有什么绝对不能模仿的技术和管理诀窍。如果企业在一定时期内保持对某项技术的领先地位，竞争对手在短期内不能迅速开发出这种技术，或者企业掌握一种生产诀窍和药方，而它们也没有泄露和传播，那么，企业也就在这一时段具有竞争优势。实际上，除了某些特殊技术和生产药方外，多数企业的核心竞争能力在不断培育和提升过程中，如本田的发动机技术、3M 公司的薄膜技术等。具有核心能力的企业由于处在技术和管理变革的前沿，积累了更多的经验和财富，因而也更易于创新和维持其拥有的核心能力。

3．核心能力是企业的各战略业务单位可以共享的能力

如果一种资源或能力仅仅是有关某一特定产品的特殊能力，根本不能向其他战略业务

适当扩散，同时也不能在公司范围内为企业增加价值，那么，这种能力就不是核心能力。换句话说，核心能力是一种具有适当应用范围，同时又能给企业带来竞争优势的能力。大量研究发现，那些成功的公司不仅在前期经营过程中培养了自己的核心能力，而且更重要的是形成了以这种核心能力为基础的战略导向。根据 M. Robert 的研究，依据所在行业的特点和市场条件的差别以及核心能力的不同，不同公司可以有不同的战略导向。采取产品导向战略的公司要有目的地将精力集中在某一单一产品及其系列上，如可口可乐、波音公司等。采取用户导向战略的公司要有目的地将精力集中在自己有兴趣的客户群体上，这种战略成功的关键在于准确掌握用户需求的变化并做出迅速的反应，如强生和宝洁公司等。采取技术导向战略的公司将重点放在某些核心技术的研究开发上，旨在长期保持技术领先的地位，成功地实施这种战略需要对研究和开发有充足的资金投入并有高水平的尖端技术人才，如辉瑞、3M、英特尔和北大方正等。采取销售或营销导向战略的公司关注的焦点是如何建立一个有特色的销售体系和网络，如戴尔在美国的直销模式和联想在中国的代理模式等。

上述的研究结果和企业实践表明，一个企业，尤其是管理、技术和资金实力都不是很强的企业，不应该也不可能同时追求多方面的优势，并同时满足多个市场不同消费者的要求，集中精力做好自己能做的事，或专注于培养一种核心能力也许永远是一种明智和可行的战略。

三、核心能力与竞争优势

一般来说，竞争优势是指企业获得战略领先地位，从而进行有效竞争并实现自己目标的一些因素和特征。企业的资源、能力是怎样转化为竞争优势的，即是如何超越对手获得超额利润的，主要取决于其资源和能力所具有的特征。

1. 竞争优势的形成

企业所拥有的资源和能力要使企业在竞争中取得某种竞争优势，一般说来必须具备以下两个特征：

(1) 稀缺性。只有那种稀缺性资源和能力才有可能转化成企业的竞争优势。如果那些资源和能力是普遍存在的，则很难构成优势。

(2) 相关性。只有当这些资源及能力是与在该行业中的关键成功因素关联时，它们才能被转化成竞争优势。

2. 竞争优势的维持

当谈到战略性竞争优势时，显然我们会关心这种优势能够保持多久，这就要涉及形成这种优势的资源和能力的特征：

(1) 持久性。企业拥有某种资源或能力与其他资源和能力相比更具有持久性，如技术专利、产品品牌，依靠这些持久性资源或能力建立的竞争优势会相对稳定。近年来技术的发展日新月异，使大部分企业固定资产提前结束生命周期，事实上许多固定资产在它们的实体还没有被耗尽之前，其账面的资产已经没有了。即使拥有的技术专利也往往会在保护失效之前失去保护意义。只有企业的声誉历经时日，依然不衰，才会给人以深刻印象。因此，今天企业的持久性资源和能力会更多地偏重于企业的无形资产。

(2) 灵活性。通过资源的买卖、技术的转移，企业可以得到执行战略所需的各项基础，也可以很快模仿别人的成功经验。所谓灵活性即企业资源和能力可以被转移的灵活度。如果这种灵活度较高，那么以此建立的竞争优势就会被削弱，因为其他对手可以很快地得到目前还没有的东西。我们应该更注重那些灵活性较差的资源和能力的开发，包括地理上不灵活的资源；更注重需要整体联动才能发挥作用的资源和能力，还有企业特有的部分资源及能力，如商誉、品牌等。

(3) 模仿性。如果说灵活性侧重于某些资源及能力可以通过购买来得到，而模仿性是指那些资源和能力是否容易被别人很快学会并建立起来。模仿性差的东西往往涉及许多复杂的组织工作程序和文化，表面上看来很简单的事情，如麦当劳仅仅是在生产、经营汉堡包，但实际上却蕴含着许多年的经验。即使有些东西可以被学习和模仿，事物也总是在不断地发展变化中，资源和能力的先导者依然可以通过不断地改良资源和能力的储备来保持自己的竞争优势。因此，通过不断地投资建立企业的资源及能力储备是战略执行过程中的关键步骤。

3. 竞争优势的保护

随着时间的推移，企业花费巨大努力建立起来的竞争优势可能会被对手模仿，也可能会被行业环境的变化所淘汰。如何保持长期的竞争优势是企业持续发展的关键。

(1) 企业多项资源的持续期是不同的，有短周期、标准周期和慢周期之分。真正帮助企业建立起长期的竞争优势的资源，往往是那些标准周期和慢周期的资源，无形资源在其中扮演着重要的角色。因此，战略制定者应该想方设法将更多的短周期资源发展成为标准周期或慢周期资源。唯有如此才能保持企业长期的竞争优势(见图 3-3)。

(2) 防止竞争对手模仿，要隐蔽竞争优势带来的表现。企业也可以通过降低价格快速抢占市场，迅速提高生产能力，设置进入障碍，降低对手的模仿动力；将形成竞争优势的原因模糊化，使竞争对手难以做出准确分析。如果企业的资源和能力能够被灵活地转移、买卖，那么竞争对手就能很快地得到目前还没有的东西。因此，企业应该更注重那些灵活性较差的资源和能力的开发，注重需要整体联动才能发挥作用的资源和能力，更注重企业能力的培养和发展而不是依赖某些个人的经验和知识。

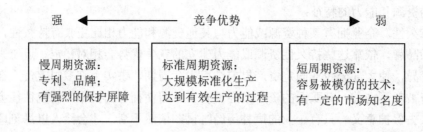

图 3-3　资源周期与竞争优势的关联

(3) 保持创业者精神。企业的优势永远是暂时的，只有保持创业者精神，企业才能有不懈的追求，有新的目标，才能敏锐地发现内外环境的变化，不断地捕捉那些关键性的市场机会，才能有勇气自己打破原来的优势，建立新的优势，永远处于领先地位。

第四节　企业内部环境分析的方法

对企业内部条件进行分析，就是要确定和评价企业内部战略要素，从而发现企业的能力及不足之处，进而确定企业的战略地位。

一、价值链法

价值链法由哈佛大学商学院教授迈克尔·波特于 1985 年提出的，波特认为，"每一个企业都是在设计、生产、销售、发送和辅助其产品的过程中进行种种活动的集合体。所有这些活动可以用一个价值链来表明。"如图 3-4 所示。价值链分析是识别和评价企业资源和能力的有效办法。价值链法分析的重点在于对每一项价值活动的分析。价值活动可以分为两大类：基本活动和辅助活动。

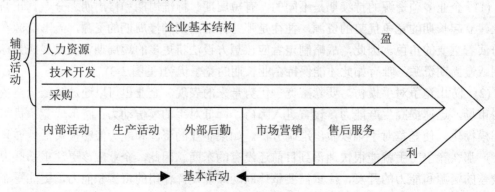

图 3-4　价值链

1. 基本活动

基本活动是企业生产经营的实质性活动。它主要包括内部活动、生产活动、外部后勤、市场营销和售后服务，这些活动与商品实体的加工流转直接有关，是企业的基本增值活动。基本活动根据企业所处产业不同，对其重视的方面不同。例如在食品行业中对内务后勤及外务后勤重视程度相对高，而对于机械制造业来说，生产活动是其主要方面。

2. 辅助活动

辅助活动是用以支持基本活动而且内部之间又相互支持的活动。它主要包括：人力资源管理、技术开发和采购等工作。图 3-4 上的虚线表明采购、技术开发和人力资源管理三种活动既支持整个价值链的活动，又分别与每项具体的基本活动有着密切的联系。

价值链分析法为企业对现实的潜在的优势和劣势进行内部分析提供有效的指导方法，在把企业的活动进行系统分割，区分出几项价值活动后，就可从中找出关键的要素，并将它们作为企业竞争优势来源作进一步分析。

二、SWOT 分析法

SWOT 分析法就是确认企业所面临的优势(Strength)与劣势(Weaknesses)及机会(Opportunities)与威胁(Threats)，并据此确定企业的战略定位，最大限度地利用内部优势和机会，使企业劣势与威胁降至最低限度。常用的方法是详尽地列出行业状况和企业内部战略环境，对所列的因素逐项打分，然后按因素的重要程度加权并计算其代数和，以判断其中的内部优劣势与外部的机会与威胁。企业 SWOT 分析如图 3-5 所示，战略地位评估矩阵如图 3-6 所示。

1. 增长型战略(SO)

当机会较多、优势较大的时候，采取增长型战略。企业应该集中于某单一经营领域，利用自己的优势占领市场。企业可以选用纵向一体化向自己的上游供应商或下游销售商扩展。企业可以对少量的相关产品进行多样化的经营，同时利用自己的优势，拓展市场上的机会。

2. 扭转型战略(WO)

当市场机会多，但是企业处于竞争劣势时，企业需要扭转现状，摆脱自己的劣势竞争地位。推荐企业在某一经营领域制定集中战略，以某一个领域为突破口改变现状。如果条件允许，企业应考虑与同行业的其他企业合并。为了减小风险，企业可以进行多样化经营，产品和当前业务相关性大小均可进行。如果这一切难以奏效，应放弃这块市场。

	潜在外部威胁(T)	潜在外部机会(O)
外部环境	• 市场增长较慢 • 竞争压力增大 • 不利的政府政策 • 新的竞争者进入行业 • 替代产品销售额正在逐步上升 • 用户讨价还价能力增强 • 用户需要与爱好逐步转变 • 通货膨胀递增及其他	• 纵向一体化 • 市场增长迅速 • 可以增加互补产品 • 能争取到新的用户群 • 有进入新市场的可能 • 有能力进入更好的企业集团 • 在同行业中竞争业绩优良 • 扩展产品线，满足用户需要及其他
	潜在内部优势(S)	潜在内部劣势(W)
内部条件	• 产权技术 • 成本优势 • 竞争优势 • 特殊能力 • 产品创新 • 具有规模经济 • 良好的财务资源 • 高素质的管理人员 • 公认的行业领先者 • 买主的良好印象 • 适应力强的经营战略 • 其他	• 竞争劣势 • 设备老化 • 战略方向不明 • 竞争地位恶化 • 产品线范围太窄 • 技术开发滞后 • 营销水平低于同行业其他企业 • 管理不善 • 战略实施的历史记录不佳 • 不明原因导致的利润率下降 • 资金拮据 • 相对于竞争对手的高成本及其他

图 3-5　企业 SWOT 战略分析

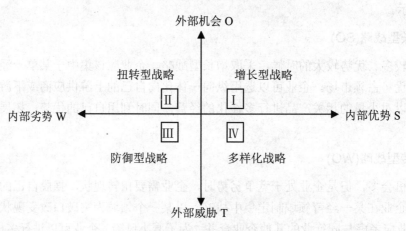

图 3-6　战略地位评估矩阵

3. 防御型战略(WT)

当市场威胁大，企业又没有优势的时候，企业只能采取防御战略。推荐的方法是谋求与竞争对手合作或合并，以加强竞争地位。企业也可以从某一个领域突破，制定集中的战略。企业可以选用纵向一体化和多样化经营。如果难以成功，企业可以将该市场中的业务分离出去，或者把资源收回，用到其他领域。

4. 多样化战略(ST)

当企业有较大的竞争优势，但市场机会不多的时候，企业适合采取多样化经营战略，把企业带向有更大发展空间的市场。另一种进入新领域的方法是寻找合作或合资经营的机会。企业可以通过纵向一体化，进入上游或者下游行业。

SWOT分析是战略分析中非常重要的工具，也是一种战略性的思维方法。企业需要不断地练习并熟练地使用它。当然，SWOT分析的正确使用来源于知识、经验、充分的信息、战略思维和商业直觉，可以说，它是一个综合性强的思维过程。

三、财务比率分析法

财务比率分析法是借助企业财务报表(如资产负债表、利润表、现金流量表以及有关的附表等)，通过有关财务比率的计算，获得企业在某一时期的情况，以及企业在一段时期内的情况与整个行业平均水平比较的情况。财务比率分析通常从两个方面进行。

1. 横向分析

计算本企业有关财务比率，并与同行业中的竞争对手进行比较，或与同行业的平均财务比率进行比较，借以了解本企业同竞争对手或同行业一般水平相对比的财务状况和经营成果。

2. 纵向分析

将计算得到的财务比率同本企业过去的财务比率和预测未来的财务比率相比较，借以测定企业财务状况和经营成果在一个较长时期内是否有所改善或恶化。

本 章 小 结

企业内部环境是相对于外部环境而言的独立概念，是指企业生存和发展的内部因素。企业外部环境分析向企业展示了未来发展的机会和威胁，但企业能否成功地抓住机会，避开威胁，则取决于企业自身的实力。企业的实力源于其战略资源和能力。深入分析企业的战略资源和能力是制定正确战略的基础。

企业的资源是指能够给企业带来竞争优势的任何要素，是企业参与市场竞争的必备条件，包括有形资产、无形资产和人力资源。有形资产包括财务资源和物质资源，一般可以从企业的财务报表上查到。无形资产包括企业的信誉、技术、文化等，无形资产往往是企业在长期的经营实践中逐步积累起来的，虽然不能直接转化为货币，但却同样能给企业带来效益，因此同样具有价值。人力资源主要是指组织成员向组织提供的技能、知识以及推理和决策能力，我们通常把这些能力称为人力资本。一个组织最重要的资源是人力资源。在技术飞速发展和信息化加快的知识经济时代，人力资源在组织中的作用也越来越突出。

企业的能力是指企业协调资源并发挥其生产与竞争作用的能力。能力来自于各项资源进行有效的组合。企业的能力由研发能力、生产能力、营销能力、组织能力等构成。研发已经成为企业持续竞争优势的关键来源，新产品开发能力分析应着重从新产品开发计划、新产品开发组织、新产品开发过程和新产品的开发效果四个方面进行分析。一个企业营销能力的强弱往往体现在其产品竞争能力、销售活动能力和市场决策能力之上。生产是企业的基本功能，是厂商为客户提供价值的基础。生产管理涉及生产过程、生产能力、库存、人力和质量五种功能及相应的决策领域。组织是实现目标的工具和进行有效管理的手段，进行组织效能分析，首先要明确评价组织效能的一般标准。

企业的能力是多种多样的，企业内部的各个部门拥有属于自己的不同能力。在这些能力中，有的能力是一般能力，有的能力是核心能力。核心能力也称独特能力和核心竞争力，是一个企业能够比其他企业做得更出色，使企业长期、持续地拥有某种竞争优势的能力。竞争优势是指企业获得战略领先地位，从而进行有效竞争并实现自己目标的一些因素和特征。企业能否从其资源和能力上获得竞争优势，主要取决于其资源和能力所具有的特征。

对企业内部条件进行分析，就是要确定和评价企业内部战略要素，从而发现企业的能力及不足之处，进而确定企业的战略地位。内部条件分析的方法主要有价值链分析法、SWOT分析法和财务比率分析法。

思 考 题

1. 内部环境分析主要包括哪些因素？
2. 从企业哪些方面确定企业所具有的优势和劣势？以一个实际企业为对象，分析它所具有的优势和劣势。
3. 企业独特竞争能力所包括的内容有哪些？
4. 企业资源与企业能力的关系如何？
5. 企业资源与能力若成为独特竞争能力需具备的特征是什么？
6. 企业各财务比率指标所说明的问题是什么？对一个实际企业的财务状况进行分析。

7. 价值链分析的目的是什么？

本 章 案 例

海天酱油，味王雄心

小小一瓶酱油，一个月可以卖掉一亿元，等于业内一个中型酱油厂全年的销量，一年可以卖十余亿元，如何去卖？这可是酱油，不是矿泉水，一天可以喝好几瓶啊。海天近年来销售额年增长30%，远远超过同业增长水平。

一、难以模仿的技术

调味品业成功的关键是技术。技术是海天真正的核心竞争力。许多FMCG（快速消费品）业者以为调味品门槛低，自己的品牌不错，又拥有密集的销售网络，就可以在这里面分一杯羹，结果白白浪费了精力和资源。比如海天的草菇老抽，专业厨师一眼就可以分清楚：草菇老抽烧完菜之后，酱香浓郁，略带金黄，而且能持久不变，而用其他同类产品来做，要么是黑，要么先前颜色好，出锅不久，颜色就淡下去。

海天酱油享有全球领先的老抽制造技术，而作为增加鲜味的生抽，与其他酱油对比，海天金标生抽吃过之后会有一股长长的回味，这是生抽所能达到的顶尖水平。海天老抽主要用途是上色，生抽主要用途是增鲜，能满足中国各个菜系的要求，所以它可以在广泛范围内取得销售的成功。

二、不断变化的本能

巴顿将军有句名言，只有在运动中敌人的子弹才打不到你。海天经营的核心就是一个"变"字，变瓶子，变瓶贴，变营销方式，内部改革，股份制改造，技术更新，设备改造，经营管理变革——海天始终在变。海天认为只有不断地运动才有安全感。

以包装来看，第一次变由业内通用的630 ml大瓶变成了500 ml中瓶，后来又增加1900 ml壶装、5000ml大桶装，瓶贴由原来业界通用的重品名改为重品牌，颜色也由大家都用的黑色改为红黄、红金，当时甚至引起一场风波，公司及经销商很多人都一时难以接受，最后证明这样变是多么重要。让业内经销商印象深刻的是，回款制度也不断地发生变化，当业界还在先给货后收钱的时候，海天已经开始逐渐变为先款后货。

也正是这种本能，使海天较早地南下、北上、东拓、中垦、西进，抢在竞争对手之前将产品铺向了全国，从而抢得先机。

三、经销商双驾马车制度

海天的每个区域市场不设总经销，经销商起码设两个，这是铁打的，谁也不能改变。这也体现着海天的管理思想，始终要把主动权紧紧握在自己的手中。海天在同行之中较早实行多家经销的制度，几家经销商同时做，经销产品完全一样，使得经销商产生相互竞争的赛马效应。正是由于这种制度，使得海天在区域市场的二级分销得以在广泛的渠道和区域上完成覆盖、再覆盖，所以海天只用了极少的代价便完成了深度分销工作——公司销售额达到十几亿元的时候，全国销售人员只有五十几个人，亿元销售额的市场只有一两个人，由于海天在业内的超强影响力，许多经销商都是主动找上门。

四、独特的用人育人制度

在海天公司，真可以套用那句话，如果你爱他，你可以劝他去营销部，因为那里最受礼遇，如果你恨他，你就劝他去营销部，因为那里如果干得不好，就得下车间，去闷热的流水线下放，甚至改当门卫或三轮车送货员，这个准则适用于从总监、大区经理到普通业务员，而且每个级别均创有先例。

也许是看惯了企业的风云变幻，这个大志深藏的企业领袖决心创造一种体制，这个体制保证企业的运转和发展，要做到"少了任何一个人都可以"，所以海天的营销人员绝少有好几年还负责一个地方的，每隔一阵就会换防，不让市场控制在某一个人手中。听起来好似没有什么人情味，但这就是海天，它保证了市场不会大起大落。

二百年来，海天历经风雨，一直没有停过前进的脚步，数辈先人为今日之成功付出了艰辛的努力，作为一个快速流转消费品公司，海天已经拥有世界的雄心，走出广东，走出中国，走向全世界。愿海天在不同的舞台上，在不断变化的背景前，演绎新的传奇。(资料来源：陈小龙. 销售与市场，2003(6). 有删改)

案例分析

1. 海天酱油销量快速增长的主要原因是什么？
2. 海天是如何建立起自己的竞争优势的？

案例点评

企业能力是指企业协调资源并发挥其生产与竞争作用的能力。企业能力由研发能力、生产能力、营销能力、人力资源能力、组织能力等组成。海天酱油的成功在于其具有上述各方面的较强能力，并能运用这些能力对企业的各项资源进行有效的组合。

企业的核心能力也称独特能力和核心竞争力，是一个企业能够比其他企业做得更出色，使企业长期、持久地拥有某种竞争优势的能力。核心能力具有三个主要特征：能为顾客创造价值，具有难以模仿性，可为各战略业务单位共享。海天难以模仿的技术、不断变化的本能、独特的育人用人制度，正是海天所具有的核心能力，也是其建立竞争优势的源泉。

第四章

企业使命与战略目标

学习目标：通过本章的学习，读者应该了解企业使命的概念以及企业战略目标的内涵；理解企业使命的构成要素，理解企业战略目标的内容；掌握企业使命的确定方法。

关键概念：企业使命(enterprise mission)　经营哲学(business philosophy)　经营宗旨(business purpose)　战略目标(strategic goal)

企业的存在是为了在特定的宏观经济环境中实现某种特定的社会目的或满足某种特定的社会需要。每个企业从其建立开始就应该明确自己在社会生活中所扮演的角色，即弄清自己的使命。只有明确了企业的使命，才能制定明确和现实的企业战略目标。战略设计和管理首先要解决的问题是在分析企业面临的机会和威胁、优势和劣势的基础上，进一步明确企业使命，制定战略目标。

第一节　企业使命确定

企业在制定经营战略时，首先必须作出的最重要的抉择就是确定企业使命。企业使命回答的基本问题是"什么是我们的业务？"，它是对企业的根本性质和存在理由的宣言。它根据企业服务对象的性质揭示企业长远发展的前景，为企业战略目标的确定与战略制定提供依据。

一、企业使命的概念

企业使命是指企业的目的、性质、任务及其应当承担的责任，它规定了企业的目的，阐述了企业的任务，指明了企业的经营范围和对象等。具体地说，企业使命包括两个方面的内容，即经营哲学和企业宗旨。

所谓经营哲学，是指企业在从事生产经营活动中所持有的基本信念、价值观和行为准则。它是企业在长期的生产经营实践中形成的、被企业全体职工所接受的共同信念、共同价值观等；它反映了企业领导人在经营企业过程中的信念、抱负和所关注的重点；它是对企业成功经验的集中总结和高度概括；它决定了企业经营行为的基本性质和方向，是企业一切行为与活动刻意追求的目标或精神；它对企业经营战略的形成与实施具有重要的作用。

我国制碱业和民族工业的先驱、著名企业家范旭东先生1934年提出了企业的"四大信条"，对企业处理与内外利益相关者的关系起到很好的指导作用，其内容是：(1)我们在原则上绝对地相信科学；(2)我们在事业上积极地发展实业；(3)我们在行动上宁愿牺牲个人，顾全团体；(4)我们在精神上以能服务社会为最大光荣。

所谓企业宗旨，是指企业现在和将来应该从事什么事业，成为什么性质的企业。具体地说，确定企业宗旨就是确定企业的性质，明确企业的经营范围和服务对象，明确企业今后生产经营活动发展的方向。它反映了企业高层领导者对企业未来的构思和设想，是企业制定战略决策的基础和依据。

美国艾维斯汽车租赁公司把自己的企业宗旨表述为"我们希望成为汽车租赁业中发展最快、利润最多的公司"。这一宗旨不仅指出企业应该从事的事业(汽车租赁业)，而且还说明了要成为什么样的企业(发展最快、利润最多)。通过这一企业宗旨确定了企业在行业中的地位和社会中的形象，为企业指明了发展方向和奋斗目标。

任何成功的企业都有其明确的宗旨。正确地确定企业宗旨，是企业走向成功的必要条件。企业宗旨一般在创立时比较明确。而后，由于企业的成长和发展或出现了新的产品和市场，会逐渐模糊。有时，企业的宗旨虽仍明确，但已不再适应外部环境中出现的新情况，这时就需要重新确定企业宗旨。企业宗旨的确定或更新，往往会使企业发生战略性的改变，即企业方向、道路的改变。

二、确定企业使命的必要性

企业使命对战略管理来说十分重要。实践表明，一个企业要取得真正的成功，单靠资金、技术、产品等还不够，必须有一套明确的指导思想和价值观念。

1. 明确企业发展方向

明确企业发展方向可以帮助企业界定战略的边界，排除某些严重偏离企业发展方向、前景不明的投资领域，从而做到目标明确、力量集中，保证企业内各公司经营目标的一致性。

企业使命反映了企业领导人的企业观，它不仅受企业外部环境等客观因素的影响，更会受到企业高层领导人政策水平、科学知识、实践经验、思想方法和工作作风等主观因素的影响。

明确企业的使命也有利于吸引志同道合的人才。同时，也使公众对企业的政策有清楚的了解，并得到信任、好感和合作，使企业政策能够符合公众的需求，从而企业与公众都能获得利益，使企业更好地承担自己的社会责任。

2. 协调企业内外部的矛盾

各个利益主体对企业使命都有不同要求，公众比较关心企业的社会责任，股东比较关心自己的投资回报，政府主要关心税收与公平竞争，地方社团更为关心安全生产与稳定就业，职工比较关心自己的福利及晋升。因此，各利益主体可能会在企业使命认识上产生分歧与矛盾，一个良好企业使命的表述，应当能在不同程度上满足不同利益相关者的需要，注意协调好他们之间的关系。

在定义企业使命时要强调对企业长期目标的认同，努力减少对具体问题的争议，要将人们的注意力集中于共同的企业长远目标上，求同存异，减少各利益主体的矛盾冲突。

3. 帮助企业建立客户导向的思想

良好的企业使命应能反映客户的期望。企业经营的出发点就是要识别客户的需要并努力满足客户的需要，这是企业进行使命定义时的根本指导思想。所以，在定义企业使命时，必须明确企业的产品和服务对客户所具有的效用，企业想要生产什么不是最重要的，对企业未来成功最重要的是客户想买什么、珍视什么，而客户所购买的或认为有价值的绝不是产品或服务本身，而是体现在产品和服务所能够带来的效用，即产品或服务所能提供给客户的满足上。明确企业提供的产品与服务只是一种手段，其目的是要满足社会和客户的需求。例如，美国电话电报公司将自己的使命定义在通信上而不是只在电话上，石油公司将企业的使命定义在能源上而不是只在石油上。

4. 企业使命是企业战略制定的前提

企业使命是确定企业战略目标的前提。首先，只有明确地对企业使命进行定位，才能正确地树立起企业的各项战略目标。其次，企业使命是战略方案制订和选择的依据。企业在制定战略过程中，要根据企业使命来确定自己的基本方针、战略活动的关键领域及其行动顺序等。

5. 企业使命是企业战略的行动基础

企业使命是有效分配和使用企业资源的基础。首先，有了明确的企业使命，才能正确合理地把有限的资源分配在关键的经营事业和经营活动上。其次，企业使命通过对企业存在的目的、经营哲学、企业形象三方面的定位而为企业明确经营方向、树立企业形象、营造企业文化，从而为企业战略的实施提供激励。

三、企业使命的构成要素

不同类型企业的使命表述，在内容、篇幅和形式上各有不同，但从构成要素来看，大体上一致，可以归纳为九个方面。

1. 客户

客户是企业的消费者或服务对象。使命表述要以客户为中心，客户或消费者的需要决定企业的经营方向。下面列举两个典型的使命表述。北京师范大学国际管理学院面向珠江三角洲地区和港、澳、台地区，以中、小型企业为服务对象，培养具有职业道德，掌握现代经济管理知识和高级专业技能的应用型工商管理人才。美国强生公司：我们坚信，我们对医生、护士、患者以及母亲和其他所有使用和享受我们的产品与服务的人承担首要责任。

2. 产品或服务

企业生产、经销的主要产品或提供的主要服务项目是构成企业活动类型的基本因素，企业经营成败的关键在于其产品或服务在市场上的销路及收益。对企业产品的描述是引导顾客识别企业的重要因素。例如，美孚石油公司印第安纳分公司的业务是勘探和开采原油、天然气和液化天然气，利用这些原料为社会生产高质量的产品，以合理的价格向大众销售这些产品并提供可靠的服务。

3. 市场区域

市场区域即企业计划要开辟或参与竞争的地区。下面举例给出几个企业使命中对市场区域的表述。科宁玻璃制品公司(Corning Glass Works)：我们将竭尽全力，使科宁玻璃制造公司成为全球市场上取得全面成功的竞争者。布洛克威公司(Blockway)：尽管我们也要开拓全球市场，但目前的重点是北美市场。国内某磁疗用品公司：本公司不断扩大在国内市场上的占有率，并计划在3年内打入东南亚市场。

4. 技术水平

企业技术水平的定位能够反映企业所提供产品或服务的质量，有助于明确企业的技术竞争力。例如，某公司对其技术水平的描述为：本公司是我国唯一研究、生产、经营各种信用卡及信用卡专用设备的企业；担负着印刷各种有价证券的重要任务，属于技术密集型企业；拥有当今世界最先进的制版与印刷设备；技术力量和生产能力均达世界先进水平。

5. 增长与盈利

增长与盈利即企业是否能够及通过何种方式实现业务增长和提高盈利水平，是表达企业盈利能力的信息。例如，胡佛环球公司这样表述自己的增长与盈利能力：本公司将谨慎经营，争取盈利和增长，确保胡佛环球公司取得最后的胜利。麦格劳-希尔公司这样表述自己的增长与盈利能力：为满足全世界的人们对知识的需求，以合理的利润收集、评估、生产和经销有价值的信息，使我们的消费者、雇员、投资人及整个社会受益。某汽车制造公司这样表述自己的增长与盈利能力：在"十五"期间形成年产60万辆轻型汽车、30万辆家用轿车和40万台柴油发动机的生产能力，实现规模经营。

6. 经营理念

经营理念是指企业在生产经营活动中所持有的基本信念、价值观念和行为准则、精神追求等。正确的经营理念是企业成功的最重要的保证。例如，某便利商店将自己的经营理念表述为：本公司坚持"服务第一，用户至上"的宗旨，积极创办24小时便利商店，认真把好商品进货、验收、上柜质量关，坚决杜绝假冒伪劣商品进店门、出柜台，为消费者提供优质的商品服务。

7. 自我认识

自我认识是企业对自身比较优势和特别能力的判断与认识。例如，某公司根据现状将自身的自我认识表述为：本公司作为全市首家上市股份有限公司，将继续在全市电子行业中保持领先地位，并积极争取在内地扩大自己的市场份额。

8. 人力资源

表明企业对待员工的态度，是企业使命的一项重要内容。这项内容中应包括员工招聘、选拔、考评、薪酬、福利和发展等人力资源政策。例如，瓦克维亚公司(Wachovia Corporation)将其对人力资源的态度表述为：以良好的工作条件、高明的领导方式、按绩效付酬原则、有吸引力的福利计划、个人成长机会和高度的就业保障，采用招聘、培养、激励、回报等方式留住能力特殊、品格高尚并有奉献精神的人员。某电力天然气公共服务公司将其对人力资源的态度表述为：本公司支付员工的薪酬和福利，与本地区其他就业岗位所提供的报酬相比具有竞争力，而且与员工对公司高效运营所作出的贡献相一致。

9. 社会责任

企业的社会责任是指企业在生产经营活动中实现自身利益的同时，必须考虑社会利益，承担社会义务。从目前的国际趋势来看，企业在定义自己的使命时越来越强调自身的社会责任。这既是社会对自身的要求，也是企业自身树立良好的公众形象和在竞争中取胜的需要。从总体上来讲，企业应当承担的社会责任主要包括保护消费者的利益，保护生态环境，为地区和社会作出贡献。例如，道氏化学公司将其社会责任表述为：分担世界性环境保护的责任。辉瑞公司将其社会责任表述为：为增强全社会的经济实力作贡献，并且在地方、州和全国范围内，以及在我们从事业务活动的所有国家，都像一位优秀的公民那样发挥作用。

四、企业使命定位应考虑的因素

一般而言，好的企业使命要求企业在进行使命定位时考虑下述六个因素。

1. 外部环境

外部环境是企业生存和发展的基本条件。外部环境发生变化时，企业使命必须作出相应的改变。特别是对这些变化可能带来的威胁和机遇，企业更要善于发现和及时作出反应。

2. 企业领导者的偏好

企业主要的领导者都有着自己的人生观和价值观，对某些问题有着自己独特的偏好，如追求产品的创新、注重产品的品质或顾客服务等，这些偏好对企业使命的确定有很大影响。

3. 企业的发展历史

每个企业都有自己的发展历史，既有辉煌业绩，也有经验教训。现实和未来是相互连接的，不了解过去，就无法规划未来。

4. 企业资源

这是企业实现其使命的物质基础，它主要包括人力资源、金融资源、物质资源、信息资源和关系资源等。

5. 企业的核心能力

企业使命应尽可能反映它特有的能力，即其自身的竞争优势，从而指导企业获取较高的市场地位。

6. 其他与企业相关的利益主体的要求与期望

其他与企业相关的利益主体主要包括股东、员工、债权人、顾客、竞争者、政府、社区、公众等。这些利益主体的要求与愿望，既可能成为企业生存和发展的支持力量，也可能成为制约力量。

五、企业使命的表述应注意的问题

企业使命表述的表达形式可能各种各样，或集中表达，或分散概述，虽然不拘一格，但企业在确定使命时，应遵循下列一些基本要求。

1. 要明确地界定

企业使命对企业的生存和发展具有导向作用，如果界定不明，就会使企业管理者不明方向，也会使职工理解不一，无所适从，还会使外界不知企业从事何种事业，目的何在。因此，在确定企业使命时，一定要确切定义企业，明确说明企业的追求。叙述要尽量简练、清楚，便于广泛理解；叙述不要过细，着重点是树立方向，指导企业，提供激励，树立形象、基调及宗旨。

2．要以消费者的基本消费需求为中心确定企业使命

企业在确定使命时，不应按照产品或技术来确定，而应按照消费者的需求来确定。因为产品和技术总有一天会过时，而消费者的基本需求可能持久不变或延续时间较长。例如，生产计算尺的企业若确定其使命是为消费者提供计算尺，这就是以产品为中心确定企业使命。当市场上出现了新产品，例如电子计算器后，企业在经营上就容易陷入被动。如果当初把企业使命定为向消费者提供计算工具，这样的使命对市场变化的适应性就比较大，在经营上就比较主动。

3．企业使命必须具有约束力

正确的企业使命不但应明确规定企业在经营方面应该做什么，而且还应当指出不应当做什么。例如，美国著名学者托夫勒为贝尔系统(即美国电话电报公司)设计的企业使命是：贝尔系统的目的不是生产设备，不是经营一个网络，不是为每个家庭提供第二部或第三部电话，也绝不仅仅是满足某人想到并愿意付酬的每一次通信需要。贝尔系统的使命是通过那些(而且仅仅是那些)其他公司以同样的成本、质量和社会效益所无法提供的产品和服务，来确保美国拥有在音频和数据方面技术最先进的通信系统。

4．企业使命必须切实可行

企业使命既应该保持宽泛，以允许企业有创造性的发展空间，同时也应该对企业的一些冒险有所限制。即企业的使命既不是痴心妄想，也不是没有抱负，而是经过努力可以达到的，是具有挑战性的愿景。

5．企业使命能够反映出企业的个性

企业使命必须是针对某一特定企业具体情况来制定的，对于一个外来者来讲，他可以从使命的宣言中辨认出这是哪个企业，即企业的使命不具有一般性、普遍性，必须具有独特性，要反映出企业的个性。

6．企业使命要具有鼓舞性和激励性

好的企业使命应能清晰地表述企业对未来发展的观点，可用来激励全体员工。在企业使命中，如果能够指出企业为社会为大众作出某种贡献，这样的使命就具有鼓动性。例如，美国杜邦公司的使命是：以优良的化学产品提高生活素质。日本TDK生产厂的使命是：创造——为世界文化产业作贡献，为世界的TDK而奋斗。

具有激励性的企业使命一方面可以树立企业为社会、为大众服务的良好形象；另一方面，企业的职工也会产生使命感和自豪感，从而更自觉地为实现企业使命而努力工作。

总之，一个企业若想要生存下去并繁荣兴盛，那它就必须自觉地确定其使命，并不断地进行调整。

第二节　企业战略目标的确定

企业要制定正确的经营战略，仅仅有明确的企业使命还不够，必须把使命转化成具体的战略目标。企业使命比较抽象，战略目标则是比较具体的业绩目标，它是使命的具体化。

战略目标是企业为完成其使命所要达到的预期结果，它的时限通常为 5 年以上。战略目标是企业经营战略的核心，它反映了企业的经营思想，表达了企业的期望，指明了企业今后较长时期内的努力方向。

一、企业战略目标的作用

第一，战略目标能够实现在企业外部环境、内部条件和企业目标三者之间获得动态平衡，使企业获得长期、稳定和协调的发展。

第二，战略目标能够使企业使命具体化和数量化。前面谈到，企业使命比较抽象，如果不落实为定量化的战略目标，则企业的战略任务就有落空的危险。有了战略目标，可以把企业各单位、部门、各项生产经营活动有机地连接成一个整体，发挥企业的整体功能，提高经营管理的效率。

第三，战略目标为战略方案的决策和实施提供了评价标准和考核依据。战略方案是实现战略目标的手段，有了战略目标，就为评价和择优选取战略方案提供了标准，同时，也为战略方案的实施结果提供了考核的依据，从而促进经营战略的实现。

第四，战略目标描绘了企业发展的远景，对各级管理人员和广大职工具有很大的激励作用，有利于更好地发挥全体员工的积极性、主动性和创造性。

二、企业战略目标的内容

企业的战略目标是多元化的，既包括经济性目标，也包括非经济性目标。企业的战略决策者应从以下几个方面来考虑企业战略目标的内容，但不必全部包括下面的所有项内容，找出对本企业发展最关键的指标作为企业战略目标即可。

1. 盈利能力

企业作为一个经济实体，必须获得经济效益，才能够生存和发展。企业经营的成效在很大程度上表现为具有一定的盈利水平，常用的利润目标包括利润额、资本利润率、销售利润率、投资收益率、每股平均收益率等。

2. 生产效率

企业要不断地提高生产效率，经常用投入产出比率、年产量和设备自动化水平等指标来衡量企业的生产效率，有时也会把产品成本降低率、产品质量和废品率等指标作为企业生产效率指标提出来进行分析。

3. 市场竞争地位

企业经营成效的表现之一是企业在市场上竞争地位的提高，特别是我国的一些大型企业经常把在国际、国内的市场竞争地位列为一个战略目标，以测定其在竞争中的相对实力，通常以市场占有率、总销售收入、准时交货、增加售后服务项目、顾客满意度以及比竞争对手有更好的企业形象等指标来衡量企业的市场竞争地位。

4. 产品目标

产品目标通常用产量、质量、品种、规格、产品销售额、优质品率、产品盈利能力、新产品开发周期等来衡量。

5. 财务状况

企业财务状况是企业经营实力的重要表现，我国的许多大中型企业财务状况不佳、竞争力低及活力不强，因此应当把企业财务状况作为企业经营的一个重要目标。它通常以资本构成、流动资金、新增普通股、红利偿付、固定资产增值、总成本、收益增长、提高资本回报率、获得经济附加价值、良好的证券和信用评价等指标来衡量。

6. 企业的建设和发展目标

企业为适应内外环境变化必须不断发展，因此企业的建设和发展应成为企业战略目标中的一个重要内容。这方面的指标有年产量增加速度、经济效益提高速度，企业生产规模的扩大，生产用工作面积的扩大，生产能力的扩大，生产自动化、数控化、信息化水平的提高以及企业管理水平的提高等。

7. 市场目标

市场是企业竞争的战场，市场目标是企业竞争的重要目标。常用的衡量指标有：市场占有率、市场覆盖率、产品销售额、产品销售量、新市场的开发和传统市场的渗透等。

8. 企业的技术水平

未来战略期内企业在技术上应达到什么水平，往往也是企业战略目标中的重要内容。企业必须从现在行业中的实际技术水平出发，决定在未来战略期内的技术状态。这方面的衡量指标有应完成的开发和创新项目、新产品开发费用占销售额的百分比、新产品开发速度和新产品获得的专利数量等。

9. 人力资源的开发

企业的发展不仅依赖于职工、技术人员的数量增加，还依赖于企业内所有人员素质的提高。目前我国大多数企业人员过多而素质不高，这种情况下，在企业内实施战略是很困难的。因此，应注意对企业人员的培养，为职工提供良好的发展机会，这不仅可以提高职工积极性，而且有利于企业吸引优秀的人才，所以企业人力资源的开发应作为企业战略发展目标的一部分。这方面的衡量指标有：未来几年内企业培训人数及培训费用，技术人员在全体职工中比例的增长，各种技术职称比例的增加，职工技术水平的提高，人员流动率、缺勤率及迟到率、淘汰率的降低等。

10. 职工福利

职工的福利待遇满足状况对企业生产经营有直接的影响，这是企业的内在动力，是衡量企业经营效果的一个尺度，因此，提高职工福利待遇应成为企业战略目标的一个组成部分。这方面的衡量指标有工资水平的提高、福利设施的增加、住房条件和教育条件的改善等。

11. 社会责任

社会责任目标反映了企业对社会贡献的程度。企业作为社会中的一个子系统，对社会需要承担一定责任，因此企业只履行自身的经营责任是远远不够的，它还要考虑到社区、消费者、相关企业、股东、社会整体以及国家的利益。因此，企业不仅应有经济观念，还应具有社会观念、公众利益观念及人类生存与发展观念。企业在力所能及的范围内要支持政府及各种社会团体组织的各项工作。社会责任目标的衡量指标包括合理利用自然资源，降低能源消耗，保护生态环境，不造成环境污染，积极参与社会活动，支持社会和地区的文化、体育、教育、慈善事业的发展等。

总之，企业的战略目标是由多个子目标组成的，在数量上和内容上没有固定的模式，而且，以上 11 项指标并没有把企业战略目标的全部内容包括进来，企业应当根据自身的发展方向和经营重点，设计出符合自身实际情况的目标体系。

三、对企业战略目标的要求

1. 目标的制定必须有科学的依据

企业的战略目标关系到企业未来的生存和发展，因此，必须确保其严肃性和科学性，不能带有主观的臆想，更不能脱离客观实际，必须在全面、认真地分析企业内部条件和外部环境的基础上，按照经济发展的客观规律和实际可能，制定出企业未来发展的目标。这就要求制定目标的过程是一个上下结合、集思广益的过程。同时，制定出的目标应经过企业内外专家的充分讨论和科学论证，使其能指导企业沿着正确的方向发展。

2. 目标必须具有挑战性，并切实可行

战略目标应该能够体现企业奋发向上、不断进取的精神，应略高于企业和个人的能力，使其具有超前性和感召力，激励全体职工为更加美好的明天而努力工作。同时，又要防止企业目标高不可攀，过高的目标会挫伤员工的积极性，浪费企业资源。实现挑战性与可行性相结合必须以企业的内部优势、劣势和外部环境的利弊为基础，把目标限定在主客观条件所允许的范围内，使人们经过努力能够实现这一目标。

3. 目标必须明确和具体

企业战略目标不能太笼统，更不能模糊不清，要最大限度地量化，比如，"努力增加销售额"，这就是一个模糊不清的目标，如果改为"在今后五年内销售额每年递增10%"，则是一个明确而又具体的目标。数量化的战略目标有三个好处：①便于分解。未来的战略目标可以按年度分解为年度目标，然后再把年度目标分解为业务单元的目标及各职能部门、各车间、各班组的目标，这样战略任务才能够得到落实。②便于检查。数量化指标便于比较，便于检查，若没有完成，也便于查找原因。③便于动员全体员工为之奋斗。全体员工如果明确自己每年应当完成的任务目标，可以激发起每个员工的创造性、积极性和主动性，为实现这一目标而努力奋斗。

对一些不宜定量或不能定量的指标，也应使其能够进行衡量。比如努力提高企业的竞争能力，不如改成：使企业在行业中的竞争地位从目前的排位第五提高到第三。这个目标虽然没有定量，但它是可以衡量的，有利于贯彻执行。

战略目标还应有明确的完成时间，具体说明将在何时达到何种目标结果。

4. 目标应形成一个完整的体系

战略目标是企业的整体目标。为保证其实现，应该根据总体目标的要求，制定出一系列相应的分目标。这些分目标之间，以及分目标与总目标之间，应具有内在的相关性，并形成一个完整的、相互配套的目标体系。这个完整的目标体系的结构如下：

(1) 从层次上看，战略目标应分成企业的整体目标、经营单位目标和职能部门目标等。

(2) 从时间上看，应分成长期目标(5—10年)、中期目标(2—5年)和短期目标(1年及1年以下)。

(3) 从性质上看，应该将定量目标和定性目标相结合。

(4) 从内容上看，应列出哪些是企业必须实现的目标，哪些是经过努力、争取实现的目标。

5. 目标应突出重点

企业在新的战略期内要解决的问题往往有很多,但战略目标不宜太多,不能包罗万象或主次不分,应抓住决定企业兴衰存亡的关键性问题列入战略目标之中,以便明确主攻方向。指出哪些目标是关键性的、必须实现的,哪些目标是经过努力,争取达到的。不同的企业可以根据本企业的特点,选择不同的重点目标。

本 章 小 结

企业的存在是为了在特定的宏观经济环境中实现某种特定的社会目的或满足某种特定的社会需要。每个企业从其建立开始就应该明确自己在社会生活中所扮演的角色,即明确自己的使命。只有有了明确的企业使命,才能制定明确和符合实际的企业战略目标。所以战略设计和管理首先要解决的问题就是在分析企业面临的机会和威胁、优势和劣势的基础上,进一步明确企业使命,制定战略目标。

企业使命是指企业的目的、性质、任务及其应当承担的责任,它规定了企业的目的,阐述了企业的任务,指明了企业的经营范围和对象等。具体地说,企业使命包括两个方面的内容,即经营哲学和企业宗旨。企业使命是确定企业战略目标的前提,是有效分配和使用企业资源的基础。确定企业使命有利于明确企业发展方向,协调企业内外部的矛盾,帮助企业建立以客户为导向的思想。不同类型的使命表述,根据内容可以归纳为客户、产品或服务、市场区域、技术水平、增长与盈利、经营理念、人力资源、社会责任等9个方面。企业在确定使命时,应遵循一些基本要求,即文字清晰,要以消费者的基本消费需求为中心确定企业使命,正确的企业使命必须具有约束力、切实可行且能反映出企业的个性,企业使命还要具有激励性。

战略目标是企业为完成其使命所要达到的预期结果,它的时限通常为5年以上。战略目标是企业经营战略的核心,它反映了企业的经营思想,表达了企业的期望,指明了企业今后较长时期内的努力方向。企业要制定正确的经营战略,仅仅有明确的企业使命还不够,还必须把使命转化成战略目标。企业使命比较抽象,战略目标则是比较具体的业绩目标,它是使命的具体化。企业的战略目标是多元化的,既包括经济性目标,也包括非经济性目标。企业应当根据本企业的发展方向和经营重点,设计出符合自身实际情况的目标体系。企业战略目标的制定必须有科学的依据,必须具有挑战性并切实可行,必须明确具体,体系完整,突出重点。

思 考 题

1. 论述企业使命与战略目标的关系。
2. 企业使命表述应包括哪些主要内容?
3. 企业使命有哪些作用?
4. 企业的战略决策者可以从哪些方面考虑建立企业战略目标的内容?
5. 制定企业战略目标应遵循什么原则?

本 章 案 例

中国移动:擎起社会责任大旗

2008年7月9日,美国《财富》杂志公布了2008年度全球企业500强排行榜。中国内地和港、台地区总共有35家公司上榜,中国移动通信集团公司(下称中国移动)连续7年进入该榜,最新排名为第148位。

中国移动成立于2000年4月20日,注册资本为518亿元人民币。成立当年即进入全球企业500强排行榜,位居第336位。时隔8年之后,中国移动以470.55亿美元的年销售额晋级第148位,成为500强企业中发展最为迅猛的企业之一。

一、8年收入变3倍

中国移动在2000年成立之初,主要解决运营机制市场化问题。在原来广东等6省公司上市的基础上,将北京、天津、河北、辽宁、上海、山东、广西7个省(区、市)移动通信公司资产重组,注入更名后的中国移动(香港)集团有限公司(下称中国移动(香港)),成功进入国际资本市场。

目前,中国移动全资子公司中国移动(香港),其控股的中国移动有限公司在国内31个省(自治区、直辖市)设立全资子公司,并在香港和纽约上市。目前,中国移动也是我国在境外上市公司中市值最大的公司之一。

中国移动历来奉行财务稳健、持续成长的发展战略。8年前,中国移动业务年收入为1146.21亿元,2007年公司总收入达3569.59亿元,为8年前的3倍。

有关资料显示,2000年,中国移动GSM移动电话交换机总容量为11 020万户(其中GSM网9864万户),全国基站总数为59 973个。目前,我国移动电话用户数超过5.3亿,中国移动总用户数为4.07亿户,中国移动占据了移动用户近80%的市场份额。此外,拥有超过30万个基站,网络已经100%覆盖全国县(市),主要交通干线实现连续覆盖,城市内重点地区基本实现室内覆盖。

当前，中国移动是我国唯一专注于移动通信运营的运营商，并在 2004 年 7 月 21 日成为北京 2008 奥运会合作伙伴。据了解，中国移动主营业务覆盖了移动话音、数据、IP 电话和多媒体业务，并具有计算机互联网国际联网单位经营权和国际出入口局业务经营权。除提供基本话音业务外，还提供传真、数据、IP 电话等多种增值业务，拥有"全球通"、"神州行"、"动感地带"等著名服务品牌，用户号码段包括"139"、"138"、"137"、"136"、"135"、"134(0 至 8 号段)"和"150"、"151"、"158"、"159"。

同时，截至 2007 年 12 月 31 日，中国移动与 231 个国家和地区的 350 个运营公司开通了 GSM 国际漫游业务，并与 161 个国家和地区的 187 个运营商开通了 GPRS 国际漫游，国际短信共通达 110 个国家和地区的 262 家运营商，彩信通达 44 个国家和地区的 74 家运营商。中国移动还将不断扩大国际漫游通达范围。

二、擎起社会责任大旗

与中国移动成长为业界巨人相近，其在社会责任领域同样战果辉煌。中国移动总裁王建宙把企业要履行好社会责任，看作是在生产和经营的过程中关注人的价值，强调对消费者、对环境、对社会的贡献。

据了解，中国移动长期以来，开展了一系列活动，包括四个工程——"农业工程"、"生命工程"、"环境工程"和"文化工程"。

农业工程是指中国移动投资 140 多亿元，完成的 3 万多个偏僻农村移动通信网络覆盖，使山区的农牧民用上了手机。生命工程是指提高突发事件的通信保障反应速度，更好地发挥移动通信在抢险救灾中的通信联络和信息沟通的特殊作用。2007 年，中国移动实施完成各类通信保障工作 3124 次，在各类重大自然灾害中，发挥着保障人民生命安全的重要作用。环境工程是指中国移动制定了企业节能减排指标体系，与主设备供应商及主要配套供应商签订战略合作备忘录，共同打造移动通信绿色产业链。文化工程是指中国移动深入开展"红段子"活动，共计创作各类红色短信 1400 余万条；配合开展垃圾信息专项治理活动，"引导"、"清理"双管齐下，弘扬健康向上的手机文化。

正是由于勇于承担社会责任，2007 年，中国移动正式加入联合国全球契约(Global Compact)。此外，中国移动荣膺 2007 年度"中华社会责任奖"。中国移动在国际社会的企业公民形象正深入人心，这也成为其吸引众多国际投资的重要因素。

面向未来，中国移动确立了"做世界一流企业，实现从优秀到卓越的新跨越"的发展战略目标。围绕这一目标，中国移动通信将秉承"正德厚生、臻于至善"的企业核心价值观，深入贯彻科学发展观，努力提升核心竞争力，通过打造卓越的运营体系，建设卓越的组织，培育卓越的人才，打造"一个中国移动"(One CM)，努力成为移动信息专家和卓越品质的创造者。

三、中国移动领跑 3G 时代

从 2008 年 4 月 1 日起，中国移动通信集团公司为进一步推动 TD-SCDMA(简称 TD)技术和产业的成熟，开始面向北京、上海、天津、沈阳、广州、深圳、厦门和秦皇岛 8 个城市，正式启动 TD 社会化业务测试和试商用工作。

据了解，自 2007 年 3 月启动 TD 试验网项目以来，中国移动在加快网络建设的同时，于 2007 年 5 月启动 TD 的市场运营准备工作，成立相应组织机构进行市场方案的规划和运营体系的设计，在组织保障、业务资费、服务渠道等方面加快推进。

中国移动首批将邀请两万名不同行业和部门有一定代表性的客户参与 TD 终端、网络、业务等全方位测试，免费为其提供价值 2000~4000 元的测试终端和数据卡，并给予测试客户每月 800 元话费补贴。中国移动还委托社会权威调研机构，及时、准确地收集客户在测试使用过程中的反馈意见，通过第一手市场反馈信息促进 TD 各项技术和业务的改进和完善，以加快推动产业发展。

中国移动也同步启动了 TD 试商用工作，推动 TD 真正进入公众市场销售，让更多的人有机会使用、体验 TD 网络和业务。中国移动此次向试商用客户提供十分优惠的 3 款 TD 套餐和数据卡套餐，语音资费比当前 G 网水平略低。在试商用期间客户在 TD 网所发生的通信费用，享受高达五折的优惠。为进一步降低试商用初期终端的价格门槛，使客户更快地接受 TD 产品，中国移动率先将采购的部分终端以低于采购价 100~200 元的价格在自有渠道进行销售。此外为推动公开市场的销售，调动社会渠道的销售积极性，中国移动给予社会合作渠道远高于销售 GSM 号码的激励政策，除了 TD 放号的酬金高于 GSM 两倍以外，还给予社会合作渠道力度较大的额外销售奖励。

中国移动方面表示，此次社会化业务测试及试商用的开展，是对 TD 产业各个环节的一次实战演练。通过大规模邀请友好客户参与测试，同时对外推出 TD 业务进行试商用，将在实际使用环境中，对网络、终端和业务平台联合提供业务的能力及质量进行综合测评，让 TD 真正接受市场和客户的检验，及时收集来自市场一线宝贵的反馈信息，这将对促进 TD 技术的完善和持续改进，加快 TD 的市场化进程，助力产业的跨越式发展有着重要的意义。(资料来源：李壮．华夏时报，2008-07-28．有删改)

案例分析

1. 中国移动公司快速发展的原因有哪些？
2. 中国移动公司如何理解企业的社会责任？其价值观对企业的发展发挥着怎样的作用？

案例点评

中国移动公司成立以来，获得了快速的发展，公司年销售收入增长为 8 年前的 3 倍，这是其成功的战略设计与战略管理的结果。中国移动在 2000 年成立之初，就较好地解决了运营机制市场化问题，成功进入国际资本市场。中国移动历来奉行财务稳健、持续成长的发展战略。当前，中国移动是我国唯一专注于移动通信运营的运营商，并在 2004 年 7 月 21 日成为北京 2008 奥运会合作伙伴。中国移动主营业务覆盖了移动话音、数据、IP 电话和多媒体业务，并具有计算机互联网国际联网单位经营权和国际出入口局业务经营权。面向未来，中国移动确立了"做世界一流企业，实现从优秀到卓越的新跨越"的发展战略目标。这些都为公司的发展奠定了良好的基础。

与中国移动成长为业界巨人相近，其在社会责任领域同样战果辉煌。中国移动总裁王建宙把企业要履行好社会责任，看作是在生产和经营的过程中关注人的价值，强调对消费者、对环境、对社会的贡献。中国移动秉承"正德厚生、臻于至善"的企业核心价值观。中国移动长期以来，开展了一系列活动，包括四个工程——"农业工程"、"生命工程"、"环境工程"和"文化工程"。正是由于勇于承担社会责任，2007年，中国移动正式加入联合国全球契约(Global Compact)。此外，中国移动荣膺2007年度"中华社会责任奖"。中国移动在国际社会的企业公民形象正深入人心，这也成为其吸引众多国际投资的重要因素。由此可见，中国移动公司的价值观在企业的发展中起着重要的推动作用。

第五章

企业总体战略选择

学习目标：通过本章的学习，学生应该了解企业总体战略的基本类型和各种总体战略类型的特点、适用条件、优缺点及其实施方式，掌握各种总体战略的制定方法。

关键概念：稳定型战略(stability strategy)　增长型战略(growth strategy)　紧缩型战略(retrenchment strategy)　组合型战略(combination strategy)　放弃型战略(abandonment strategy)　转向战略(turnaround strategy)　清算战略(reckoning strategy)

企业总体战略是指为实现企业总体目标，对企业未来发展方向所作出的长期性、总体性的谋划。总体战略决定企业各战略业务单位在战略规划期限内的资源分配、业务拓展方向，是指导企业在今后若干年总体发展、统率全局的战略，是制定企业各个经营领域战略(或事业部战略)和各职能战略的依据。企业总体战略包括发展型战略、稳定型战略、紧缩型战略和组合型战略四种类型，见图5-1。

本章将分别介绍这四种战略类型的概念、特征、适用性、利弊及包括的各类型，以及企业在进行战略类型选择时的影响因素等。

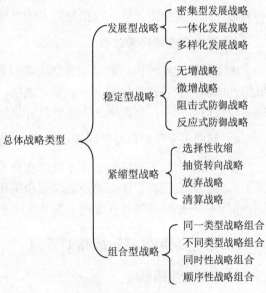

图 5-1　总体战略的类型

第一节　发展型战略

一、发展型战略概述

发展型战略，又称增长型战略，是一种使企业在现有战略基础上向更高一级的目标发展的战略。这一类型的战略以发展为导向,引导企业不断地开发新产品,开拓新市场,采用新的生产方式和管理方式,以便扩大企业的产销规模,提高竞争地位,增强企业的竞争实力。

(一)发展型战略的特点

发展型战略强调充分利用外部环境给企业提供的有利机会,努力发掘和运用各种资源,以求得企业的发展。这一类型战略的特点如下。

1．扩大规模

倡导企业投入大量资源,扩大产销规模,提高产品的市场占有率,增强企业的竞争实力。

2．创造消费

这类战略不仅引导企业去被动适应外部环境的变化,而且更强调通过创造新产品和新需求来引导消费,创造消费。发展型战略指导下的企业经常开发新产品、新市场、新工艺和对旧产品开发新用途等,以把握更多的发展机会,谋求更大的风险回报。

3．改善企业的经营效果

由于发展速度较快,制定发展型战略的企业更容易获得较好的规模经济效益,从而降低生产成本,获得超额的利润率。研究表明,奉行发展战略的公司比那些处在同等环境中的公司在销售收入、利润增长方面更具有优势。

4．倾向于采用非价格手段来同竞争者抗衡

由于采用增长型战略的企业不仅仅在开发市场上下工夫,而且在新产品开发、管理模式上都力求具有优势,因而企业通常很少采用会损伤自身利益的价格战,而是以生产相对更为创新的产品和劳务及在管理上提高效率作为其竞争手段。

(二)企业采用发展型战略的原因

1．环境因素的影响

如果环境中存在着明显的威胁因素,而且这种威胁已被企业所感受到,并且只有采取发展型战略才能有效地避开这种威胁,那么企业领导者会毫不犹豫地采取发展型战略。另外,如果环境中存在着明显的机会,而这种机会又只有采取发展型战略才能更好地把握,那么这时,企业的领导者也会毫不犹豫地采取这种战略。

2．企业领导人的价值观

在战略这个层次上,领导者的个人作用还是第一位的。当企业领导者将企业发展同个人利益或社会价值等同起来时,他们便会积极追求企业的发展,并采取发展型战略来推动

企业的发展。而这样做的结果，往往是加剧了行业内部的竞争，给那些没有采取发展型战略的企业增加了外部威胁，促使这些企业也尽可能地采用发展型战略，与竞争者对抗。这样，便无形中引发了采取发展型战略的共同趋势。

3．追求发展是企业的本性

在条件允许时，甚至条件不允许时，企业总会千方百计地谋求发展。因为只有运用发展型战略，才能够使一个企业由小到大、由弱到强。所以，从企业发展的角度来看，任何成功的企业都会经历长短不一的发展型战略实施期。

(三)发展型战略的利与弊

1．发展型战略给企业带来的好处

(1) 企业可以通过发展扩大自身的存在价值，这种价值既可以成为企业职工的荣誉，又可以成为企业进一步发展的动力。

(2) 企业可以通过发展来获得过去不能获得的崭新机会，避免企业组织的老化，使企业充满生机和活力。

2．发展型战略可能使企业潜伏危机

(1) 在采用发展型战略获得初期的效果之后，很可能导致盲目地发展或为发展而发展，从而破坏企业的资源平衡。

(2) 过快地发展很可能降低企业的综合素质，出现内部危机和混乱。这多数是由于企业新增机构、设备、人员太多而未能形成相互协调的系统所引起的。

(3) 发展型战略很可能使企业领导者更多地注重投资结构、收益率、市场占有率、企业的组织结构等问题，而忽视产品和服务质量，重视宏观发展而忽视微观改善，使企业不能达到最佳状态。

(四)发展型战略的适用条件

虽然发展型战略能够给企业带来某些好处，但并不是所有的企业都适合采取发展型战略。因此，企业在采取发展型战略之前，必须分析自己是否有条件采取该战略。这主要包括以下几个方面。

1．企业外部的条件

企业在采取发展型战略之前，首先应判断企业的外部环境是否适宜采取此战略，可以从下述几个方面进行分析：

(1) 经济增长情况。如果企业要实施发展型战略，那么就必须能够从环境中取得较多的资源。如果宏观经济形势较好，企业比较容易获得这些资源，这就降低了实施该战略的

成本。相反如果宏观经济形势不好，那么企业较难获得实施发展型战略的必要资源，从而有可能使战略半途夭折或使实施战略的成本高到无法容忍的程度。另外，经济形势好，会助长乐观情绪，刺激消费水平大幅度提高，使经济系统中充满了机会和投资的冲动，有利于企业采取发展性战略。而经济形势逆转，则会滋生悲观情绪，严重影响消费和投资，造成市场疲软，使市场上的竞争更趋激烈，严重危害企业的发展战略。因此企业在实施发展型战略之前，必须认真分析经济形势，并预测未来发展的基本趋势。

(2) 产业环境和行业情况。一般来说，采取发展战略的企业都努力使自己的主要发展部门处于经济发展较快的产业或产业中发展较快的行业，甚至发展较快的细分市场。因为任何产业、行业或细分市场都有一个产生、发展和成熟的过程。在产生阶段，由于多种原因，往往成本高而利润低；在发展阶段，其利润水平一般会高于平均水平；在成熟阶段，由于竞争日趋激烈，因而利润率会降低到平均水平或平均水平以下；在退出障碍比较高的情况下利润率甚至会出现负值。因此，企业在采取发展型战略时，既要准确判断企业所处的产业、行业及其细分市场的性质、特征等，也要分析自己可能进入的产业、行业及细分市场是否适宜采取发展型战略。

(3) 政策、法律和社会方面的限制。有些行业由于受到政策的鼓励，发展型战略很可能是一种较好的选择(如高新技术产业)，但相反的情况也可能存在。有些法律的贯彻很可能严重抑制某些产业的发展，而且又可能是在企业采取了某一发展战略之后才通过和开始实施的，这样，企业就可能因为法律约束，而在战略上遭受巨大的损失。另外，社会上的各种力量对企业的制约越来越大(如消费者协会、环保组织等)，如果企业忽视这些社会力量的存在或者忽视企业的社会责任(发展战略本身容易导致这种倾向)，那么很可能受到这些力量的限制。这些方面对于一个想在国外发展的企业来说更为重要。

(4) 科学技术的进步情况。企业的发展越来越依赖于科学技术的进步，在科学技术进步比较快的一些领域，往往蕴藏着巨大的机会。这时，如果企业采取发展战略，有可能抓住这些机会，当然这需要企业有更大量的投入，同时也面临更大的风险。

2. 企业自身的条件

发展型战略往往可以使企业面目一新，因此，人们往往容易过于注意发展战略本身的功效，而忽视企业在采取发展战略前本身就必须具备一些重要特征，这些特征是企业采取发展型战略所必需的。

(1) 企业获得资源的能力。由于采取发展型战略需要较多的外部资源，因此企业从外部获得资源的能力就显得十分重要。如果能力大，就能从环境中获得较为充足的资源，即使有某些其他障碍，也仍然可能成功地采取发展型战略。相反，如果企业在获取资源方面的能力较差，则即使有某些其他方面的有利条件，在采取该战略时也会遇到较多的困难。

(2) 信息收集、处理、传递和贮存的能力。随着发展型战略的实施，企业内部的信息流量和信息处理量会迅速增加，因此企业如果缺乏基本的信息处理能力，在实施发展型战略的过程中就会遇到障碍。虽然信息处理能力在执行发展型战略的过程中可以改善和提高，但首先需具备一个良好的基础，并且在发展型战略的执行过程中给予优先的重视。

(3) 企业的灵活性。企业的灵活性主要是指企业适应环境变化的能力。发展型战略要求企业与环境之间进行较多的交互，另外实行发展型战略的企业其外部环境本来就变化较快，而且发展型战略本身也会刺激环境的迅速变化。因此，企业如果缺乏良好的适应机制，就很容易僵化，并最终导致战略上的失败。

(4) 企业文化。企业文化是在企业运转和发展过程中形成的，是包含企业的最高目标、共同的价值观、作风、传统习惯、行为规范和规章制度在内的有机整体。企业文化是历史形成的，虽然产生的基础是企业的生产活动，但它一旦产生，便具有相当大的独立性，影响着企业的生产经营活动，特别是战略活动。因此，如果企业文化的特征是因循守旧、亦步亦趋、满足现状、害怕冒险、扼杀创新、压抑个性，则企业实行发展型战略就会遇到巨大的障碍，除非在企业实施发展型战略的同时重新塑造企业文化，否则不可能成功，相反，如果一个企业的文化特征表现为过度的创造性和发挥个性特征，则容易使企业失去内在的一致性和平衡，从而使发展型战略只能获得短期和表面的成功，因为超常的创新会破坏企业文化的整体性。虽然我们不能确切地知道怎样的企业文化特征最适合于发展型战略，但有一点是肯定的，即采取发展型战略的企业，要求职工内部比较团结，领导层与职工经常交流，进取心比较强，注重发挥人的积极性，注重智力投资，永不满足，追求卓越。另外，企业在实施发展战略时，应该特别注意加强企业的文化，培养一种与战略相互配合的文化系统。

一般来说，发展型战略有密集型发展战略、一体化发展战略、多样化发展战略等几种基本的类型。

二、密集型发展战略

密集型发展战略是指企业在原有生产范围内充分利用在产品和市场方面的潜力，以快于过去的增长速度来求得成长与发展的战略。该种战略又称为集中型发展战略或集约型成长战略，是较为普遍采用的一种公司战略类型。

采取密集型战略并不等于以同样的方式重复同样的事。为了获得业务的发展并取得财务业绩的改善，企业需以不同的途径实施密集型发展战略。

(一)市场渗透战略

市场渗透战略是以现有产品在现有市场范围内，通过更大力度的营销努力提高现有产品或服务的市场份额的战略。这种战略比较适合于处于成长期的市场，企业即使不进行新产品和新市场的开发，也能够通过现有市场份额的增加获得销售总量的增长，经营风险小。

当市场处于成熟期时,由于竞争的加剧,采取此战略可能遭遇较大的风险。所以,实施市场渗透战略是有条件的。

1. 实施市场渗透战略的一般条件

(1) 当企业的产品或服务在当前市场中还未达到饱和时,采取市场渗透战略具有潜力。

(2) 当现有用户对产品的使用率还可显著提高时,企业可以通过营销手段进一步提高产品的市场占有率。

(3) 在整个行业的销售额增长时,竞争对手的市场份额却呈现下降趋势,这样,企业就可通过市场份额的增加获得收益。

(4) 企业在进行产品营销时,随着营销力度的增加,其销售呈上升趋势,且二者的高度相关能够保证市场渗透战略的有效性。如果营销的投入并不能带来销售额的增加,则采取这一战略很难达到预期目标。

(5) 企业通过市场渗透战略带来市场份额的增加,使企业达到销售规模的增长,且这种规模能够给企业带来显著的市场优势时,渗透战略是有效的。

通过市场渗透战略谋求企业的发展,必须系统地考虑市场、产品和营销组合策略,一般情况下,企业要增加其现有产品在市场上的销售量,可以从影响销售量的因素入手。

2. 实施市场渗透战略的基本途径

(1) 增加现有产品的使用人数。

① 转化非使用者。企业可以通过有效的方式,把现有产品的非使用者转化为使用者。例如,通过宣传全民补钙,把奶制品消费者中的儿童,扩大到各个年龄段,使过去不爱喝牛奶的消费群体也主动养成每天喝牛奶的习惯。

② 发掘潜在的使用者。对现有产品存在潜在的消费要求,但由于种种原因并未实现购买的顾客,企业可通过各种营销手段,使其实现购买。例如,许多饭店采用的电话订餐、送饭上门的服务就是发掘潜在顾客的重要手段。

③ 吸引竞争对手的顾客。这实质上是一种重新瓜分市场的竞争策略,例如,各家电视台运用节目的趣味性、娱乐性等手段,吸引广大电视观众,提高收视率,进而增加广告收入。

(2) 增加现有产品使用者的使用量。这主要从两方面着手。一是增加对产品的使用次数,企业可通过广告宣传使顾客更频繁地使用现有产品。例如,牙刷生产企业从健康角度宣传应该经常更换新牙刷。二是增加每次的使用量,努力使顾客在每次使用现有产品时都增加使用量。例如,许多儿童食品生产企业开展的买食品集图案换取纪念品的促销活动,就起到了诱导儿童增加消费量的作用。

(3) 增加产品的新用途。企业可以发掘现有产品的各种新用途:一方面,由于产品附带的新用途会增加产品使用人数,另一方面,也会因新用途而使得现有产品的使用量增加。

(4) 改进现有产品的特性。企业通过改进现有产品的特性，例如，提高产品的质量，改进产品的式样，增加产品的附加功能，提高产品的安全性、可维修性等，这样既可以增加产品的使用人数，也可以增加使用量。

(二)市场开发战略

市场开发战略是密集型发展战略在市场范围上的扩展，它是将现有产品或服务打入新市场的战略。它比市场渗透战略具有更多的战略机遇，能够减少由于原有市场饱和而带来的风险，但也不能降低由于技术的更新而使原有产品遭受淘汰的风险。

1. 实施市场开发战略的一般条件

(1) 在空间上存在着未开发或未饱和的市场区域，为企业提供市场发展的空间。
(2) 企业可以获得新的、可靠的、经济的、高质量的销售渠道。
(3) 企业必须拥有扩大经营所需的资金、人力和物质资源。
(4) 企业存在过剩的生产能力。
(5) 企业的主营业务属于正在迅速全球化的行业。

当然，除满足以上条件外，更重要的一点是企业在目前的经营领域内获得了极大成功，有实力进行新市场的开发。

2. 实施市场开发战略的一般途径

(1) 市场瓜分。企业将现有产品打入竞争对手的市场中去，以进行市场的争夺和重新细分市场。例如，格兰仕微波炉在1995年借视华被惠普公司控股之机，迅速进军并站稳了上海市场。

(2) 市场创造。市场创造是指企业将现有产品投放到尚未进入、刚刚开始形成的市场中去。这种方式比市场瓜分的风险要大，因为在一个新兴市场上需要进行前期的市场调研和市场培育工作。例如，食品生产企业对原有产品进行包装调整后，在保持原有产品销售渠道的前提下，增加了为超市提供食品的业务。

(3) 市场撤离。企业在原有市场已经饱和或衰退的情形下，及时从中撤离，迅速转移到新的市场中去，这既可以通过进入同类产品的市场进行市场瓜分实现，又可以通过进入一个新兴的市场进行市场创造实现。例如，发达国家把一些低层次的产品从本国撤离，转移到发展中国家进行生产和销售。

(三)产品开发战略

产品开发战略是密集型发展战略在产品上的扩展。它是企业在现有市场上通过改造现有产品或服务，或开发新产品或服务而增加销售量的战略。从某种意义上讲，产品开发战略是企业成长和发展的核心，实施这一战略可以充分利用现有产品的声誉和商标，吸引对现有产品有好感的用户对新产品产生关注。这一战略的优势在于企业对现有市场有充分的了解，产品开发针对性强，容易取得成功。但另一方面，由于企业局限于现有的市场上，也容易失去获取广大新市场的机会。

1. 实施产品开发战略的一般条件

(1) 企业拥有很高的市场信誉度，过去的产品或服务是成功的，这样可以吸引顾客对新产品的使用。

(2) 企业参与竞争的行业属于迅速发展的高新技术产业，在产品方面进行的各种改进和创新都是有价值的。

(3) 企业所处的行业高速增长，必须进行产品创新以保持竞争力。反之，如果企业所处行业增长缓慢或趋于稳定，则进行产品创新要承担较大的风险。

(4) 企业在产品开发时，提供的新产品能够保持较高的性能价格比，才能比竞争对手更好地满足顾客的需求。

(5) 企业必须具备很高的研究和开发能力，不断进行产品的开发创新。

(6) 完善新产品销售系统。

2. 实施产品开发战略的一般途径

(1) 产品革新。企业在现有市场上通过对新技术的应用，推出新的产品。这一战略不是从成本控制、增加型号等方面来提高企业价值，而是从一个新的角度来为顾客创造新价值。但企业基本还是沿着过去产品的思路进行革新，没有突破原有产品的范围。

(2) 产品发明。指企业在现有市场上开发新产品。例如生产打字机的企业，利用新技术，发明、生产和销售打印机，以满足顾客新的需求。

三、一体化发展战略

一体化发展战略是指企业充分利用自身产品(业务)在生产、技术和市场等方面的优势，沿着其产品(业务)生产经营链条的纵向或横向，不断通过扩大其业务经营的深度和广度来扩大经营规模，提高其收入和利润水平，使企业得到发展壮大。一体化发展战略又分为纵向一体化和横向一体化两种。

(一)纵向一体化战略

1. 纵向一体化战略的类型

纵向一体化战略是指企业在业务链上沿着向前和向后两个可能的方向，延伸、扩展企业现有经营业务的一种发展战略。具体又包括前向一体化战略、后向一体化战略和双向一体化战略。

(1) 前向一体化发展战略是指以企业初始生产或经营的产品(业务)项目为基准，生产经营范围的扩展沿其生产经营链条向前延伸，使企业的业务活动更加接近最终用户——即发展原有产品的深加工业务，提高产品的附加值后再出售，或者直接涉足最终产品的分销和零售环节。

(2) 后向一体化发展战略是以企业初始生产或经营的产品(业务)项目为基准，生产经营范围的扩展沿其生产经营链条向后延伸，发展企业原来生产经营业务的配套供应项目——即发展企业原有业务生产经营所需的原料、配件、能源、包装和服务业务的生产经营。也就是企业现有产品生产所需要的原材料和零部件等，由外供改为自己生产。如美国福特汽车公司是一家后向一体化发展战略实施最早、最深入的企业，它曾经将生产经营领域向后延伸至钢铁、矿山、轮胎、橡胶和玻璃等，通过后向一体化对原材料成本加以控制，并通过统一、严密的生产控制系统使其生产流程大大加快。据福特公司自己宣传，星期一它所拥有的矿山开采出铁矿石并由自己的船队运入钢铁厂，星期二铁水浇入铸模，当天晚上变成发动机，星期三下午就装配到车辆上，星期四即进入市场销售。最快时，在矿山开采阶段投入的资金经过 100 个小时左右就完成流动过程被收回了。

(3) 双向一体化战略是前述两种战略的复合。当企业在初始生产经营的产品(业务)项目的基础上，沿生产经营业务链条朝前、后分别扩张业务范围时，被称为双向一体化战略。

一般当一个企业已经发展到相当的规模，市场逐渐向成熟化过渡时采取纵向一体化战略。这种战略目的在于巩固企业的市场地位，提高企业的竞争优势，增强企业的经营实力。

2．纵向一体化战略的优点

(1) 后向一体化能够使企业对其所需原材料的成本、质量及其供应情况进行有效的控制，以便降低成本，减少风险，使生产稳定地进行。

(2) 前向一体化使企业能够控制销售过程和销售渠道，有助于企业更好地掌握市场信息和发展趋势，更迅速地了解顾客的意见和要求，从而增加产品的市场适应性。对于一些原材料制造厂来说，前向一体化进入产品制造领域，有助于实现更大的产品差异性，从而摆脱价格竞争中的不利因素。此外，由于从原材料供应到产品形成的深加工过程，也是价值不断附加的过程。所以，前向一体化能够给企业带来更多的利益。

(3) 有些企业采取前向一体化或后向一体化战略，是希望通过建立全国性的销售组织和扩大生产规模，来获得规模经济带来的利益，从而降低成本，增加利润。

3．纵向一体化战略的风险

虽然有如此多的因素促使企业采取纵向一体化战略，但企业在采取这一战略时，一定要非常慎重。因为纵向一体化容易产生大而全的情况，这在我国经济发展中有过深刻的教训，其弊端众所周知。此外，纵向一体化容易导致以下风险：①实行纵向一体化时，需要进入新的业务领域，由于业务生疏，可能导致生产效率低下，而这种低效率又会影响企业原有业务的效率。②纵向一体化的投资额比较大，而且一旦实行了一体化，就使企业很难摆脱这一产业；当该产业处于衰落期时，企业会面临巨大的危机。③纵向一体化可能导致企业缺乏活力。因为这时的企业领导者往往过多地注意自成一体的业务领域，而忽视外界环境中随时可能出现的机会。鉴于这些潜在的危机，聪明的企业家都采用部分纵向一体化战略，既保持企业的灵活性，同时又尽量分享纵向一体化带来的好处。

纵向一体化战略的实现，可以通过企业内部壮大，也可以通过与其他经营领域企业实行联合或兼并。

(二)横向一体化战略

横向一体化战略是指企业通过购买与自己有竞争关系的企业或与之联合及兼并来扩大经营规模，获得更大利润的发展战略。这种战略能使企业增强生产经营能力、扩大市场份额、提高资本利用率、减轻竞争压力，同时又不偏离企业原有的经营范围和核心技术。例如，中国一汽集团用分期资金补偿的方式收购长春轻型车厂、吉林轻型车厂等，扩大了轻型车的生产规模和市场份额。

1. 实行横向一体化的优点

首先是能够吞并和减少竞争对手；其次是能够形成更大的竞争力量去与别的竞争对手抗衡；最后是能够取得规模经济效益，获取被吞并企业在技术及管理等方面的经验。

2. 横向一体化的主要缺点

企业要承担在更大规模上从事某种经营业务的风险，以及由于企业过于庞大而出现的机构臃肿、效率低下的情况。

3. 实现横向一体化的主要途径

(1) 联合，即两个或两个以上相互竞争的企业在某一业务领域进行联合投资、开发或经营，共同分享盈利，共同承担风险。

(2) 购买，即一个实力雄厚的企业购买另一个与自己有竞争关系的企业。

(3) 合并，即两个实力相当的有竞争关系的企业合并成一个企业。

(4) 集团公司，即由业务相互关联、有竞争关系的一群企业共同以契约形式组成具有经济实体性质的联合体。在这个联合体内部，经济关系的密切程度不一样，集团公司的主要任务是协调内部各子单位的关系，承担一些单个企业无法进行或虽能进行但经济效果较差的项目，进行资源的合理调配，把握集团的最高发展方向等。

四、多样化发展战略

多样化发展战略又称为多元化发展战略、多角化发展战略，是企业为了更多地占领市场或开拓新市场，或避免经营单一带来的风险，而选择进入新领域的战略。

多样化发展战略的特点是企业的经营业务已经超出一个行业的范围，在多个行业中谋求企业的发展。多样化发展战略通常被认为是保障现代企业投资回报率的有效方法。

多样化发展战略根据不同的标准有多种不同的分类方法。根据企业现有业务领域和新业务领域之间的关联程度不同，分为水平多样化、同心多样化和复合多样化。

1. 水平多样化发展战略

水平多样化又被称为专业多样化。它是指以现有用户为出发点，向其提供新的、与原有业务不相关的产品或服务。例如美国 FMC 公司，主要是生产农用机械产品，在农村市场有很高的声誉。他们发现农民迫切需要农用化工产品，企业利用在农民中的声誉和地位，积极地生产和发展农用化工产品，使企业不断地得到成长和发展。

水平多样化基于原有产品、市场和服务进行变革，因而在开发新产品、服务和开拓新市场时，可以较好地了解顾客的需求和偏好，风险相对较小。比较适合原有产品信誉高、市场广且发展潜力大的企业。

2. 同心多样化发展战略

同心多样化又被称为相关多样化或集中多样化。这种战略是指以企业现有的设备和技术能力为基础，发展与现有产品或劳务不同的新产品或新业务。比如，某制药企业利用原有的制药技术生产护肤美容、运动保健产品等。再如家用电器公司以生产某一种家用电器(如电冰箱)为圆心，积极地去发展工艺相近的其他各种家用电器产品，如空调、微波炉等。

同心多样化发展战略的优点在于利用了生产技术、原材料、生产设备的相似性，获得生产技术上的协同效果，风险比较小，容易取得成功。当一个企业所在的产业处于上升时期时，该战略不失为一种好的选择。

3. 复合多样化发展战略

复合多样化又被称为混合多样化、不相关多样化或集团多样化。这是一种通过合并、收购、合资以及自我发展，使企业增加与现有业务大不相同的新产品或新劳务的发展战略。如美国通用汽车公司除主要从事汽车产品的生产外，还生产电冰箱、洗衣机、飞机发动机、潜水艇、洲际导弹等。柯达照相器材公司除生产照相器材外，还兼营医疗设备、录像器材、动物饲料、抗衰老产品等。这种战略通常适合于规模庞大、资金雄厚、市场开拓能力强的大型企业。只要存在富有吸引力的市场，能提高企业的绩效，改善企业的整体盈利能力和灵活性，能给企业带来风险的分散，企业就可进入适当的行业及项目。

1) 复合多样化发展战略的优点

(1) 可以通过向不同的产业渗透和向不同的市场提供服务，来分散企业经营的风险，增加利润，使企业获得更加稳定的发展。

(2) 能够使企业迅速地利用各种市场机会，逐步向具有更大市场潜力的行业转移，从而提高企业的应变能力。

(3) 有利于发挥企业的优势，综合利用各种资源，提高经济效益。

2) 复合多样化发展战略的缺点

(1) 导致组织结构的膨胀，加大了管理上的难度。

(2) 一味地追求多样化，企业有可能在各类市场中都不占领先地位，当外界环境发生剧烈变化时，企业会首先受到来自各方面的压力，导致巨大的损失。

企业实行多样化战略时，必须至少利用下列三个基本要素之一，即企业的生产能力、技术能力以及特定的市场分销渠道。

随着经济的发展和企业经营形势的变化，多元化战略越来越受到企业界的重视。正确地运用该战略，可以救活企业，繁荣企业，使企业得以生存和发展。但采取多元化切忌盲目，许多事实说明，如果多元化战略决策不当或实施不力，不仅会导致事业的失败，可能还会影响已有事业的发展甚至殃及整个企业的前途。美国电话电报公司多年来一直经营很成功，但当它买进大陆面包公司和希尔顿饭店后，对新事业束手无策，反而影响了公司本身电话业务的发展。所以，企业必须正确评价自己实行多元化战略的能力，避免企业在多元化的过程中因超过自身的能力而导致失败。

第二节 稳定型战略

一、稳定型战略的含义和特点

1. 稳定型战略的含义

稳定型战略又可称为防御型战略、维持型战略。稳定型战略是指限于经营环境和内部条件，企业在战略期所期望达到的经营状况基本保持在战略起点的范围和水平上。所谓战略起点，是指企业制定新战略时关键战略变量的现实状况。战略起点中最主要的内容是企业当时所遵循的经营方向及其正在从事经营的产品和所面向的市场领域，企业在其经营领域内所达到的产销规模和市场地位。所谓经营状况基本保持在战略起点的范围和水平上，是指企业在战略期基本维持原有经营领域或略有调整，保持现有的市场地位和水平，或仅有少量的增减变化。

2. 稳定型战略的特点

(1) 实行稳定型战略，可以使企业在基本维持现有的产销规模、市场占有率和竞争地位的情况下，调整生产经营活动的秩序，强化各部门各环节的管理，从而进一步提高企业素质，积累资源力量，为将来的大发展做好充分准备。

(2) 满足于现有的经济效益水平，决定继续追求与现状相同或相似的经济效益目标。

(3) 继续用基本相同的产品或劳务为原有的顾客服务。

(4) 力争保持现有的市场占有率和产销规模或者略有增长，稳定和巩固企业现有的竞争地位。

(5) 在战略期内，每年所期望取得的成就按大体相同的比率增长，从而实现稳步前进。

由此可见，稳定型战略严重依赖于前期战略。它坚持前期战略对产品和市场领域的选择，以前期战略所达到的目标作为本期希望达到的目标。因此，采用稳定型战略的前提是企业的前期战略必须是成功的。企业只要继续实施这种战略，就能避开威胁，使企业获得稳步发展。对于大多数企业来说，稳定发展或许是最有效的战略。

二、稳定型战略的种类

采用稳定型战略的企业，由于面临的外部环境和企业资源条件以及竞争地位的区别，在战略目标、战略重点、战略对策等方面仍然存在不同的选择，因此稳定型战略可以根据不同角度分为不同种类。

1. 按偏离战略起点的程度划分

按偏离战略起点的程度，可将稳定型战略划分为无增战略和微增战略两种。

1) 无增战略

企业经过对各种条件的分析后，决定只能保持在现有战略的基础水平上，不仅其战略经营活动按照原有方针在原有经营领域内进行，而且其在同行业竞争中所处的市场地位、产销规模、效益水平等，都希望维持现已达到的状况，保持不变。

2) 微增战略

微增战略是企业在保持稳定的基础上略有增长与发展的战略。其中既包括稳定而小幅度地提高市场占有率，改善市场地位，或者随市场的稳步增长而扩大产销规模，保持适当的市场占有率，也包括谨慎地推出新产品和扩大市场范围。

2. 从采取的防御态势上划分

稳定型战略的基本特征之一是采取防御的竞争态势。但同样是防御，不同企业却有不同的姿态来对待竞争的压力、竞争者的进攻和威胁，以维持自己的市场地位。从采取的防御态势上，可将稳定型战略分为两种基本类型。

1) 阻击式防御战略，或称以守为攻的战略

阻击式防御战略的指导思想认为，最有效的防御是完全防止竞争较量的发生。据此，战略的着眼点是防止挑战者着手行动或者使其进攻偏离到威胁较小的方向。实行这种战略，企业不仅要预测出可能的挑战者、可能的进攻路线，而且还要封锁挑战者一切可能进攻的路线。具体做法是：一方面，企业应投入相应的资源，以充分显示和提高企业已经拥有的

阻止竞争对手的障碍，创造新的障碍，或增加可以预期的报复；另一方面，企业应连续不断、明白无误地传播自己的防御意图，塑造企业作为顽强防守者的形象，从而使竞争对手意识到进攻代价极高，而所得甚少，不战而退。这是一种积极的防御战略。

2) 反应式防御战略

反应式防御战略，即当对手的进攻发生后或挑战来临时，针对这种进攻或挑战的性质、特点和方向，采取相应对策，顶住压力，维持原有的竞争地位及经营水平。这是一种消极的防御战略。

三、稳定型战略的适用条件及其利弊

1. 稳定型战略的适用条件

采取稳定型战略的企业一般处在市场需求及行业结构稳定或者动荡较少的外部环境中，因而企业所面临的竞争挑战和发展机会都相对较少。但是，有些企业在市场需求已较大幅度增长或是外部环境提供了较多发展机遇的情况下也会采用稳定型战略。这些企业一般来说是由于资源状况不足以使其抓住新的发展机会而不得不采用相对保守的稳定型战略。下面分别讨论企业外部环境和企业自身实力对采用稳定型战略的影响。

1) 外部环境

外部环境相对稳定会使企业更倾向于选择稳定型战略。影响外部环境稳定性的因素很多，大致包括以下几方面：

(1) 宏观经济状况会影响到企业所处的外部环境。如果宏观经济在总体上保持总量不变或总量低速增长，那么企业所处行业的上游、下游产业也往往只能以低速增长，这就势必影响到该企业所处行业的发展。由于宏观经济的慢速增长会使某一产业的增长速度降低，这就会使该产业内的企业倾向于采用稳定型战略，以适应这一外部环境。

(2) 产业的技术创新度。如果企业所在产业的技术相对成熟，更新速度较慢，那么企业现在采用的技术和生产的产品无需经过太大的调整就能满足消费者的需求，并与竞争者进行抗衡。这样产品及其需求都保持相对稳定，从而促使企业采纳稳定型战略。

(3) 消费者需求偏好的变动。消费者频繁的偏好转移必然会使企业在产品特性和营销策略上进行相应的调整，否则将会被竞争对手击败，而这种策略上的变动毫无疑问将影响到企业的经营战略。因而企业若继续采用稳定型战略类型，很可能陷入被动。从这点来看，稳定型战略适合于消费者需求偏好较为稳定的企业。

(4) 产品生命周期(或行业生命周期)。对于处于行业或产品成熟期的企业来讲，产品需求、市场规模趋于稳定，产品技术成熟，新产品的开发和以新技术为基础的新产品开发难以取得成功。因此以产品为对象的技术变动频率低，同时竞争对手的数目和企业的竞争地位都趋于稳定，这时提高市场占有率、改变市场地位的机会很少，较为适合采用稳定型战略。

(5) 竞争格局。如果某企业所处行业的进入壁垒非常高或由于其他原因使该企业所处的竞争格局相对稳定，竞争对手之间很难有较为悬殊的业绩改变，则企业若采用稳定型战略可以获得最大的收益，因为改变竞争战略带来的业绩增加往往是不能令人满意的。

2) 企业内部实力

正如前面所说的，企业战略的实施一方面需要与外部环境相适应，另一方面要有相应的资源和实力来实施，即既要看到外部的威胁与机会，又要看到自身的优势与劣势。

即使外部环境较好，行业内部或相关行业市场需求增长为企业提供了有利的发展机会，也不意味着所有的企业都适合采用增长型战略。如果企业资源不够充分，例如资金不足、研发力量较差或在人力资源方面无法满足增长型战略的要求时，就不宜采取扩大市场占有率的战略。在这种情况下，企业可以采取以局部市场为目标的稳定型战略，以使其有限的资源能集中在某些自己有竞争优势的细分市场，维持竞争地位。

当外部环境较为稳定时，资源较为充足的企业与资源相对稀缺的企业都应采用稳定型战略，以适应外部环境，但两者的做法可以不同。前者可以在更为宽广的市场上选择自己战略资源的分配点，而后者应当在相对狭窄的细分市场上集中自身资源。

当外部环境较为不利，如行业处于生命周期的衰退阶段时，资源丰富的企业可以采用稳定型战略。而对那些资源不够充足的企业来说，则应视情况而定。如果企业在某个细分市场上具有独特的竞争优势，那么可以考虑也采用稳定型战略类型。如果企业本身不具备相应的特殊竞争优势，那么不妨实施紧缩型的战略，以将资源转移到其他发展较为迅速的行业。

2. 稳定型战略的优点

稳定型战略的风险比较小，对于那些处于需求平稳上升的行业和稳定环境中的企业来说，不失为一种有效的战略。它的主要优点有以下几点。

第一，企业经营风险较小。企业基本维持原有的产品市场，从而可以利用原有的生产经营领域、渠道，避免开发新产品和新市场所必需的巨大资金投入、激烈的竞争抗衡和开发失败的巨大风险。

第二，避免了资源重新配置的麻烦。不需改变资源的分配模式，从而可以大大减少资源重新组合所必然造成的巨大浪费和时间上的损失。

第三，给企业一个较好的修整期。可以保持人员安排上的相对稳定，充分利用已有的人才，发挥他们的积极性和潜力，减少人员调整、安置所造成的种种矛盾以及招聘、重新培训所带来的费用。

第四，有利于保持企业平稳发展。稳定发展的战略比较容易保持企业经营规模和经营资源、能力的平衡协调，有助于防止过快、过急发展而导致的重大损失。

3. 稳定型战略的弊端

稳定型战略风险相对较小，但它也蕴含着一定的风险。

第一，稳定型战略是以在战略期内外部环境不会发生大的动荡，市场需求、竞争格局基本稳定，企业以现有规模就能利用机会、避免威胁、防御对手进攻的假设为基本前提的。如果上述假设不成立，就会打破战略目标、外部环境、企业实力三者之间的平衡，使企业陷入困境。

第二，经营资源少、竞争地位弱的企业，一般采取以局部特定细分市场为目标的稳定型战略，这实际上是一种重点战略。它有两个突出的特点：①将企业的全部力量集中于少数几个市场面；②以本企业在这些市场上具有强大的差异优势为前提及成功的关键。这就使其具有更大的风险。如果对这部分特定市场的需求把握不准，企业可能全军覆没。而各细分市场的需求往往更容易受宏观环境的影响，如政府的经济、技术政策等突然发生变化。另外，如果企业在细分市场上形成的差异优势由于竞争对手的模仿或行业条件的变化而弱化或消失，又建立不起新的差异优势，企业就无力抵御强大竞争者的进攻，从而会丧失市场，陷入困境。

第三，稳定型战略往往容易使企业的风险意识减弱，甚至形成惧怕风险、回避风险的企业文化，这会大大降低企业对风险的敏感性、适应性和抗拒风险的勇气，从而也增大了以上所述风险的危害性、严重性。这也许是稳定型战略真正的风险所在。

总之，稳定型战略有其适用条件、优点和弊端。其优点是相对其适应性的，其弊端也是相对其适用条件被破坏的可能性及可能造成的后果。因此，企业在进行战略选择时，必须认真分析企业所面临的经营环境、内部条件及二者综合平衡提供的需要与可能，特别应注意分析、预测那些影响环境稳定性的重要因素的变化趋势。同时，应充分预见到所采取的战略的弊端及其风险，并采取适当的措施应付这些弊端及风险。

第三节　紧缩型战略

一、紧缩型战略的含义和特点

当企业处在一种十分险恶的经营环境中，或者由于决策失误等原因造成经营状况不佳，采用发展型战略和稳定型战略都无法扭转局势时，企业不得不面对现实，减少经营领域，缩小经营范围，关闭不盈利的工厂，紧缩财务开支。这时就需要采用紧缩型战略来维持企业的生存。

1. 紧缩型战略的含义

紧缩型战略又称为撤退型战略、退却型战略。紧缩型战略是指企业从目前的战略经营领域和基础水平收缩和撤退，且偏离战略起点较大的一种经营战略。它是企业在一定时期内缩小生产规模或取消某些产品生产的一种战略。采取紧缩型战略可能出于多种原因和目的，但基本的原因是企业现有的经营状况、资源条件以及发展前景不能应付外部环境的变化，难以为企业带来满意的收益，以致威胁企业的生存，阻碍企业的发展。只有采取收缩和撤退的措施，才能抵御对手的进攻，避开环境的威胁，保存企业的实力，保证企业的生存，等待适时利用外部环境中有利的机会，重新组合资源，进入新的经营领域，实现企业的长远发展。紧缩型战略是一种以退为进的战略。

2．紧缩型战略的特点

紧缩型战略与发展型和稳定型战略不同，其基本特点有以下四点：

第一，对企业现有的产品/市场领域实行收缩、调整和撤退的措施，削减某些产品的市场规模，放弃某些产品系列，甚至完全退出目前的经营领域。

第二，逐步缩小企业的产销规模，降低市场占有率，同时相应地降低某些经济效益指标。

第三，紧缩型战略的目标重点是改善企业的现金流量，争取较大收益和资金价值。为此，在资源的运用上，采取严格控制和尽量削减各项费用支出、只投入最低限度经营资源的方针和措施。

第四，紧缩型战略具有过渡的性质。一般说来，企业只是短期内奉行这一战略，其基本目的是使自己摆脱困境，渡过危机，保存实力，或者消除经济赘瘤，集中资源，然后转而采取其他战略。

二、紧缩型战略的种类

按实现紧缩型战略的基本途径划分，可以把紧缩型战略分为以下四种类型。

1．选择性收缩

选择性收缩是企业在现有的经营领域不能维持原有的产销规模和市场规模的情况下，不得不采取缩小产销规模和进行市场转移的紧缩战略。其基本特点是：选择某些比较有利能发挥自己优势的市场，抢先占据优势地位，获得较大收益。同时，逐步缩小并退出其他无利可图的市场。收缩的目的是为了减少费用支出和投资，充分利用余下的资源，集中力量获得短期收益，改善资金流量，维持企业生存，这是以退为守的战略。

2．转向战略

转向战略指当企业现有经营领域的市场吸引力微弱、失去发展活力而趋向衰退，企业市场占有率受到侵蚀，经营活动发生困难，或发现了更好的发展领域和机会时，为了从原有领域脱身，转移阵地，另辟道路所实行的收缩。它在原有经营领域内采取减少投资、压缩支出、降低费用、削减人员的办法，目的是逐步收回资金和抽出资源用以发展新的经营领域，在新的事业中找到出路，推动企业更快地发展。例如，西方石油公司在 1982 年至 1984 年中，变卖了基本食品、汽车零部件、服装、家具、重型设备等资产，价值达 35 亿美元，现在只集中力量经营出版、娱乐和金融服务部门。

转向战略要实现经营重点的转移，这种转移有时会涉及基本宗旨的变化，导致经营方向的大转变，比如由制造挖煤设备转为生产煤矿成套设备。有时则只是向具有不同技术基础的新产品的转变，比如从机械收款机转向电子收款机，由机械手表转为电子表。

3．放弃战略

放弃战略是指企业卖掉其下属的某个战略经营单位(如子公司或某一部门)，或将企业的一个主要部门转让、出卖或停止经营。这是在企业采取选择性收缩战略和转向战略均无效时而采取的紧缩战略。放弃战略的目的是去掉经营"赘瘤"，收回资金，集中资源，加强其他部门的经营实力，或者利用获得的资源发展新的事业领域，或者用来改善企业的经营素质，抓住更大的发展机会。

4．清算战略

清算战略指企业受到全面威胁、濒于破产时，通过将企业的资产转让、出卖或者停止全部经营业务来结束企业的生命。毫无疑问，对任何一个企业的管理者来说，清算都是其最不期望、最不愿意作出的选择，通常只有在其他战略全部失效时才采用。美国 500 强企业之一的西尔斯·罗巴克公司，在 1992 年遭遇了百货商店业衰落的打击，面对恶劣的局势，西尔斯公司果断地实行了紧缩型战略调整，将 100 多家经营不善的百货商店关闭，终止了批发业务，减轻了财政上的压力，使公司渡过了难关。

但及时进行清算要比顽固地坚持经营无法挽回败局的事业要明智得多，结局也好得多。因为坚持经营无法挽回败局的事业，其结果只能是不可避免地破产，到那时可清算的东西就更少了。

三、紧缩型战略的适用条件及其利弊

(一)紧缩型战略的适用条件

1．为了适应外部环境的变化

由于外部环境的变化，经济陷入衰退之中，例如，宏观经济调整、紧缩作用于某一行业的供应、生产、需求等方面而引起的突发性、暂时性衰退。或是行业本身进入衰退期而必然出现的市场需求减少，规模缩小而出现的渐进式衰退。这些外部环境变化都会造成市场需求缩小，资源紧缺，致使企业在现有的经营领域中处于不利地位，财务状况不佳，难以维持目前的经营状况，企业为了避开环境的威胁，摆脱经济困境，渡过危机，以求发展时常采用紧缩型战略。

2. 企业出现经营失误

由于企业经营失误(如战略决策失误、产品开发失败、内部管理不善等)造成企业竞争地位虚弱、经济资源短缺、财务状况恶化，只有撤退才有可能最大限度保存企业实力时被迫采取紧缩型战略。实施失败型紧缩战略的目的是通过收缩和退却，尽可能地保存企业实力，渡过危机，以便转移阵地或东山再起。

3. 利用有利机会

因为在经营中出现了更加有利的机会，企业要谋求更好的发展机会，需要集中并更有效地利用现有的资源和条件。为此，要对企业中那些不能带来满意利润、发展前景不够理想的经营领域采取收缩或放弃的办法。这是一种以长远发展目标为出发点的积极的紧缩型战略。

(二)紧缩型战略的利弊

紧缩型战略是企业在对外部环境和企业经营实力及发展趋势进行分析、判断和预测的基础上，作出的战略抉择。

1. 紧缩型战略的优点

第一，在衰退或经营不善的情况下实行紧缩型战略，有利于正确判断经营领域的盈亏状况，及时清理、放弃无利可图或亏损的领域，清除经营赘瘤，提高效率，降低费用，增加收益，改善财务状况，使企业及时渡过难关。

第二，采用转向、放弃战略，使企业有可能更加有效地配置资源，提高经营质量，发挥和增强企业的优势，在不断适应市场需要的同时，使自身取得新的发展机会。

第三，可以避免竞争，防止两败俱伤。同时，改善资金流量，及时清算，还有助于避免发生相互拖欠债款，因到期不能清偿而引起连锁反应，导致出现信用危机的情况，保持一个相对有利的行业结构和竞争局面。

2. 紧缩型战略的缺点

第一，采取缩小经营的措施，往往削弱技术研究和新产品开发能力，使设备投资减少，陷于消极的经营状态，影响企业的长远发展。

第二，收缩战略、转移战略、放弃战略的实施，都需要对人员进行调整，如裁减人员、更换高层领导人等，处理不好会导致员工士气低落、工人与管理者的矛盾以及专业技术管理人员的抵制，反而会限制企业扭转不利局面。

第三，当宏观经济或行业处于衰退期时，企业紧缩经营将导致经济总体的供需关系向缩小均衡方向发展，影响经济的回升或者加速行业的衰退，反而抑制企业的发展。

第四节　组合型战略

一、组合型战略的概念与特征

　　前面所讲的稳定型战略、增长型战略和紧缩型战略既可以单独使用，也可以组合使用。事实上，大多数有一定规模的企业并不只实行一种战略，如格兰仕集团在其20多年的发展历程中采用了增长型战略、紧缩型战略以及本节要论述的组合型战略等。

　　所谓组合型战略是指稳定型战略、增长型战略和紧缩型战略三种战略类型的组合，其中组成该组合战略的各战略类型称为子战略。从组合型战略的特点来看，一般较大型的企业采用较多，因为大型企业相对来说拥有较多的战略业务单位，这些业务单位很可能分布在完全不同的行业和产业群之中，它们所面临的外界环境和所需要的资源条件不完全相同，因而若对所有的战略业务单位都采取统一的战略类型显然是很不合理的，这会导致由于战略与具体战略业务单位的情况不一致而使企业总体的效益受到伤害。因此，组合型战略是大企业在特定历史发展阶段的必然选择。例如，广东健力宝饮料公司就是采取这种组合型战略的典型例子。该公司在饮料传统业务上采取稳定型战略，而采用后向一体化的增长型战略从国外引进易拉罐生产线，同时又采用多样化战略生产高档运动服装，进而又在其运动服装厂中采用前向一体化战略，在全国各地设立零售商店，直接出售其产品——"李宁"牌系列运动服装。

　　从市场占有率等效益指标上来看，组合型战略并不具备确定的变化方面，因为采用不同战略类型的不同战略业务单位市场，其占有率的变化方向和大小不一致。所以，从企业总体的市场占有率、销售额、产品创新率等指标反映出来的状况并没有一个一般的结论，实施组合型战略的企业只有在各种不同的战略业务单位中才体现出该战略业务单位所采用的战略类型的特点。

　　在某些时候，组合型战略也是战略类型选择中不得不采取的一种方案。例如，企业遇到了一个较为景气的行业前景和比较旺盛的消费需求，因而打算在这一领域采取增长型战略。但如果这时企业的财务资源并不很充裕，可能无法实施单纯的增长型战略。此时，就可以选择部分相对不令人满意的战略业务单位，对它们采用抽资或转向的紧缩型战略，以此来保证另一战略业务单位实施增长型战略的资源。由此，企业从采用单纯的增长型战略变为采用组合型的战略。值得注意的是，稳定型、增长型、紧缩型和组合型战略四种战略类型并无优劣之分，因为在特定场合下，这四种战略类型都有可能是最合适的选择。

二、组合型战略的类型

　　根据不同的分类方式，组合型战略可以分为不同的种类。本节将按照各子战略构成的不同和战略组合的顺序不同进行分类。

(一)按照各子战略的构成不同分类

1. 同一类型战略组合

所谓同一类型战略组合指企业采取稳定、增长和紧缩中的一种战略类型作为主要战略方案,但具体的战略业务单位是由这种方案下不同的子类型来指导的。例如,前面介绍过健力宝集团就是采用由不同类型的增长型战略组成的组合型战略。因此,从严格意义上来说,同一类型战略组合并不是"组合型战略",因为它只不过是某一战略类型中不同具体类型的组合。

2. 不同类型战略组合

这是指企业采用稳定、增长和紧缩中两种以上战略类型的组合,因此这是严格意义上的组合型战略,也可以称为狭义组合型战略。不同类型战略组合与同类型战略组合相比,其管理上相对更为复杂,因为它要求最高管理层能很好地协调和沟通企业内部各战略业务单位之间的关系。事实上,作为任何一个被要求采用紧缩战略的业务单位的管理者,或多或少都会产生抵抗心理。例如,总公司决定对 A 部门实行紧缩战略,而对 B 部门业务单位实行增长战略,则 A 部门的经理人员则往往会对 B 部门人员产生抵触和矛盾情绪,因为紧缩战略不仅可能造成业绩不佳和收入增长无望,更有可能对自己管理能力的名誉产生不利影响,使个人价值贬值。

(二)按照战略组合的顺序不同分类

1. 同时性战略组合

这是指不同类型的战略被同时在不同战略业务单位中执行而组合在一起的组合型战略。战略的不同组合可以有许多种,但常见的主要是以下几种:

(1) 在撤销某一战略经营单位、产品系列或经营部门的同时,增加其他一些战略经营单位、产品系列或经营部门。这其实是对一个部门采取放弃或清算战略,同时对另一部门实行增长战略。

(2) 在对某些领域或产品实行抽资转向战略的同时,对其他领域或产品实施增长战略。这种情况下,企业实行紧缩的战略业务单位还并未恶化到应该放弃或清算的地步,甚至有可能是仍有发展潜力的部门,但为了给其他部门提供发展所需的资源,只有实行紧缩战略。

(3) 对某些产品或业务领域实行稳定战略,而对其他一些产品或部门实行增长战略。这种战略组合一般适用于资源相对丰富的企业,因为它要求企业在并没有靠实行紧缩而获取资源的情况下,以企业自身的积累来投入需要增长的业务领域。

2. 顺序性战略组合

顺序性战略组合指一个企业根据生存与发展的需要，先后采用不同的战略方案，从而形成自身的组合型战略方案，因而这是一种在时间上的顺序组合。常见的顺序性战略组合有以下类型：

(1) 在某一特定时期实施增长战略，然后在另一特定时期使用稳定战略。其好处是能够发挥稳定战略的"能量积聚"作用。

(2) 首先使用抽资转向战略，然后在情况好转时再实施增长战略。采用这种战略的企业主要是利用紧缩战略来避开外界环境的不利条件。

当然，不少企业会既采用同时性战略组合，又采用顺序性战略组合。

在特定的内外部环境下，企业可以有增长型战略、稳定型战略、紧缩型战略和组合型战略四种战略方案选择，但在企业的实践中，这四种战略类型并不是被相同程度地采纳。美国管理学者格鲁克(Glueck)在对358位企业经理15年中的战略选择进行深入研究之后发现，以上四种战略类型被使用的频率分别为：稳定型战略，9.2%；增长型战略，54.4%；紧缩型战略，7.5%；组合型战略，28.7%。战略类型的选择不仅随行业类型而有所不同，而且随不同经济周期阶段(复苏、繁荣、衰退、萧条)而有所不同。

本 章 小 结

企业总体战略是指为实现企业总体目标，对企业未来发展的方向所作出的长期性的、总体性的谋划。总体战略决定企业各战略业务单位在战略规划期限内的资源分配、业务发展方向，是指导企业在今后若干年总体发展、统率全局的战略，是制定企业各个经营领域战略(或事业部战略)和各职能战略的依据。企业总体战略包括发展型战略、稳定型战略、紧缩型战略和组合型战略四种类型。

发展型战略是一种使企业在现有的战略基础上向更高一级的目标发展的战略。该战略以发展为导向，引导企业不断地开发新的产品，开拓新的市场，采用新的生产方式和管理方式，以便扩大企业的产销规模，提高竞争地位，增强企业的竞争实力。追求发展是企业的本性。在条件允许时，甚至条件不允许时，企业千方百计地寻求发展。一般来说，发展型战略有密集型发展战略、一体化发展战略、多样化发展战略等几种基本的类型。

稳定型战略又可称为防御型战略、维持型战略。稳定型战略是指限于经营环境和内部条件，企业在战略期所期望达到的经营状况基本保持在战略起点的范围和水平上的战略。稳定型战略从不同角度可以分为不同种类。

紧缩型战略被用来维持企业生存，当企业处在一种十分险恶的经营环境之中，或者由于决策失误等原因造成经营状况不佳，采用发展型战略和稳定型战略都无法扭转局势时，企业不得不面对现实，减少经营领域，缩小经营范围，关闭不盈利的工厂，紧缩财务开支。

这时就需要采用紧缩型战略。按实现紧缩型战略的基本途径划分，可以把紧缩型战略分为选择性收缩、转向战略、放弃战略和清算战略四种类型。

前面所讲的稳定型战略、增长型战略和紧缩型战略既可以单独使用，也可以组合起来使用。所谓组合型战略是指稳定型战略、增长型战略和紧缩型战略三种战略类型的一种组合，其中组成该组合战略的各战略类型称为子战略。组合型战略是大企业在特定历史发展阶段的必然选择。按照各子战略的构成不同分为同一类型战略组合和不同类型战略组合；按照战略组合的顺序不同分为同时性战略组合和顺序性战略组合。

思 考 题

1. 从企业发展的角度看，为什么大多数企业都倾向于采取发展型战略？
2. 纵向一体化战略和横向一体化战略各有何利弊？
3. 在实行多样化战略时，是否公司所具有的不同的业务越多越好？如何确定合适的多样化程度？
4. 放弃战略与清算战略有什么区别？
5. 以一个实际企业为研究对象，鉴别出它所采取的战略。

本 章 案 例

格兰仕集团的成长历程

格兰仕集团从1978年成立至今，已发展成为一家与全球200多家跨国公司建立全方位合作联盟的全球化家电专业生产企业，它也是中国家电业最优秀的企业集团之一。

2003年，格兰仕集团的年销售额突破100亿元，出口创汇5亿美元，顺利实现年度销售目标。纵观集团的发展历程，可以划分为创业、转型和国际化三个发展阶段。随着公司的发展，它的战略类型也发生了不同的变化。

一、创业阶段(1978—1992年)

这一时期，公司主要经营羽绒和服装等产品。

1978年，梁庆德带领10余人筹办羽绒制品厂。1979年，广东顺德桂洲羽绒厂(格兰仕公司的前身)成立，以手工操作洗涤鹅、鸭羽毛供外贸单位出口，年产值46.81万元。1983年，桂洲羽绒厂与港商、广东省畜产进出口公司合资兴建的华南毛纺厂建成并投产，引进日本最新型号的粗梳毛纺生产线，年产量300吨，年创汇400多万美元。1984年，桂洲羽绒厂扩建，水洗羽绒生产能力达600吨，年产值达300多万元。1985年，桂洲羽绒厂更名为"桂洲畜产品工业公司"。到1987年，与港商合资成立华丽服装公司，与美国公司合资成立华美实业公司，生产的羽绒服装和羽绒被直接出口。1988年，桂洲畜产品企业(集团)

公司成立,其成员企业包括"桂洲畜产品工业公司"以及该公司与外商合资的3家工厂,年产值超过1亿元。1989年,与港商合资的桂洲毛纺有限公司投产;1990年,公司全面实行现代企业制度改革;1991年,中外合资的华诚染整厂有限公司建成投产。至此,公司的经营业务包括原白色兔毛纱出口、染色纱出口、纱线染色加工、羽绒被、服装等制品生产、出口。同时,"格兰仕"牌羽绒被、服装开始在国内市场销售,仅羽绒被年销售额就达1500万元。1992年6月,公司更名为广东格兰仕企业(集团)公司,"格兰仕"牌羽绒系列制品全国总销售额达3000万元,集团公司总产值达几百亿元人民币,年出口达2300万美元。

二、转型阶段(1992—1997年)

这一时期,公司经营重点由羽绒和服装产品转向微波炉产品。

1991年,格兰仕最高决策层普遍认为,羽绒服装及其他制品的出口前景不佳,并达成共识:从现行业转移到一个成长性更好的行业。经过市场调查,公司初步选定家电业为新的经营领域,并进一步选定小家电为主攻方向,最后确定以微波炉为进入小家电行业的主导产品(当时,国内微波炉市场刚开始起步,生产企业只有4家,其市场几乎被外国产品垄断)。

公司领导层作出决策后,首先聘请上海微波炉专家组建了一支优秀的技术人员队伍,同时从日本东芝集团引进具有20世纪90年代先进水平的自动化生产线,并与其进行技术合作。1992年9月,中外合资的格兰仕电器有限公司开始试产,第一台以"格兰仕"为品牌的微波炉正式诞生。1993年,格兰仕试产微波炉1万台,开始从纺织业为主转向家电制造业为主。1994年,格兰仕集团推行股份制改革,集团骨干人员贷款购买公司股份并成为公司的主要股东,依照现代企业制度重组公司的治理结构,初步建立了一个遍布全国的销售网络。1995年,格兰仕微波炉销售量达25万台,市场占有率为25%。1996年8月,格兰仕集团在全国范围内打响微波炉的价格战,降价幅度平均达40%,带动中国微波炉市场从1995年的不过百万台增至200多万台。格兰仕集团以全年产销量65万台的规模,占据中国市场的34.7%,部分地区和月份的市场占有率超过50%。1997年2月,国家统计局授予格兰仕"中国微波炉第一品牌"称号;10月,格兰仕集团第二次大幅降价,降价幅度达29%~40%;全年微波炉产销量达198万台,市场占有率达47.6%以上,稳居第1位。

三、第三阶段(1998年开始至今)

这一时期,公司采取相关多元化战略,经营产品从微波炉拓展到电饭煲等小家电领域。

1995年以来,格兰仕微波炉国内市场占有率一直居第1位,达到60%以上。在此基础上,格兰仕集团于1998年开始实施新的战略:通过国际化与多元化,实现全球市场小家电多项冠军的宏伟目标。

1998年,格兰仕微波炉年产销量达450万台,成为全球最大规模化、专业化制造商。同时,格兰仕集团投资1亿元进行自主技术开发,并在美国建立研发机构;下半年利用欧盟对韩国微波炉产品进行反倾销制裁的机会,格兰仕微波炉大举进入欧洲共同体市场;从单项微波炉走向产品多元化,全年豪华电饭煲产销规模达到250万只,成为全球最大的制造商。

1999年1月，格兰仕结束最后一个轻纺产业毛纺厂，全面转型为家电集团；3月，格兰仕北美分公司成立，同时在美国成立微波炉研究所；向市场推出新开发的品种达百余种，其产品融入了新开发出的专有技术；聘请安达信公司为集团财务顾问；全年销售额达29.6亿元，微波炉销售量达600万台，其中内销与出口各占50%，国内市场占有率为67.1%，稳居第1位，欧洲市场占有率达25%；在关键元器件供应领域，开始采取垄断战略；电饭煲国内市场占有率达12.2%，居第3位。

2000年9月，公司宣布进军空调产业，通过在全球产业链中的强强合作，迅速建立起国际一流的高度自动化生产线；2001年度内销实现40万台，2002年产能扩张至300万台。

到2003年，格兰仕已打造出"全球微波炉制造中心"、"全球空调制造中心"、"全球小家电制造中心"、"全球物资管理中心"四大基地，微波炉制造、光波炉制造世界第一。为此，格兰仕集团的多元化和国际化经营步伐在加快。(资料来源：王方华，吕巍编著. 战略管理. 北京：机械工业出版社，2004年12月)

案例分析

1. 格兰仕经营成功的关键因素是什么？
2. 简述格兰仕创业以来的战略转变过程。

案例点评

从案例中可以看出，格兰仕由一个乡镇小厂发展成为一个与全球200多家跨国公司建立全方位合作联盟的"全球家电制造中心"，其经营成功的关键因素之一可归功于格兰仕多年来正确的战略类型选择及实施。

所谓战略类型，就是在目前的战略起点上，决定企业的各战略业务单位在战略规划期限内的资源分配、业务拓展的发展方向，一般可分为稳定型战略、增长型战略、紧缩型战略和组合型战略四种。

案例中提到的格兰仕集团在创业初期采取增长型战略，在羽绒和服装产品市场取得了较大的成功，但随着公司的内外部环境条件的变化及企业领导层对企业功能的重新定位，公司通过紧缩型战略逐步减少羽绒和服装产品的生产而转向微波炉等小家电产品，取得了较大的业务突破。在做大做强的基础上，公司通过增长型战略和混合型战略开始拓展电饭煲等小家电市场，积极开拓国际小家电市场，从而不断地推动公司走向更广的发展空间。

第六章

企业国际化经营战略

学习目标：通过本章的学习，学生应该了解企业国际化经营战略的含义及特征，国际化经营的影响因素，国际战略联盟的类型和作用，掌握国际化经营战略的基本类型和企业进入国际市场的基本方式。

关键概念：竞争和联合战略(competition and association strategy)　成长战略(growth strategy)　公共关系战略(public relation strategy)　国际战略联盟(international strategic alliance)

早在哥伦布发现美洲新大陆之前好几个世纪，商人们就已经开始为自己的产品寻找本国之外的新市场。自从20世纪50年代以来，世界经济发展的一个显著特点是各国企业经营活动的国际化。在很长的一段时间内，全球经济、区域经济、国家经济和跨国经济同时存在且同时得到了持续的发展。国际化经营已成为当今企业经营的主导趋势之一。

自我国经济对外开放以来，越来越多的企业进行着国际化的经营，如海尔、中石油、长虹、TCL、华为等，它们在促进国家产品或服务的出口和国民经济向国际经济迈进的过程中起着日益突出的作用。然而，经营活动国际化的企业面对着一个比国内市场竞争更为激烈且更为复杂的国际市场，特别是中国加入WTO以后，中国企业将会直接面对国际市场。因此，作为国际化经营企业在制定战略计划和战略措施的过程中，不仅要认识自身的战略优势和劣势，还应充分了解国际环境的特点，只有这样才能立于不败之地。本章主要介绍公司国际化经营战略的含义及特点、战略类型、企业进入国际市场的方式以及国际战略联盟的相关内容。

第一节　企业国际化经营战略概述

一、企业国际化经营的原因

首先，企业的跨国经营是一个渐进的过程，最初原因之一是为了获得关键要素供给的需求，尤其是企业对能源、矿物和稀缺原材料的需求。例如Goodyear公司到马来西亚发展橡胶种植园，标准石油(Standard Oil)公司在加拿大、中东和委内瑞拉开拓新油田，武汉钢铁集团公司与澳大利亚BHP公司合作在澳大利亚开采铁矿。

国际化的另一个原因是追逐更大市场份额，尤其是在那些已经取得某些竞争优势或拥有著名品牌的企业中表现得更为明显。虽然最初它们的态度是机会主义的，但是最终会认识到，在国外市场增加的销售额可以使它们拓展其经济规模和势力范围，从而为企业提供了超越竞争对手的竞争优势，毕竟狭小的本国市场难以容纳其大批量的加工制造能力。如雀巢、拜尔和福特等公司国际化扩张的主要原因就是不断寻求新的目标市场。

其次是在全球范围内优化资源配置，从而降低获取生产要素的成本。例如，在20世纪80年代，随着关税壁垒的降低，纺织、服装电子、家电制造业等劳动密集型产业的欧美公司纷纷在远东、拉美等可以获得大量廉价劳动力的地区设立生产基地。不久他们发现劳动力并非是能够更经济地来源于海外的唯一生产要素，获得低成本的资金(可能来源于东道国政府的投资补贴或优惠政策)亦成为企业国际化的一种驱动力，如在中国的电子产品OEM业务和印度大量的IT外包业务等。

一旦跨国企业在全球市场范围内建立了国际化销售网络和生产经营业务，最初激发企业向海外扩张的动力与支撑它们新兴的全球战略的一系列新的动因相比，通常会降至次要地位。促使和坚定企业走向国际化经营的新的动因包括以下几点。

1. 充分利用技术领先的优势

同一产品在不同市场上的生命周期是不一样的。在一个国家的市场上已经进入成熟期或衰退期的产品，在另一个国家的市场上可能刚刚进入成长期，而在其他欠发达国家的市场上则可能处于投入期。因此将产品向不同的市场扩散，就可保持产品在新市场上的技术领先的地位。当一个企业开发出一种新产品，起初它会具有明显的竞争优势。随着这种产品的逐渐传播和成长，在国内市场上越来越失去其独特性和所具有的竞争优势，这时企业通常会将这种产品向国外市场拓展。

2. 极大地发挥商标品牌优势

也许是由于人们普遍存在的"崇洋"心理，或者是其优异的产品质量，洋品牌通常被认为比国内产品好。当一种产品的品牌在国内具有良好的声誉时，它通常诱使企业在全球范围内设立生产子系统。这种情况在服装、汽车、家用电器中尤为明显。反过来，进行国际化的竞争，活跃于几个大的主要国际市场上，也更进一步巩固和加强了企业的声望和信誉。

3. 有效地利用规模经济优势

国际范围内的纵向一体化是实现规模经济的关键，因为国际纵向一体化的有效规模较之国内市场规模要大得多。当存在超越本国市场容量的规模经济时，企业为了降低产品成本，取得规模经济所带来的效益，就不得不向新的市场渗透，将企业的储运、采购、生产和市场营销等活动转向国际化。

4．极大地占有低成本资源

当生产成本成为竞争的关键因素时，企业会把生产活动转移到资源或劳动力价格相对较低的地区，在世界范围内规划生产系统的最佳配置，并向全世界销售产品。只有这样，企业才能保证降低其产品成本，增加其产品的竞争能力，保证企业经营的最佳整体效益。

5．促进核心竞争力转移

核心竞争力是由企业的创新、效率、质量以及顾客的忠诚度所组成的，并构成企业竞争优势的基础。企业将其在国内拥有的核心竞争力及创新产品转移到海外市场，可以获得更大的利润。如微软、可口可乐等公司就是运用这种方式在全球推行其核心竞争力。

6．获取区域经济效益

这是指在交易成本与贸易壁垒允许的情况下，企业将其创造价值的活动放在最适合的地点，跨国公司在全球范围内搜寻此地点的过程，实质上就是企业资源在全球范围内优化配置的过程。这样做至少有两个效果：一是降低创造价值的成本，有利于企业达到成本领先；二是使企业形成差别化，获得超过平均水平的利润。

二、企业国际化经营战略的含义

企业国际化经营战略是指从事国际化经营的企业(国际企业)通过系统地评估自身的经济资源以及经营使命，确定一个较长时期内企业的主要任务和目标，并根据变动的国际环境拟定必要的行动方针，为求得企业在国际环境中长期的生存和发展所制定的长远的、总体规划。

国际化经营企业在制定企业国际化经营战略时必须明确以下几点：

(1) 企业的经营领域。即企业要明确所经营的产品或服务，目标市场定位在哪里，企业为哪一类消费者服务。

(2) 评估企业经营领域的优势。了解企业提供的产品及劳务是在哪方面取得超过竞争对手的优势。如资源、人才、技术，抑或较低的成本与价格优势等。

(3) 确定国际化战略进程。企业为了实现其国际化战略的具体措施、步骤和时间表。

(4) 期望目标。企业国际化经营的目标财务指标及其他预期目标。

三、企业国际化经营战略的特征

企业国际化经营战略是企业日常经营活动的指导原则，它具有区别于一般企业战略的特点：

(1) 以国际化经营为目标规划其全球性经营活动。

(2) 在国际化经营前提下合理配置企业资源，包括自然、人力、技术、资本资源以及品牌资源等。

(3) 运用全球化视点规范各相关企业与职能部门的行为。

总之，企业国际化经营战略目的是为了实施和实现企业的全球化经营。其全球战略目标的活动已不是单一化的对市场变化的直接反映，而是对企业所处竞争环境和企业本身资源进行评估后的有计划、有组织的行动。它包括全球战略目标和全球战略部署，亦即各种可能的抉择，明确的区域、产品发展规划和程序，以及扩张步骤等。

四、企业国际化经营战略的意义

经济全球化是当前世界经济发展的一大趋势，国际竞争国内化、国内竞争国际化愈演愈烈。整合国际资源增强企业竞争实力、努力抢占国际市场是企业发展的战略选择。《孙子兵法》中有"用兵之道，以计为首"、"计先定于内，而后兵出境"、"知己知彼，百战不殆"等杰出的战略思想。乔治·巴顿将军也曾经说过，在错误战略前提下的正确战术也必败无疑，正确战略前提下的战术失误也可能输掉战争。商场如战场，如果企业在某个市场上采取了错误的产品组合就不可能获得营销的成功，即使每个市场和每种产品的营销计划都得到了合理的执行。因此，国际化经营战略有着重要的意义。

制定企业国际化经营战略要求企业着眼于世界市场和世界资源分布，要以全球化的视野和眼光来优化企业的经营活动，而不是将全球运作分解为多个相互独立的经营活动的简单组合。因此，企业国际经营战略主要有以下的意义：协调和整合企业分散在各地的业务；预计和应付全球环境与东道国环境的变化；获得全球资源共享；规避企业的国际化经营风险。

第二节 企业国际化经营的环境因素分析

国际经营环境是指在企业开展国际经营活动中各种外部因素和条件的总和。与国内经营环境相比，它具有更多的不确定性、不可控性和高风险性。

对国际经营环境的分析和评估是制定国际化经营战略的基础。国际经营环境的分析主要从三个方面进行：

(1) 分析母国环境，如母国的经济、政治和社会状况促使政府制定鼓励或限制对外投资或出口的措施。

(2) 分析东道国的环境，东道国环境是企业在其市场上经营时所面临的各种间接和直接环境因素的总和，这些因素可能与本国大不相同。

(3) 分析国与国之间的联系，以多个国家为对象分析该区域乃至全球环境，亦即国际环境。它涉及本国环境和东道国环境之间以及各东道国环境之间的相互作用等。

一、国际贸易体制

国际化经营企业的目标是针对国际市场，因此首先应了解国际贸易的格局和体制。国际贸易的体制主要包括关税、非关税壁垒和国际贸易的支付方式等。

关税是一国政府对进出该国产品所征收的税金。关税可以为增加国家收入而制定，也可以为保护本国企业所制定。各国的关税制度不尽相同，一般分为单列税制和双列税制。

非关税壁垒是指除关税以外限制商品进口的各种措施。非关税壁垒名目繁多，其中主要有：进口配额制、进口许可证制、外汇管制、最低限价和禁止进口、技术标准及检验制度、卫生检疫规定、商品包装和标签的规定、繁杂的海关手续、政府的采购政策等。而其中最常用的是进口配额，用以保护国内某些产品和就业。

国际贸易的支付方式会影响国际经营的效益。国际经营活动中销售和交货与收回货款之间的存在时间滞后时，有时会因为汇率的变动而使国际贸易收益大打折扣。

二、政治和法律环境

1. 政治环境

政治环境主要包括：东道国政治体制的差异；行政体制的结构和效率，政府对经济的干预程度、政府对外国企业经营的态度；政治的稳定性；以及东道国与母国之间、东道国与其他国家之间的国际关系状况等。这些因素直接影响和制约国际化经营活动。

2. 法律因素

企业在市场经济中的行为主要由法律来规范和约束，企业在进行国际市场营销活动时必须了解国际法律，才能依法经营，避免不必要的法律纠纷。如相关国际公约、国际惯例、东道国涉外法律法规等。

三、经济环境

世界各国的经济环境不同，形成不同的市场需求，从而对产品和服务的数量、质量、价格提出不同的要求。

1. 经济体制

世界各国经济体制不尽相同，有以公有制为主体的经济，也有以私有制为主体的经济。

在市场经济体制中,具体的组织形式和经济调控程度也不尽相同。在国际化经营中,首先要对东道国的经济体制予以充分了解,其次才能制订相应的营销策略。

2. 经济发展水平

国民经济情况按其发展水平大致可分为原始农业型、原料输出型、工业发展型和工业发达型四大类。原始农业型国家主要从事农业生产,基本属于自给自足的自然经济,少有商品推销机会;原料输出型国家某种自然资源十分丰富,其他资源贫乏,因而以该种自然资源的出口换汇便成了国民经济的支柱,对生活消费品的进口依赖性很强,如,智利的锡和铜、刚果的橡胶、沙特阿拉伯的石油等;工业发展型国家是在工业化初期已建立一定工业技术基础的国家,它们需要先进的设备和本国无力生产的关键中间产品;工业发达型国家大多是高技术产品、资金、技术的出口国,但又是大量传统商品的最大市场。

3. 国内生产总值总量及其分布

国内生产总值的总量反映一个国家的总体经济实力,国内生产总值的分布状况主要影响市场的需求结构和需求规模。而从国内生产总值的增长率来看,可明确一个国家的经济运行状况及其前景。国内生产总值的分布状况,即社会财富的分布状况除与该国总体经济发展水平有关外,更多的是受政治制度的影响。

4. 国际收支

公司进行国际化经营应考虑所在国的国际收支状况。一方面国际收支影响该国本位货币的币值;另一方面,国际收支影响该国政府的经济政策以及对外资的态度。一般市场开放的国家是欢迎国外直接投资的,这有利于该经济的发展与国际收支稳定。

5. 集团贸易与区域性经济

自从 20 世纪 80 年代初以来,世界经济出现的一个重要现象是集团贸易和区域性经济集团的兴起。集团贸易与区域性经济合作的模式,包括建立共同市场(削减或取消内部关税及增设共同对外关税和完全的海关联盟)、开辟自由贸易区、成立区域开发合作集团等多种形式。已建立和将要成立的区域性经济集团有欧洲联盟(EU)、北美自由经济贸易区(NAFTA)、东盟自由经济贸易区(AFTA)、亚太经济合作组织(APEC)等。世界上主要的合作集团是欧佩克(OPEC),即石油输出国组织。

6. 科技水平

企业在开展国际化经营时,要正确认识和分析东道国的科技发展水平,以增强经营决策的针对性和适应性。科技水平高的发达国家,其产业结构也正在进行重大调整,集中发展技术密集型产业,而技术性不强的产品往往需要大量进口,这就为发展中国家提供了一个市场发展的机会。相对而言,发展中国家则往往由于科技水平不高,迫切需要进口先进的技术设备。

四、地理、社会、人文环境

1. 地理环境

一个国家的地形与气候条件如海拔、温度、湿度等,不仅影响着产品的生产与适应能力,也关系着市场的建立与发展。自然资源是跨国经营必不可少的重要条件,自然资源的位置、质量及可供应量影响着投资的规模和技术选择。

2. 社会、人文环境

东道国的人口总量规模(包括人口增长率、人口密度、年龄、性别、教育程度、职业、家庭数目与结构等),是确定目标国家市场规模大小、商品差别需求的重要指标;教育水平的高低也会影响企业在该国进行本土化管理和解决技术人员需求;宗教信仰影响着人们认识事物的方式、行为准则和价值观念、对商品的需求等;社会基础设施也会对在目标国家开展投资生产和销售活动产生影响。此外,社会、人文环境还包括诸如该国的生活方式、占统治地位的社会价值观念、审美观念、民风民俗、语言文字等因素。

第三节 企业一般国际竞争战略的选择

国际化经营企业要实现战略规划中提出的各种目标,必须在全面考量公司在国际竞争中所具有的优势与面临的威胁,合理制定公司在进行国际化经营时的战略体系,这包括:产品战略、竞争和联合战略、成长战略、公共关系战略以及与之相关的市场进入战略、人事战略、财务战略等。以下就国际竞争环境状态下企业可能选择的竞争战略作进一步讲解。

一、产品战略

产品战略选择的任务是在生产一种适合于所有市场的标准化产品,以及根据各个具体细分市场的具体要求生产差别化的产品之间作出选择。

1. 产品标准化

产品标准化战略的实质是开发标准化的产品,将这种标准化的产品在世界范围内以同样的方式进行生产和销售。采用这种战略的目的是充分利用在生产这种标准化产品以及建立一个强大的世界分销网络等方面获得规模经济效益。采用产品标准化策略能带来效益的前提有以下几点:产品的生命周期比较短;消费者对产品的功能要求具有一致性,各地区之间消费者的要求偏好基本一致;产品在世界各地有统一标准的商标或品牌;产品需要大量的售后服务;产品在技术上适宜于大规模生产,存在着规模经济效益。

最成功地采用产品标准化战略的是美国的可口可乐公司，它在世界各地所销售的可乐饮料、柠檬水以及橘子水等都具有同一口味，且被国际消费者所接受。

但在当今消费者需求日益个性化的情况下，产品标准化策略的缺陷也是显而易见的，它不能针对性地满足各地消费者对产品的特殊需求，有可能造成一些国家或地区、个别消费者的抵触。

2. 产品差别化

产品差别化战略是指国际企业根据各个目标市场的不同特点和要求，开发、生产相应的产品，推向不同的市场，产品差别化是保持竞争优势的重要手段之一。采用产品差别化战略主要是依据各国市场的不同特点和要求，主要包括：生产力发展水平的不同，特别是生产组织形式方面存在着差异；各国自然、地理、社会文化方面的差异；各国或地区消费水平的差别。

当然，采用产品差别化战略除了要考虑市场和消费者的影响以外，还要充分地考虑企业自身实力等因素，以选择合适的产品战略。

二、竞争和联合战略

20世纪70—80年代以来，西方国家跨国公司在经历了60年代经济高速增长带来的共同繁荣之后，竞争加剧，各公司越来越多地以竞争者的逻辑推理为基础来构筑自己的战略体系，利用成本领先、产品差异化和市场集中化的优势获得国际化竞争的成功；与此同时，在特定条件下，国际化企业与东道国及第三国的企业(包括国际化企业)之间在高新技术研究与开发，互补性产业、全新领域从技术、资金、渠道、产业链等方面寻求一定的合作，以求得共同的利益。如共同开发战略联盟；合作生产战略联盟；避免过度竞争战略联盟；产业链战略联盟；产业协调战略联盟等。

三、成长战略

成长战略，是指国际企业在发展、改组和联合等方面采取的方法和手段，与企业成长战略模式基本相同，在此不赘述。

四、公共关系战略

对国际化经营企业而言，公共关系是其进行国际市场营销组合中的一部分，作为促销的一种手段，用于改善在公众心目中的形象。但随着国际化经营在深度和广度上的不断发展,国际企业所经历的各种冲突越来越多,这种冲突可能来自东道国政府、企业、东道国的社会各阶层,如工会组织、商会组织、社区组织以及先期进入东道国的其他国际化经营企业等。这就促使企业重视处理好与各类社会群体之间的关系——公共关系。因而许多国际企业都把公共关系放到战略的位置上予以考虑,并作为一种单独的管理职能。

国际化经营企业在进入国外市场时应全面了解和深入分析该区域、市场以及东道国政府的有关法律和公共政策、产业发展政策等,把活动严格限制在东道国法律和政策允许的范围之内,避免因触犯东道国的法律政策而受到制裁;密切注意东道国的政局变化、各党派的政治经济主张以及东道国的民族主义情绪;避免国有化;避免歧视性待遇;使企业的合法活动得到东道国政府的理解、合作和支持。

通常国际化经营企业会利用公共媒体、捐赠、赞助等形式直接或间接地树立自己的企业形象、提升企业的竞争地位,与东道国政府、东道国当地竞争者、社会公众建立、改善和发展长期、稳定、友好的关系。

第四节　企业进入国际市场的方式和战略选择

一、企业进入国际市场的方式

所谓进入国际市场的方式是指企业使其产品、技术、工艺、管理及其他资源进入国外市场的一种规范化的部署。企业进入国外市场主要有两种形式:第一,在目标国家以外的地区生产产品向目标国家出口;第二,向目标国家输送技术、资金、工艺,直接或者采用联合方式运用当地的自然资源、劳动力资源生产产品并在当地销售。

为保证国际化经营企业稳健、有效地进入国际市场,企业应根据本国及所进入国家的政治经济情况、企业自身的资源条件选择不同的进入方式。这些进入方式大体可分为出口进入方式、合同进入方式、投资进入方式、对等进入方式、加工进入方式五大类。

(一)出口进入方式

出口进入是一种传统的进入国际市场的方式,企业的最终或中间产品在目标国家之外生产,然后运往目标国家。出口进入又分为间接出口和直接出口两种方式。

1. 间接出口进入方式

这一方式是指企业通过所在国的中间商(如国内的出口商、国内出口代理人来)来办理出口业务。其优点是投资少,企业不需向国外派遣销售人员或开设分店,风险小。但这种进入方式也有其缺点:一是不利于企业了解国际市场环境和与国外客户保持密切联系;二是由于企业要向中间商支付较高的手续费,因而非直接出口的盈利性不高。这种进入方式比较适合商品出口量不大而又缺乏充分经营出口业务能力的企业。间接出口的方式主要有：外贸收购、外贸代理、委托出口管理公司代理、联营出口等。

2. 直接出口进入方式

直接出口是指生产企业自行承担一切出口业务。其主要做法有以下几种方式：直接向外国用户提供产品和承接订货；参与国际招投标活动；委托国外代理商代理经营业务；在国外建立企业自己的销售机构。

它的优点是：可以节省中间环节的费用；可以直接面对国际市场，获取国际市场的需求变动信息，及时调整生产经营活动；可以在一定程度上自主决策，控制产品外销。

当然，这种方式也有不足：一般需要建立产品出口的专门机构，甚至在国外建立机构，并需要聘用专门的国际营销人才，增加一定的费用；需要自己承担直接出口带来的经营风险。

(二)合同进入方式

合同进入方式是指企业与目标国家的法人之间在转让技术、工艺等方面订立长期、自始至终、非投资性的合作合同。这种方式的优点在于：经营风险较小；促进公司出口；克服东道国对进口和外国直接投资的限制；费用较低。其缺陷在于：控制力量弱；可能培养潜在的竞争对手。主要的合同进入方式有下列几种。

1. 许可证贸易

许可证贸易是指企业在规定期间将自己的工业产权(专利权、技术秘密或诀窍、注册商标等)转让给国外法人，而许可证接受者须向提供许可证者支付一定的报酬和专利权使用费。许可证贸易根据转让方授权大小程度的不同，可分为独占许可、排他许可、普通许可；根据合同对象划分有专利许可、商标许可、专有技术许可；根据被许可方是否有再转让权划分为有可转让许可、不可转让许可；以及特殊许可如交叉(交换)许可、一揽子许可等。许可证贸易是国际化经营企业进入国际市场的方便途径。

2. 特许经营

特许经营是指由特许授予人准许被授予人使用他的企业商号、注册商标、经营管理制度与推销方法等从事企业经营活动。特许经营和许可证贸易尽管类似，但在动因、提供的服务和有效期限等方面是不一样的。在特许经营中除了转让企业商号、注册商标和技术外，特许者还要在组织、市场及管理等方面帮助特许被授予人，以使其经营能持续下去。

3. 管理合同

这是向国外企业提供管理经验、情报信息、专门技术知识的合同。它赋予企业在目标国家管理工厂日常运行的权力，而由国外企业提供所需的资本；企业不是输出产品，而是输出管理经验与劳务。缔结管理合同是进入国际市场风险最小的方式,合同开始生效就有收益。

4. 建筑或交钥匙工程合同

这种合同要求工程承包人在将国外项目交给其所有者之前,应使其达到能够运行的程度。甚至在建筑工程全部完成后,为了使所有者能够进行项目的准备,承包人有责任提供诸如管理和操作培训一类的服务。这种形式的工程合同也称"交钥匙附加承包"。

5. 合作生产

合作生产是指企业与国外制造商签订合同,由国外制造商生产产品,而企业主要负责产品销售,一般是将产品销往制造商所在国家或其他地区的市场。为了获得合格的产品,企业一般要向当地的制造商转让技术和提供技术帮助。合作生产对国际化经营企业而言仅需较少资金和管理资源的投入,就能快速地进入目标国家市场,避免当地所有权问题。而且它允许企业对销售过程和售后服务实行控制。

(三)投资进入方式

投资进入方式是指企业以投资的方式进入目标国市场。按照投资进入的方式不同,国外的子公司可分为两种,一种是母公司拥有完全所有权和控制权的独资企业;另一种是母公司和当地企业共同拥有所有权和控股权的合资企业。现对这两种形式分述如下。

1. 独资经营

它是指企业单独在国外投资建立企业,独立经营,自担风险,自负盈亏。如果国外市场需求潜力很大,企业具有国际化经营的经验和能力时,企业可能考虑采用这种进入方式。

独资经营最大的优点是能够将子公司的生产经营活动直接控制于母公司之下,维护母公司的技术垄断、经营诀窍、产品质量、商标信誉和实现公司整体利益。其不足之处是企业要承担巨额的投资风险、国家风险及可能出现的歧视待遇等。

2. 合资经营

这是指企业和目标国家的投资商共同投资、共同管理、共担风险和共享利益。其最大优点是能够较好地适应东道国市场的需要,降低政治风险及其他经营风险,充分利用当地合伙人的优势,享受东道国资源利用及其他优惠待遇。其不足之处是不能有效地控制子公司的生产经营活动,易泄露技术秘密和财务情报,易与合作方发生矛盾和冲突。

(四)对等进入方式

对等进入是指企业出口产品时必须购入国外一定数量的商品,从而进入对方市场的方式。对等贸易的双方都达到了进入对方市场的目的,具体有补偿贸易和易货贸易两种方式。

1. 补偿贸易

补偿贸易是一种与信贷相结合的贸易方式,如产品返销、互购、部分补偿等。它可以避免外汇短缺所造成的市场收缩,扩大产品出口;可以较为容易也进入贸易保护程度较高的国家。但由于其交易带有信贷性质,交换的对等性和互利性有时难以真正实现。

2. 易货贸易

易货贸易是一种以价值相等的商品直接进行交换的贸易方式。它不需要货币媒介,在不动用现汇的情况下出口商品并取得国内急需的设备和产品,交易往往是一次性的,履约时间较短。但其交易的商品具有局限性,达成大宗的易货贸易较难。

(五)加工进入方式

加工进入是指利用国外原材料,经过生产加工重新进入国际市场的方式。主要有来料加工和进料加工两种类型。

1. 来料加工装配贸易

来料加工装配贸易包括来料加工、来样制作、来件装配,以外商为委托方,本国企业为加工方,由委托方提供原材料、半成品,加工方承担加工任务,产品经检验合格后由委托方负责销售,加工方收取相应的加工费。

2. 进料加工贸易

进料加工也称以进养出,是指企业购进外商提供的原材料、半成品,加工后产品重新进入国际市场。

进料加工与来料加工装配都是通过加工生产获得一定的收益,但不同的是进料加工双方是商业买卖关系,买方向卖方支付货款后拥有货物的所有权,产品所有权也随货款的支付而发生转移。

加工进入方式的优点是:①可以引进国外先进技术,利用国外资源;②可以充分利用本国廉价的劳动力和土地资源,增加就业机会;③可以增加外汇收入。

其不足是:不直接面对国际市场,控制程度差,有一定程度的风险。

二、影响企业进入国际市场方式的因素

选择正确的国际市场进入方式对于一个企业来说是一个复杂的系统工程。它需要考虑各种影响因素,即国际经营环境,它是企业开展国际化经营活动中各种内外部因素和条件的总和。与国内经营环境相比,它具有更多的不确定性、不可控性和高风险性。根据美国宾夕法尼亚大学沃顿管理学院鲁特教授的观点,选择正确的进入方式应充分考虑企业外部

和内部因素。外部因素包括目标国家市场因素、环境因素、生产因素和本国因素；内部因素包括企业产品因素和资源投入因素。下面我们将详细讨论相关因素对企业进入国际化市场的影响。

(一)影响进入国际市场方式的外部因素

1. 目标国家或地区的市场因素

1) 目标国家现有和潜在的市场容量

较小的市场适合于低保本点销售额的进入方式(如间接出口、特许经营或其他契约型进入)。反之，销售潜力很大的市场则应选择高保本点销售额的进入方式(如直接出口、投资进入、当地装配或生产等)。

2) 目标国家或地区的市场竞争结构

根据竞争程度可将市场分为分散型(各参与企业都不占支配地位)、寡头卖主垄断型(少数几家企业供应一种产品的绝大部分)以及垄断型(独家企业控制市场)三类。当然，有些产品市场可能介于相邻的两种类型之间。对分散型目标市场宜以出口方式进入，而寡头卖主垄断或垄断型市场则凭借生产型直接投资方式进入。如果目标国家或地区出口或投资的竞争过于激烈，企业也可以转而采用许可证贸易或其他合同方式进入。

3) 目标市场营销基础结构的质量与可利用状况

例如，如果当地合适的代理商或经销商都在为其他企业展开经销或代理业务，或者根本没有合适的代理商或经销商，则企业只有通过直接出口方式来打进目标市场。

2. 目标国家或地区的生产因素

生产因素主要包括基础结构、生产要素和协作条件。交通、通信设施等基础结构的完善状况影响货物流转速度、成本、生产进度以及企业管理。原材料、劳动力、能源等生产要素的成本、质量与可供应程度则直接影响产品的成本与质量。企业外部采购、销售等方面的协作条件也对企业生产经营有重要影响。因此，生产成本低的目标国家或地区有利于采用投资方式进入，生产成本高的国家则会阻碍投资型进入而适宜采用出口贸易型进入。

3. 目标国家或地区的间接环境因素

目标国家的政治、经济、法律、社会文化、自然环境等特点都会对进入方式的选择有重要影响。政治稳定、经济运行有序、有关法规较为完备、社会结构和文化特征与本国接近，都会促使企业选择直接投资的进入方式。反之，则会促使企业倾向于采取出口贸易型进入或合同型进入。两国的地理阻隔程度(相互距离远近和交通运输的便捷程度)对进入方式的选择起相反作用，即相距遥远或者交通运输不畅时，如果选择出口贸易型进入就会面临产品运输成本高、缺乏市场竞争力的问题，这时，企业更倾向于采用生产型或装配型的进入方式。

4. 本国环境因素

本国的很多因素会影响企业,对海外市场进入方式的选择,其中又以国内市场容量与竞争态势、生产要素与成本状况以及政府外向经济政策导向等尤为突出。

一方面,如果国内市场容量大,则多数企业更倾向于先在国内求发展,待感到规模受制于或将要受制于国内市场时,再求海外扩张。当企业在国内发展到一定规模和实力时,则开始倾向于采用投资型方式进入国际市场。相反,如果国内市场容量小,则企业会较早地寻求外向发展,此时限于企业规模与实力,则多半以对外贸易方式进入目标国家或地区的市场。

另一方面,在垄断行业特别是寡头垄断行业,一家企业的海外扩张往往会引起其他企业的效仿。为降低追随者效仿行为所造成的威胁,领先进入目标国家或地区的企业往往采取投资方式进入,以便有效地占领海外市场"高地"。反之,分散型的竞争格局促使企业更倾向于采取出口贸易方式或某些许可证贸易方式进入国际市场。

本国生产成本高于目标国家或地区时,企业往往采用生产型进入方式,如合同制造或直接投资。一般来讲,生产成本是经济发展水平和生产要素状况的函数,因而本国与目标国家或地区在这两方面的对比状况会影响到企业海外市场进入方式的选择。

本国政府对出口和海外投资的政策对企业进入方式也会造成影响。一般来讲,政府的出口鼓励政策会刺激企业采用出口型或合同型进入,相应的抑制投资型进入。相反,鼓励海外投资的政策,如补贴、贷款优惠或其他优惠政策则会刺激企业的海外投资活动。

(二)影响进入国际市场方式的内部因素

1. 企业产品因素

产品因素对企业海外市场进入方式的影响主要表现在以下几个方面:

(1) 产品要素密集度。劳动密集型和资源密集型产品主要以具有丰富的廉价劳动力和自然资源的国家或地区为进入目标,且偏向采取投资型进入,而资本密集型产品宜以发达国家或地区为目标。

(2) 产品的差别性。差别产品与普通产品相比,在技术、设计、专利保护、定价等方面具有特定的竞争优势,因而可选择出口贸易型进入方式。相反,无明显优势的低优势产品则宜以生产方式进入。同时,以投资方式进入时对差别较大的产品倾向于采取独资型进入方式,如医药行业等;而差别较小的产品则多采用合资方式进入,如电子类消费品、汽车行业等。

(3) 产品技术含量与产品年龄。通常技术密集型产品或研究开发密集型产品,因其"高、精、尖"技术的专有性,本身具有特定优势,故大多采取投资方式进入。因为产品年龄长短反映了产品本身的成熟程度及其技术专有性的强弱,因而年龄短的产品通常采取投资方式进入,而随着产品年龄的增长和专有技术的相对扩散而逐渐转向非投资型进入进入。

(4) 产品地位。企业的主线产品和核心技术在进入目标国家或地区时，大多采取投资方式，且以独资为主；而非主线产品、边缘技术则通常采用非投资方式进入。

(5) 产品的服务性。要求有一系列售前、售后服务的产品，特别是许多工业产品的出口，会给出口企业提供销售服务带来困难。因而对服务密集型产品倾向于采取在当地成立分公司或子公司方式进入，或者通过在当地生产进入。

如果企业的产品本身就是一项服务，如工程设计、广告、计算机服务、旅游观光、管理咨询、银行、零售、快餐服务或工程建设等，企业就必须首先找到在目标国家提供服务的途径。这类企业宜选择如下方式进入：培训当地企业提供服务(如特许经营)、建立分公司或子公司(如广告公司、银行分行或支行)、与国外客户直接签订销售服务合同(如技术协议和工程建设合同)等。

(6) 产品的适应性。产品在销往海外市场时需要作出大量适应性修改与变化时，较适宜于采取那些能使公司贴近海外市场的进入方式或在当地生产的进入方式。当适应性变化需要开发新的生产设施或修改后的产品不能在本国市场上出售时，宜采取当地生产的进入方式。

2. 企业的资源投入要素

企业在管理、资本、技术、工艺和营销等方面的资源越充裕，在进入方式选择上的余地就越大。反之，资源有限的企业只能勉强采取投入较小的进入方式。

企业在国际化经营中的实力等级是通过企业在国际市场整合战略中相应角色、在国际组织中的地位以及管理者的态度等来体现的。对大多数企业而言，投身国际市场的决心是随着实践经验的增加而增长的。国际化经营的成功鼓励企业进一步增加海外投入，海外投入的增加又能够获得更多的国际化经营经验，从而为成功创造前提条件。

表 6-1 汇总了各种环境因素和内部因素对国际化经营企业进入目标国家或市场的方式进行决策的影响。选择何种进入方式取决于多种外部和内部因素，必须全面进行分析和判断。

表6-1 企业环境因素和内部因素对海外市场进入决策的影响

进入方式 决策因素	间接出口	特许经营	直接出口	海外生产	服务合同	进入方式 决策因素	间接出口	特许经营	直接出口	海外生产	服务合同
一、外部因素 (目标国/地区)						二、外部因素 (本国)					
低销售潜力	√	√				市场容量大				√	
高销售潜力			√			市场容量小	√		√		
分散型竞争	√		√			分散型竞争	√		√		
寡头垄断型竞争				√		寡头垄断型竞争				√	

续表

进入方式 决策因素	间接出口	特许经营	直接出口	海外生产	服务合同	进入方式 决策因素	间接出口	特许经营	直接出口	海外生产	服务合同
市场基础结构差			√			低生产成本	√		√		
市场基础结构好	√					高生产成本			√	√	√
低生产成本				√		鼓励出口	√		√		
高生产成本	√		√			限制对外投资	√	√	√		√
限制进口政策		√		√	√						
自由进口政策	√										
限制投资政策	√	√	√		√	三、内部因素					
自由投资政策				√		高优势产品			√		
地理位置近	√		√			一般产品				√	
地理位置远		√		√	√	服务密集型产品					
经济动荡				√		一般服务型产品			√	√	√
经济稳定	√	√			√	技术密集型产品					
外汇管制						产品适应性差	√				
外汇自由兑换				√		产品适应性好			√	√	
汇率下降				√		资源有限					
汇率上升	√		√			资源丰厚				√	√
文化差异小			√	√		低投入					
文化差异大	√	√			√	高投入				√	√
低政治风险			√	√							
高政治风险	√	√									

三、国际市场进入的战略选择

国际市场进入方式众多，针对某个具体市场选择何种战略方式？如何对全球市场进入战略进行组合？从实践来看，企业一般采用以下三种模式。

1. 单一进入战略

单一进入战略是许多企业在选择市场进入方式的过程中，常常不自觉地采用的一种简单化方法，即不管目标市场环境如何，一律采用单一的进入方式。这种战略方式简单，不必对环境作出周密细致的调查，决策过程简单明了，"以不变应万变"。但也有缺点，即

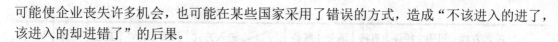

可能使企业丧失许多机会，也可能在某些国家采用了错误的方式，造成"不该进入的进了，该进入的却进错了"的后果。

2．循序渐进战略

这种战略主张对不同的市场采取"先近后远，先易后难"的进入方式；对目标市场的选择，宜遵循"由近及远，先熟悉后陌生"的顺序。通常是：本国市场→相邻国家市场→区域市场→全球市场。从进入方式来看，是从低风险到高风险，从低控制程度到高控制程度，随着经验的积累，一步一步地发展。这种战略相对而言对环境的适应性好，花费的时间和费用较少。但缺点在于忽视了对企业长期战略竞争优势的考虑，过于按部就班，有可能丧失最佳时机，造成很大的机会成本损失。

3．系统选择战略

这种战略要求管理人员对全球市场和企业本身可供选择的方式作系统分析，然后综合比较作出选择。尽管理论上比较完美，但实践中因为调查分析工作量很大，对管理人员素质要求高，一般企业很难做到。例如，选择市场进入方式有时要考虑多种因素，结果各有利弊，很难直接比较。另外，在环境因素中有许多不确定和不完整数据，如消费者偏好、汇率走势等，因此，这就要求战略抉择人员的高素质与创新能力。

第五节　国际战略联盟

所谓国际战略联盟是指两个或两个以上、潜在或实际的竞争企业之间，为了某一共同的特定目标所达成的具有合作协议的联盟。尽管企业间的合作和联盟早就存在，但现代意义上的战略联盟自从 20 世纪 80 年代以来才开始大量出现，其发展方兴未艾。如在国际汽车行业中，23 个最大的竞争对手所形成的国际战略联盟数量从 1978 年的 10 个猛增到 1988 年的 52 个。在其他的行业中也存在着类似的趋势。

一、国际战略联盟的类型

按照联盟企业之间的产品关系，可将国际战略联盟分为以下三类。

1．水平战略联盟

其主要特点是联盟双方可能是同一市场上的合作伙伴或潜在竞争者，此类联盟最为重视的是研究与开发，同时它允许公司改善经济规模，降低或共担风险，加速新技术的扩散，减少进入市场的障碍，甚至在某些情况下进入对方的市场范围，增加选择机会，有利于提高产品竞争力，改进质量，以便更为迅速地适应消费者需求。如戴姆勒—奔驰汽车公司同美国克莱斯勒汽车公司组成的越洋公司；美国国民银行公司与美洲银行公司合并成为美国最大的商业银行，均属水平战略联盟。

2．垂直战略联盟

这种战略联盟是由处于生产、分配过程中不同阶段的经营公司所建立的。企业通过建立这种联盟进行合作能够减少或防止非对称信息的不利影响，有助于实施产业政策，这种合作可以取代垂直一体化，能减少与资源依赖有关的问题，消除供应的不确定性，减少由于产品价格的市场波动所造成的损失。如 IBM 公司与其供应商之间组建的战略联盟就属于垂直战略联盟。

3．混合战略联盟

这种战略联盟是由处于不同行业的企业所组建的。建立这种联盟的动因也不尽一致，是水平战略联盟与垂直战略联盟动因的混合物，为实现既定协议的有关目标而进行合作。如柯达与佳能的结盟，由佳能制造复印机，而以柯达品牌进行销售的联盟就属于混合战略联盟。

二、国际战略联盟的形式

国际企业间所形成的战略联盟根据其产品特点、行业性质、竞争程度、企业目标和自身优势等因素的不同，形式也呈现出多样性，既可以是正式的合资经营，也可以是几方为了一个特定问题而合作所形成的短期合同协议。

1．契约型协议(合同)

契约型协议是指战略联盟各方共同投入资金和力量进行联合研究、开发、生产以及营销活动等，可以采用许可证、交叉许可证和交叉营销等方式。例如瑞士雀巢公司和美国通用米勒公司达成联盟协议，雀巢公司的某些产品可在米勒公司的美国工厂中生产，然后运回欧洲，由雀巢公司以雀巢的产品包装在法国、西班牙和葡萄牙出售。

2．国际联合

这种形式的联盟主要是美国、西欧和日本的国际型企业之间为了解决技术与开发带来的高额成本和巨大风险而建立的。在电子通信、飞机发动机和制药等行业中这种国际联合是非常普遍的。

3．股权参与

股权参与是指企业在其他企业中占有少数股权，其目的在于利用上下游产业链的资源与市场优势。这种方式所建立的是非正式工作关系，各自仍以独立的实体进行经营活动。

例如美国福特汽车公司拥有日本马自达公司的25%的股权，结果在小型汽车的设计与生产上得到马自达的大力支持，而后者也依靠福特公司进入国际市场。

4．合资经营

合资经营是指由两家或两家以上的企业在共同出资、共担风险和共享利润的原则上建立的独立企业。这种形式的联盟被普遍采用。

三、国际战略联盟的动因

企业是否会建立国际战略联盟，首先要看战略联盟能够给企业带来的利益是否大于企业为此支付的成本。虽然不同企业、不同行业中的战略联盟建立原因多种多样，但归纳起来，企业建立国际战略联盟的主要动因包括以下几个方面。

1．开拓市场

这个动因是最普遍的，因为国际企业的首要目标就是向国外市场渗透，而建立战略联盟是开拓国际市场的有效方法之一。例如美国摩托罗拉公司与日本东芝电器公司建立战略联盟，就是为了使自己的产品能更大规模地进入日本市场。

2．分担研究与开发的风险

先进的技术是国际竞争的关键，研究与开发一般要支付高额的成本，这种情况在电脑、电子、航空等行业尤为突出。在这些领域中，开发新一代技术和产品的费用是任何一家公司，即使是大公司也无法负担的。国际企业通过建立战略联盟，共同支付技术开发费用，共同承担开发风险，最后共同享有技术开发成果。例如波音公司与某一日本财团建立联盟共同制造767宽体商用喷气式飞机，波音公司的主要意图是寻求分担飞机开发过程所需要的巨额费用，这种研究与开发费用达几十亿美元。

3．优势互补

战略联盟可使各方的技能及资产形成优势互补，而所形成的综合技能和资产是任何单独一方所不能够拥有或开发出来的。以法国的辛普森公司和日本的JVC公司共同生产录像机所形成的战略联盟为例，JVC公司与辛普森公司两者之间实质上是在互换技能。因为辛普森公司需要产品技术和制造技术，而JVC公司需要知道如何在分散的欧洲市场上销售录像机产品。由于两者的优势互补，因此联盟获得了成功。

4．有利竞争

传统的企业竞争方式是采取一切可能的手段，击败竞争对手，将其逐出市场，因此企业的成功是以竞争对手的失败和消失为基础的,"有你无我,势不两立"是市场通行的竞争规则。战略联盟的出现使传统的竞争方式有了一个根本的变化,即企业为了自身的生存和发展,需要与竞争对手进行合作,依靠合作来竞争。企业建立战略联盟可使其处于有利的竞争地位,或有利于实施某种竞争策略。日本东芝公司的战略联盟就是一个很好的例证。在好多人刚刚知道"战略联盟"这个词的时候,人们发现东芝公司实施这种战略已经有几十年的历史了,它几乎与世界上所有的相关企业建立了联盟关系,而且基本上无一失败。如与美国摩托罗拉公司的合资,使之成为世界领先的大规模记忆芯片的生产者。在 IBM 公司的帮助下,成为世界第二大彩色平面显示器的供应商。也就是说,当竞争双方都无法消灭对方时,不妨变对手为朋友,为竞争而合作,通过联盟而共同获利。

四、国际战略联盟的有效运行

国际战略联盟的管理者来自不同国家的不同企业,有着不同的文化背景和企业文化,在联盟建立的初期可能具有不同的目标和期望。在此情况下,他们对同一问题产生不同的看法和决策是必然的,因此,有效的协调就成了战略联盟成功的关键。

1. 选择合适的联盟伙伴

选择合适的联盟伙伴是建立战略联盟的关键因素,合伙人是否合适关系到联盟的生存和发展。适当的合作伙伴必须能够有助于企业实现其战略目标,双方对结盟的动机是一致的,都有良好的企业声誉。合伙人还必须具有某种专长才能成为联盟的成员,这种长处或优势还要能经得起时间的考验。如果联盟各方都不具备优势或优势不明显,甚至具有明显的弱点,又都想借助于对方发展自己,那么这样的联盟很难逃避失败的命运。

2. 规范战略联盟的管理

从联盟建立的开始,应该对各方的责任、义务、权利等明确地加以界定,明确联盟伙伴之间的关系。结合联盟企业的特点,建立专门的战略联盟管理机构或者类似的权责机构,用来在联盟内部建立明确的从属关系和有效的协调机制从而建立起有效的战略联盟管理系统。并制定联盟系统的运行规则,同时确立提升联盟关系的价值准则。

3. 尊重和协调双方的文化差异

不同战略伙伴具有不同的文化背景和立法背景。例如,克莱斯勒汽车公司董事长伊顿强调团队精神,面临的是美国的立法;而奔驰公司董事长施伦普则提倡个性,面临的是德国的立法。彼此企业文化及立法的差异如果处理不当,将阻碍双方的合作。所以,必须尊重这种差异,特别是尊重对方的核心文化,可以使双方的关系保持必要的弹性。同时,当这种差异威胁到联盟的正常运行时,要及时加以协调,以避免联盟关系的破裂。

4. 坚持竞争中的合作

企业不应忘记，建立战略联盟不过是一种手段，最终目的是通过合作或联盟关系来增强自己的竞争能力，实现自己的经营目标。因此，联盟各方彼此平等并相互信任是必要的，但绝不是无原则的迁就对方或向对方提供一切。在联盟中不应忽略合作中的竞争因素，过于草率地把核心技术和独特技能让给了合作伙伴，其结果是使自己的竞争能力下降。因此，战略联盟应该是竞争性合作。

五、战略联盟发展的新趋势

1. 从产品联盟发展为知识联盟

早期的企业战略联盟主要围绕产品进行，所以通常称为产品联盟，其目的是为了降低投资费用和风险，或是为了减少竞争对手的威胁。

随着科学技术的迅猛发展，现代技术的综合性、复杂性使得研究与开发的难度越来越大，因此企业战略联盟更多地表现为以技术开发和研究成果共享为特征的知识联盟，从战略上保持技术创新能力和技术领先地位成为联盟各方所追求的首要目标。

2. 从强弱联合的互补型联盟发展为强强合作的竞争型联盟

产品联盟作为减少资本投资和进入新市场时降低风险的手段，更多地体现为强弱联合的互补型联盟。如 20 世纪 90 年代中期之前，在中国设立的 16.7 万家外商投资企业中，有 64%是合资企业，15%是合作企业，合资(合作)的外方大多数是实力较强的跨国公司，这些跨国公司通过合资、合作，成功地进入中国市场。

技术创新的加速以及全球市场竞争的加剧，改变了合作伙伴实力的对比关系，新的联盟主要在实力较强的大型企业之间进行，彼此之间在联盟领域内进行合作，但在协议之外以及企业活动整体态势上仍保持着竞争的关系。如 IBM 公司在 20 世纪 80 年代所建立联盟大多比较接近产品联盟，但到了 90 年代，IBM 公司为了竞争的需要而追求更高层次的联盟形式，它与西门子公司的结盟就是一个强强联盟的范例。双方在联盟内部都集中于知识和技术的创新，并在设计、制造以及电脑晶片测试方面获得了共享的新技术，但在开发芯片之外，双方仍然保持竞争对手的关系。

3. 从价值链的联盟链发展为立体的联盟网络

传统的战略联盟是跨国公司根据自己的价值链活动需要而建立的线性联盟，即当自己对资源存在需要时，对价值链上游活动进行联盟；当为了产品销售和扩大市场需要时，采用与下游环节的联盟；当为了对抗主要的竞争对手时，采用与其他公司进行横向联盟。

随着全球竞争的加剧，跨国公司的战略联盟已形成了错综复杂的联盟网络，即联盟各方围绕具有主导影响力的某一方(联盟中心)，根据各自的核心专长，以及所处研发或生产经营的不同环节而形成距离不等、纵横交错的立体网络。联盟伙伴不仅包括跨国公司，而且包括大学、研究机构，乃至其他联盟。联盟的目标指向也不再局限于单一产品或产品系列，而更多集中于知识的创造。通过联盟网络分享信息、实现能力互补、提供战略柔性、促进知识创造成为联盟网络的主要特征。

如西门子公司利用在通信行业技术和市场上的优势，赢得了大量信息和办公自动化行业的合作伙伴。在信息和数据处理行业，西门子公司与富士通公司长期合作，在办公自动化方面，则长期与施乐公司合作。

4. 从"硬约束"的实体联盟发展为"软约束"的虚拟联盟

所谓虚拟联盟是指涉及所有权、以法律作为约束力、彼此相互依存的联盟关系。这是为了适应跨国公司之间在联盟之外日趋激烈的竞争，同时也为了减少联盟日益复杂化的联盟所增加的管理成本而出现的新的联盟形式。虚拟联盟改变了实体联盟主要靠股权、合作协议等具有法律效力的契约进行约束的形式，维系虚拟联盟更多的是靠对行业法制、法规的塑造，对知识产权的控制以及对产品或技术标准的掌握实现等，通过这些"软约束"协调联盟各方的产品和服务。

美国的微软以 DOS 和 WINDOWS 控制着计算机操作系统的标准，使得全球同类厂家必须唯其"马首"是瞻，从而形成了以其为中心的虚拟联盟；同样，英特尔(INTEL)以其在微处理器方面无人能撼的地位，使一批相关企业尾随其后组成了虚拟联盟。

本 章 小 结

企业国际化经营战略具有如下特点：以国际化经营为目标规划其全球性经营活动；在国际化经营前提下合理配置企业资源；运用全球化视点规范各相关企业与职能部门的行为。

国际经营战略具有如下意义：协调和整合企业分散在各地的全球业务；预计和应付全球环境与东道国环境的变化；获得全球资源共享；规避企业的国际化经营风险。

企业国际化经营的影响因素包括国际贸易体制，政治—法律环境，经济环境，地理、社会和人文环境。国际竞争战略一般包括：产品标准化和产品差异化战略，竞争和联合战略，成长战略，公共关系战略。

企业进入国际市场的方式包括：出口进入、合同进入、投资进入、对等进入和加工进入。影响进入国际市场的因素既包括内部的因素，也包括外部的环境因素。国际市场进入方式的战略选择包括单一进入战略、循序渐进战略和系统选择战略。

国际战略联盟的类型包括：水平战略联盟、垂直战略联盟、混合战略联盟。国际战略联盟的形式包括契约性协议、国际联合、股权参与和合资经营。

国际战略联盟的作用包括：开拓市场、分担研究与开发费用、优势互补和提高企业的国际竞争能力。

国际战略联盟的有效运行要求：选择合适的联盟伙伴，规范战略联盟的管理，尊重和协调双方的文化差异，坚持竞争中的合作。

思 考 题

1. 企业开展国际化经营的动因是什么？
2. 企业在开展国际化经营如何选择国际战略？
3. 企业开展国际化经营进入方式有哪些？
4. 影响企业国际化经营的主要因素有哪些？
5. 国际战略联盟有哪些形式？
6. 分别以一个成功和一个失败的国际企业战略联盟为案例，分析出它们建立联盟的动机以及成功和失败的原因。

本 章 案 例

金山企业进军日本市场

金山企业并不是第一个进军日本市场的中国软件企业，国内杀毒软件前三强中的另外两强——瑞星和江民，都到日本市场上发展过，而目前只有金山企业的品牌进入了日本杀毒软件市场的前五名，金山企业在日本市场有着怎样的发展轨迹？

金山企业刚刚进入日本市场，就让总裁雷军虚惊了一场。2005年9月14日，日本东京Westin酒店，在金山企业产品进入日本市场新闻发布会现场。离发布会开始还不到30分钟，记者席仍然几乎全部空着。雷军回顾当时的情形：“事先已经向几十家日本媒体发出了邀请，但面对这个现实，我们只能接受，当时心里非常紧张，在思考怎样表达才能挽回局面。”离发布会开始仅几分钟，形势大变——100多个座位全被日本记者坐满了，"原来日本记者非常遵守时间，基本上都是按点儿赶到，有早到的也会在楼下等待一下。"雷军隐隐感到日本这个亚洲最大的正版软件市场不简单。

一、日本金山的互联网转型

雷军反复强调的"三字经"(WPS、金山毒霸、网络游戏)每每被业界质疑为产品线零散时，雷军都会回应——金山的定位是一家互联网企业。

在向日本市场突围的道路上，这个整合金山一切资源的定位似乎更加清晰。不仅因为日本是个互联网程度极高的国家，而且对金山来说，在日本这个全新的市场上，金山没有国内渠道建设的历史包袱，可以大胆尝试。金山首先选择杀毒软件进入日本市场，2005年9月的发布会，就是金山毒霸正式进入日本市场的标志。而金山采取的是"先尝后买"的互联网营销模式，之后的2006年2月14日，正好是西方的情人节，金山毒霸下载量达到了100万，比预计的一年提前了7个月完成目标。而到2006年9月，金山毒霸日文版一年时间免费下载量超过200万次，实际使用用户40万，付费用户占25%，金山国际化初战告捷。

雷军回顾金山近些年发展的经验教训时说，金山始终扮演了追随者的角色，直到看见Google的崛起才让雷军明白，一味地学习微软无休止地开发更高版本的软件是没有出头之日的。"互联网是个机会，如果软件能变成服务，网络推广的低成本将给金山带来更大的市场。"金山正是利用日本市场向互联网公司转型，而且向互联网转型也是金山在日本发展的惟一道路。日本是个"推广成本非常高的市场"，用雷军的话说，简直是"花钱如流水"，他不可能拿着国内的盈利去和竞争对手血拼。只能放弃传统渠道建设，将盒装、下载并行的销售方式，转型成完全的网上直销。

日本市场推广的成本之高，"比如购买Google关键词广告，中国只要0.3元人民币，但日本却多几百倍，打个出租车动辄需要几千元人民币，花起钱来真是奇快无比。"雷军说，"如果按照正常情况，我们在日本数千万元的公司注册资本很快就会花光。"另外，在日本的"互联网化"能够充分发挥国内研发成本低的优势，由于国内外投入产出比和货币购买力的差异，研发性能相当的产品，国内的研发机构需要的经费都远低于发达国家的企业，国内的研发机构，开发出与微软产品性能相当的软件，远不需要那么巨额的经费。

互联网公司的形态，带给了金山另一个好处，就是有利于突破日本市场的封闭问题。业内分析人士认为，虽然日本市场以"封闭"出名，但在互联网产品上，排斥性要小得多，日本人对中国软件和互联网产品的接受度很好。因为对于日本人而言，雅虎、Google、微软都是外国产品，因而大家的起点是一样的，中国软件和互联网企业有在日本成功的机会。

二、金山企业国际化的"日本模式"

金山企业很早就提出过国际化战略，之后金山开始陆续接触了一些包括澳大利亚、美国、加拿大等国外合作伙伴。但是，由于对方只想通过代理或OEM等方式合作，加上对这些国家市场的不了解，金山最终拒绝了这些橄榄枝。2004年底，一家日本企业在多方调查之后找到金山，将一份日本软件市场的分析报告摆在了雷军的面前。2005年3月，金山日本子公司——金山软件株式会社正式成立，注册资金1亿日元，由金山控股，日本合伙人参股。日本子公司成立之初，金山并没有派遣员工去日本工作，而是让日本合作伙伴派了一名技术工程师到金山珠海研发总部，一同开发金山毒霸的日文产品。在日本金山，除了人力成本和适当的市场推广，几乎砍掉了其他所有的成本。到2006年底，金山日本公司正式员工也只有9个人。

雷军认为，金山国际化的"日本模式"主要有三个关键：一是与当地管理层结合开办子公司，由金山控股，日本合伙人参股；二是采用互联网模式，"我们遇到的所有对手都是传统软件公司，只有日本金山是纯粹的互联网公司，金山国际化与互联网化是同步的"；三是"以战养战"，金山母公司只提供启动资金，以后的资金以"自循环"和吸引投资为主。随着金山在日本的运作，2007年3月7日，日本金山获日本最大VC集富（JAFCO）投资。此次投资作价25亿日元（约2200万美元），注资后金山公司仍然控股日本子公司。金山"日本模式"的特点是，一方面通过日本合伙人的参与推动了金山在日本的本地化进程；另一方面，子公司的形式可以有效控制中国母公司在国际化进程中的财务风险，而互联网模式和"以战养战"的结果，大量减少了金山国际化进程中的成本。

三、与微软的"同"与"不同"

2006年9月21日，金山的第二款产品WPS日文版Kingsoft Office2007正式进军日本市场，意图从日本20亿美元的办公软件市场分得一杯羹。可以说在日本发展的金山和国内大家印象中的金山截然不同，甚至金山在进入日本时根本没有选择WPS的产品名头，而是使用Kingsoft Office。

面对微软Office在日本难以撼动的市场份额，雷军选择"互联网直销+低价格"的策略，直取对价格和性能敏感的个人及小企业市场。Kingsoft Office2007的定价为4980日元，不到占零售市场84%份额的Microsoft Office售价的十分之一，也不足占13%市场份额的办公软件一太郎售价的五分之一。同时，金山还从2006年11月起提供5个月的免费公测，2007年3月正式版发布后还可再试用3个月。

金山高度重视在日本市场的品牌打造，从WPS在日本市场的营销可以看出，日本金山在品牌竞争中，打出的Kingsoft Office品牌，通过与微软的"相似"而实施了"品牌跟随"战略；也通过与微软的"差异"，为日后"翻盘"埋下了伏笔。营销是认知的战场，没有强势品牌做支撑的企业，竞争力必然是无法延续的。

许多企业在进入新的市场时，都会寻找行业内的领袖企业，实施适合自己的跟随策略，这是一种比较有效的品牌策略。Kingsoft Office2007拥有完全自主知识产权、十分"形似"Microsoft Office，从操作界面、文档格式、使用习惯、二次开发接口等多方面，Kingsoft Office都实现了对Microsoft Office的"深度兼容"，尊重客户的使用习惯。

但是，品牌跟随也意味着产品同质化、品牌类似化。一不小心，采用跟随策略品牌的形象就会被完全地定格成地主的"仆人"了，这对跟随品牌是一种致命的打击。因此，跟随品牌更应该不懈地通过差异化，逐步树立起自己清晰、独立、极具个性的品牌形象，把本品牌与领导品牌区隔开来。这样，也就可以使跟随品牌慢慢地进入与领导品牌"分庭抗礼"的阶段。Kingsoft Office需要塑造与微软领导品牌的"差异"。

相比于Microsoft Office占用空间的庞大，金山产品小巧、方便、速度快，而Kingsoft Office与微软最大的区别，则在价格上。被雷军戏称为"拉面价"的Kingsoft Office售价近5000日元，仅仅是Microsoft Office在日本零售价格5万日元的十分之一，是日本本土厂商一太郎办公软件2.5万日元售价的五分之一。不过，微软在日本企业，一太郎在日本政府方面的优势根深蒂固。"Kingsoft Office的价格仍然很难撼动对方的这类用户"雷军表示。不过，日本市场高达92%的个人正版率，也为金山在日本立足提供了足够的空间，"对日本普通的个人用户还是有一定吸引力的"。关于WPS登陆日本的预期，雷军放出豪言说：

"WPS 的目标是占领日本办公软件 10％的市场份额。"(资料来源：http://www.jrj.com 2007-05-15。作者：李靖。有删改)

案例分析

1. 金山企业国际化的"日本模式"有什么特点？
2. 试比较金山与微软的"同"与"不同"，你对此有何评价？

案例点评

影响企业国际化经营的因素包括国际贸易体制，政治法律环境，经济环境，地理、社会和人文环境。针对日本市场具有的封闭性强、推广成本高、互联网程度高、个人和小企业用户价格敏感度高等特点，金山国际化的"日本模式"主要有三个关键：一是与当地管理层结合开办子公司，由金山控股，日本合伙人参股；二是采用互联网模式，金山国际化与互联网化是同步的；三是"以战养战"，金山母公司只提供启动资金，以后的资金以"自循环"和吸引投资为主。金山"日本模式"的特点是：一方面通过日本合伙人的参与推动了金山在日本的本地化进程；另一方面，子公司的形式可以有效控制中国母公司在国际化进程中的财务风险，而互联网模式和"以战养战"的结果，大量减少了金山国际化进程中的成本。

日本金山在品牌竞争中，打出了 Kingsoft Office 品牌，通过与微软的"相似"而实施了"品牌跟随"战略，Kingsoft Office 2007 拥有完全自主知识产权、十分"形似"Microsoft Office，从操作界面、文档格式、使用习惯、二次开发接口等多方面，Kingsoft Office 都实现了对 Microsoft Office 的"深度兼容"，尊重客户的使用习惯。但相比于 Microsoft Office 占用空间的庞大，金山产品小巧、方便、速度快，而 Kingsoft Office 与微软最大的区别，则在价格上。面对微软 Office 在日本难以撼动的市场份额，雷军选择"互联网直销+低价格"的策略，直取对价格和性能敏感的个人及小企业市场。正是上述策略的成功运用，使金山在与微软等强劲对手的竞争中取得了一席之地。

第七章

企业的竞争性战略

学习目标：通过本章的学习，学生应该了解成本领先战略、差异化战略、集中化战略的含义和适用条件，理解上述三种竞争战略的优势和风险以及实现途径，掌握上述三种竞争战略的误区及避让方法。

关键概念：成本领先战略(cost leadership strategy)　差异化战略(different tation strategy)　集中化战略(focus strategy)

企业的竞争战略是实现业务战略目标的手段，通过实施竞争战略可以形成业务的相对优势，从而实现企业战略管理的目标。美国哈佛商学院著名战略管理学家迈克尔·波特(Michael E.Porter)教授1980年在《竞争战略》一书中提出三种基本竞争战略，即成本领先战略、差异化战略和集中化战略。这三种基本竞争战略因其能使企业形成超出对手的相对竞争优势而长期为企业所采用。

第一节　成本领先战略

成本领先战略(Cost Leadership Strategy)也称为低成本竞争战略，是指企业通过有效途径降低成本，使企业的成本低于竞争对手，甚至是在全行业中处于最低水平，从而获取竞争优势的一种战略。

实施低成本战略成功关键在于，在满足顾客认为最重要的产品特征和服务的前提下，实现相对于竞争对手的可持续性成本优势。换言之，奉行低成本战略的企业必须发掘出成本优势的持续性来源，能够形成防止竞争对手模仿成本优势的障碍，这种低成本优势才能持久。

运用这一战略获取利润的思路有如下两种：一是利用成本优势定出比竞争对手更低的销售价格，吸引对价格敏感的顾客群，进而提高总利润；二是不降低商品价格，满足于现有市场份额，利用成本优势提高单位利润率，进而提高总利润和投资回报率。低成本战略的理论基石是规模效益和经验效益，它要求企业的产品必须具有较高的市场占有率。

一、适用条件

1. 外部条件

企业外部条件包括：

(1) 企业所处产业的产品基本上是标准化或者同质化的，由于产品在性能、功能等方面几乎没有差异，消费者购买决策的主要影响因素就是价格的高低。

(2) 企业产品的市场需求具有价格弹性。消费者对价格越敏感，就越倾向购买低价格企业提供的产品，成本领先战略就越有吸引力。

(3) 实现产品差异化的途径很少。很难进行特色经营以使自己的产品具有独特的优势。也就是说，不同品牌之间的差异化对消费者来说并不重要，从而使得消费者对价格的差异非常敏感。

(4) 现有竞争企业之间的价格竞争非常激烈。绝大多数消费者使用产品的方式都是一样的，即用户要求相同的标准化的产品能够满足购买者的需求。在这种情况下，较低的销售价格成了购买者选择品牌的主要决定因素。

(5) 消费者的转换成本很低。当消费者从一个企业的产品转向另一企业的产品所承担的成本较低时，他就具有较大的灵活性，从而容易转向选择低价格、同质量的企业提供的产品。

2. 内部条件

企业本身必须具有的技能和资源条件包括：

(1) 持续的资本投资和良好的融资能力。

(2) 生产加工工艺技能。

(3) 严格的劳动监督。

(4) 所设计的产品易于制造。

(5) 低成本的分销系统。

(6) 企业的产品设计要便于生产制造和维修，保持一个较宽的相关产品系列以分散成本；同时，要使该产品为所有主要用户群服务，增加产品数量。

(7) 企业要有很高的购买先进设备的前期投资，进行激进的定价和承受初期的亏损，以攫取市场份额。

(8) 低成本会给企业带来高额边际收益，企业为了保持低成本地位，可以将这种高额边际收益再投资到新设备上去。这种再投资方式是维持低成本地位的先决条件。

(9) 实施成本领先战略，要求企业在组织上结构分明、责任明确，有良好的激励措施，进行严格的成本控制以及形式经常和详细的控制报告。

二、优势分析

大多数企业在进行战略分析时都把成本领先作为获得竞争优势的基础。一旦企业在行业范围内取得成本领先地位，那么，它将拥有以下优势。

1．能形成进入障碍

利用巨大生产规模和成本优势形成进入障碍，使欲进入该行业者望而却步。那些导致低成本的因素往往是潜在进入者需要克服的进入障碍。例如，在某些行业里，大规模生产在降低了产品成本的同时，也提高了行业的进入障碍。

2．能有效地防御来自竞争对手的抗争

当其他竞争对手由于对抗而把自己的利润消耗殆尽以后，取得领先地位的企业仍能获得适当的收益。当消费者购买力下降，竞争对手增多，尤其是发生价格战时，成本领先地位可以起到保护企业的作用。

3．能获得高于行业平均水平的利润

低成本企业可以利用低价格的优势从竞争对手中挖掘销售量和市场占有率，即使行业内存在很多竞争对手，具有低成本地位的企业仍可获得高于行业平均水平的利润，这将进一步强化企业资源基础，使企业在战略选择上有更多的主动权。

4．能对抗强有力的买方

购买者讨价还价的前提是在行业内仍有其他企业向购买者提供同类产品或服务。一旦价格下降到低于最有竞争力对手的水平，购买者也就失去了与企业讨价还价的能力。

5．能有效应对来自替代品的竞争

因为替代品生产厂家在进入市场时或者强调替代品的低价格或者强调其优于现有产品的特性和用途。占据成本领先地位的企业在前种情况下可以通过进一步降价以抵御替代品对市场的侵蚀，在后种情况下，企业仍可占领一部分对价格更敏感的细分市场。

6．能实现"低成本、较高的收益"的良性循环

企业通过某种方式取得了在行业范围内的成本领先地位后，一般情况下都会获得较高的市场份额，同时获得较高的利润。而较高的收益又可加速企业的设备更新和工艺变革，反过来进一步强化企业的成本领先地位。

三、风险分析

产业的新加入者通过模仿或者依靠对高新技术的投资能力，用较低的成本进行学习，

以更低的成本参与竞争。因后来者居上，致使企业丧失成本领先地位。例如 20 世纪 70 年代初期，阿迪达斯制鞋公司在跑鞋制造业占据美国跑鞋市场统治地位，但到 1982 年，后起之秀耐克公司已经占据美国跑鞋市场的 33%。而阿迪达斯却降到了 20%。耐克成功的关键并不在于标新立异，而是在于卓有成效的模仿。技术上的突破和变化，会使企业在过去投资的设备和通过学习积累的经验失效，成为无效的资源。

另外，用户偏好发生变化，开始重视非价格因素。例如用户对服装产品的消费，是随人们消费观念的变化而变化的，由价廉物美到追求个性发展和标新立异。

成本领先企业往往依靠低价位来保持竞争优势，一旦出现差异化的竞争者，其降价的竞争方式势必使其获利空间大大缩小。

在企业内部，由于高层管理人员或营销人员将注意力过多地集中在成本控制上，而影响其他方面的质量控制却注意力不够，并极少关注顾客的偏好和要求，虽然产品价格低廉，但不为顾客喜欢。

四、战略途径选择

波特提出了获取成本优势的两种主要方法：一是控制成本驱动因素。企业可以在获得成本中占有重大比例的价值活动，研究其驱动因素，获得优势；二是重构价值链。企业可以采用不同的、效率更高的方法来设计、生产、分销或销售产品。下面将分别考察获取成本优势的两种主要途径。

(一)成本驱动因素

企业的成本地位源于其价值链中各项活动的成本行为。成本行为取决于影响成本的一些结构性因素，我们称之为成本驱动因素。通过分析成本驱动因素，企业可以采取相应的控制措施，具体如下。

1. 规模经济

规模经济是指在技术水平不变时，N 倍的投入产生了大于 N 倍的产出。只有实现了规模经济，单位产品的成本才会逐渐降低。例如制造类行业往往可以通过简化产品线，对比较少的产品模型生产采用较长的生产计划周期，在不同的产品模型中采用相同的零配件等措施实现规模效益。规模经济也可能来自于企业的销售管理和市场营销方式。销售队伍如果按照地理区域组织，那么，往往可以随着区域销售额的上升实现规模经济。

2. 学习及经验曲线效应

开展某项活动的成本往往因为经验和学习的经济性而随时间下降。经验性成本节约来源于企业的职员学会了如何更有效完成他们的任务和使用更新的技术；找到了改善工厂布置和工作流程的方式；找到了修改产品设计以提高效率的途径；找到了改进零配件以简化装配的工艺方法。学习还可以降低建造和运作新零售网点、新生产工厂或新分销设施的成本。

3. 关键资源的投入成本

开展价值链活动的成本部分取决于企业购买关键资源的投入所造成的成本。对于从供应商那里购买的投入或价值链活动中所消耗的资源，各个竞争厂商所承担的成本并不完全相同。很多大企业通常利用大批量采购从供应商那里获得低价格。在厂商之间这种批量采购谈判能力的差异中，可能成为成本优势或劣势的一个重要源泉。另外，通过重新布置工厂、基层办公室、仓储或总部的运作地点，也可以找到降低成本的机会。

4. 企业内业务单元的协作与配合实现资源共享

企业内的不同产品线或业务单元通常共同使用一个订单处理系统或客户服务处理系统，使用相同销售力量、仓储、分销设施，依靠相同的客户服务和技术支持队伍。将这种类似活动和功能进行合并，实现跨部门的精诚合作与资源共享可以带来更多的成本节约，有助于获得规模经济，有助于掌握一项技术的学习曲线以及促进生产能力的充分发挥。

(二)重构价值链

实施竞争战略的过程，实质上是企业寻求、维持、创造竞争优势的过程。为了系统识别和分析企业竞争优势的来源，波特认为："每一个企业的价值链都是由以独特方式联结在一起的几种基本的活动类别构成的。"

价值链是把企业视为各种相互分离但彼此相关的生产职能的集合。寻找创新性的途径来改进业务中的各个过程和任务，协调统一各个职能模块，以最小的成本提供顾客所需的产品/服务。价值链分析的第一步是确定企业的价值链构成，然后通过与外部独立活动对比，确定每一项活动对企业整体价值的贡献。改造企业的价值链，省略或跨越一些高成本的价值链活动，从而降低成本。具体来说，主要包括简化产品、改进设计、节约原材料、降低工资费用、实行生产革新和自动化、降低管理费用等具体方法。根据企业获取成本优势的方法不同，我们把成本领先战略概括为如下几种主要类型。

1. 简化产品型成本领先竞争战略

取得低成本最直接的方式，就是使产品简单化，即削减产品或服务的附加功能，只提供基本的产品或服务，从而也会削减多用途的特色和选择。因此，仓库型的家具商场、法律咨询服务站和毫无装饰的百货店，均能以远远低于同行的成本从事经营。由于企业的竞争对手，原来已经附加的种种为顾客所熟知而又无法取消的服务功能，不得不负担高额费用支出。例如，日本东芝企业在美国市场推出一种计算机化的 CT 扫描仪，由于省去了非顾客必需的功能，使该产品售价比通用电气的同类产品便宜 40%以上，牢固地占领了美国医疗设备市场。许多日本的国际公司都是低成本生产者，低成本策略的应用超出了市场的范围,在产品的设计中也正在不断地发展。

2. 改进设计型成本领先竞争战略

改进产品的设计或构成,也能形成成本优势。例如,某企业开发一种可以替代木料的"压缩木料",这种木料用一般的锯屑、木片等压制而成,其成本只是竞争对手的一半。某计算机企业凭借优秀的技术,改善产品设计,以产品的部件数量少、成本低及装配作业费用低取得成本优势。简化产品设计,将各种模型和款式的零配件标准化,转向"易于制造"的设计方式可以为企业带来成本优势。

3. 材料节约型成本领先竞争战略

企业如果能够控制原材料来源,通过各种途径来获得廉价的原材料和零配件,实行经济批量采购,并且在设计和生产过程中注意节约原材料,则能降低产品成本,建立不败的成本优势。

4. 人工费用降低型成本领先竞争战略

在许多行业,企业通过降低人工费用,也能建立不败的成本优势。伊奎特伯人寿保险公司(Equitable Life),是世界上最古老的人寿保险公司,建于1762年,在低成本经营上强于大多数保险公司。作为一家保险公司,它不必要向股东支付利息,所有的利益最后都又归还给它的消费者(例如保险单持有者)。另外,伊奎特伯公司不采用代理人或经纪人的方式进行经营,而是通过财政金融新闻人员和入保人的推荐宣传来发展新业务。它的低成本经营的地位帮助它获得了较高的投资风险回报,这些收入又能够产生新的业务,这个策略是循环性的。一旦伊奎特伯公司留在或接近了投资的顶峰,它的低成本状况就能继续下去。

5. 生产创新及自动化型成本领先竞争战略

生产过程的创新和自动化,可以作为降低成本的重要措施。如美国内陆钢铁公司的产品市场占有率不高,但通过工厂设备的自动化及营销系统的创新,仍能取得低成本的优势地位。

6. 营销和管理费用降低型成本领先竞争战略

使用"直接到达最终用户"的营销策略,从而削减批发商和零售商造成的成本费用。紧缩营销费用和其他行政性管理费用的支出,保持适度的研究开发、广告、服务和分销费用,会给企业带来成本优势。

五、误区避让

1. 忽视采购成本

许多企业对内部成本控制很严,而对外部采购成本却放任不管,或者仅关注关键原材料的采购。事实上，对许多企业来说，采购方式稍加改进，就会产生成本上的重大效益。如果更重视采购员素质和议价能力，就会为企业赚得一笔较大的收入。如福特公司通过鼓励与全球的零部件供应商进行合并，从而减少了采购成本。正如福特公司的一个竞争者所言，"福特让我们学会制造汽车部件，而他们自己学会了制造利润"。

2．只重视制造活动成本，而忽视其他活动成本

许多企业把成本控制狭隘地等同于生产成本的控制，在成本分析中很少重视产生于市场营销、服务、技术开发和基础设施建设等过程中的成本和费用。事实上，在实施成本领先战略时，认真审视价值链，往往会获得许多降低成本的新切入点。

3．忽视间接或小规模活动成本

许多企业往往将降低成本集中在大规模的成本活动和直接活动上，而忽视了一些间接的或者占总成本较少部分的成本活动。实际上，任何跑冒滴漏最终形成的都不是一笔小数目的开支，甚至那些看来与企业无关的后勤活动也往往是成本提升的大户。

4．缺少对价值活动的内在联系的协调和优化

企业往往等比例地给各部门下达成本降低指标，不考虑各部门的特殊性。事实上，有些部门成本的提高会导致企业总成本的降低，例如，研发部门等。

5．忽视价值链的创新活动

企业往往把注意力放在对现有的价值链的改进上，而忽视了去探索重新配置价值链的途径，从而进入一个全新的成本水平阶段。

第二节　差异化战略

差异化战略(Different Tation Strategy)是指企业设法向顾客提供与竞争者存在差异的产品和服务，在行业范围内树立起别具一格的经营特色，以特色来取得竞争优势。

差异化战略要求企业通过差异化将自己与竞争对手区分开来。但差异化战略并不是简单地追求形式上的特点与差异，实施差异化战略的关键是在消费者感兴趣的方面和环节上树立起自己的特色。

一、适用条件

1．外部条件

差异化战略的外部条件：

(1) 存在很多途径创造企业与竞争对手产品之间的差异，并且这种差异被顾客认为是有价值的。
(2) 顾客对产品的需求和使用要求是多种多样的，即顾客需求是有差异的。
(3) 采用差异化策略的竞争对手很少，即真正能够保证企业是"差异化"的。
(4) 企业技术变革很快，市场上竞争的焦点主要集中在不断地推出新的特色产品。

2．内部条件

实施差异化战略必须具备的内部条件：
(1) 企业具有很强的研究开发能力，且研究人员要有创造性的眼光。
(2) 企业在行业中具有产品质量或技术领先的声望。
(3) 企业在这一行业有悠久的历史或吸取其他企业的技术优势并自成一体。
(4) 企业具有很强的市场营销能力。
(5) 企业能够得到各种销售渠道强有力的合作。
(6) 企业的研发部门，市场营销部门等职能部门能够实现密切协作。
(7) 企业要具备能吸引高级研究人员、创造性人才和高技能职员的物质基础和良好氛围。

二、优势分析

差异化战略是使企业获得高于同行业平均利润水平的一种有效战略。具体来说，实施差异化战略的意义有以下几点。

1．降低顾客的价格敏感程度

由于差异化，顾客对产品或服务具有某种偏好，并形成对品牌的忠诚度，因此，顾客对价格的敏感程度降低。这样，差异化战略就可以为企业在该行业竞争中制造了一个隔离带，避免竞争者的伤害。

2．形成强有力的进入壁垒

由于差异化提高了顾客对企业的忠诚度。如果行业新加入者要参与竞争，就必须获得这些差异性，或者扭转顾客对原有产品或服务的信赖以及克服原有产品独特性的影响，从而要付出相当大的代价。这就增加了新加入者进入该行业的难度。

3．增强讨价还价的能力

产品差异化战略可以为企业带来较高的边际收益，降低企业总成本，增强企业应对供应商讨价还价的能力。同时，由于购买者对产品的选择性和价格的敏感度都相对较低，企业可以运用这一战略削弱购买者的讨价还价能力。

4．防止替代品的威胁

由于产品或服务具有差异性，能够赢得顾客的信任，可以在与替代品的较量中处于更有利的地位。例如，美的集团针对大多数顾客担忧食物在加工过程中营养流失的情况，于 2000 年 8 月及时推出了将食物中的蛋白质、维生素和微量元素等营养成分保有量增加 25% 的"营养星"微波炉，在中国微波炉行业第一次提出营养保存的概念，使产品一上市就获得了好评。美的集团再接再厉推出了一系列差异化产品，并赋予其新的价值。从黑、钛、铂金星到透明营养星和太空营、养星，再到数智星，层层推进，得到了经销商和消费者的认可和欢迎。

三、风险分析

差异化是一个十分有效的竞争战略，但是并不能保证一定能够创造有意义的优势。企业在实施差异化战略时面临两种主要风险：首先是企业没有能够形成适当的差异化；其次是企业在遭受竞争对手的模仿和进攻下，没有保持差异化。具体表现在以下几点。

1．不合适的差异化风险

(1) 没有认清有必要进行差异化的突破点。如果购买者满足于基本的产品，认为"附加"的属性并不值得支付更高的价格，在这种情况下，低成本生产商战略就可以击败差异化战略。

(2) 忽视及时向购买者宣传差异化的价值，仅仅依靠内在产品属性来获得差异化。过度的差异化可以使得产品的价格相对于竞争对手过高，或者差异化属性超出购买者的需求。

2．高代价的差异化风险

实现差异化的成本很高，从而形成了较高的销售价格。如果价格超过了顾客的承受能力，顾客就会放弃差异化产品的诱惑，转而选择物美价廉的产品。这时实行低成本战略的企业就会占据竞争优势。

3．差异化的模仿风险

由于竞争对手的模仿降低了产品的特色，或使差异趋同化，顾客感受不到产品个性化给他们带来的愉悦，差异的优势也就慢慢消失。因此，企业在实行差异化战略时，要高度关注差异的难模仿性和持久性。最典型的例子是我国的 VCD 大战，该行业的技术易掌握、行业成熟快、生产企业之间相互模仿，顷刻之间便有数十家生产厂家，使产品雷同无差异，直接导致了轰轰烈烈的价格风潮。

4．差异化的竞争和转移风险

竞争对手推出更有差异化的产品，使得企业的原有购买者转向了竞争对手的市场。企业也应该清醒地认识到,并不是所有的顾客都愿意支付产品差异化带来的较高的价格。

四、战略途径选择

差异化战略可以分为多种形式和途径,针对企业内不同的战略经营单位和不同的产品,可以同时采用两种或两种以上的差异化战略。企业在市场细分的基础上,可以从许多角度寻求差异化。企业在实践中突出与对手的差异性,有 5 种基本途径:产品、服务、人事、渠道和形象(见表 7-1)。

表7-1 差异化变量

产品	服务	人事	渠道	形象
特色	订货方便	能力、资格	覆盖面	标志
性能	送货	礼貌、谦恭	专业化	文字与视听媒体
一致性	安装	诚实	绩效	气氛
耐用性	客户培训	可靠		事件
可靠性	客户咨询	负责		
可维修性	维修	反应的敏锐		
风格	其他服务	沟通交流		
设计				

(一)产品差异化战略

有许多途径可以实现产品差异化,企业的任务就是要选择合适的途径把无差异产品转化为差异化产品。企业通过选择和突出有效的产品差异,能够在顾客心目中确立起良好的企业产品形象。产品差异化的主要切入点包括:特色、性能、一致性、耐用性、可靠性、可维修性、风格和设计等。

1. 特色

产品特色是指对产品基本功能的增补。产品最初只具备一些基本功能,在对顾客的调研、了解和认识顾客需求差异的基础上,根据顾客的不同需求,在基本功能的基础上增加一些新功能。特色是企业产品差异化的有力竞争手段。

2. 性能

性能是指产品的主要特点在运用中的水平。顾客在购买价值较高的产品时,一般会衡量产品的性能价格比。一般情况下,只要产品价格可以接受,顾客总是愿意购买性能更优越的产品,即使支付更高的价格。

3. 一致性

一致性是指产品的设计特征和工作性能与预期标准的吻合程度。它能反映出产品是否结构相同、符合规格。如果产品在使用中能达到各项设计指标，即，产品具有高度的一致性，顾客就会留下美好印象，并乐于购买；反之，一致性差的产品会使消费者失去认同感，从而损害企业的产品形象。例如长虹的各种家电产品具有高度一致性，因此购买者众多。

4. 耐用性

耐用性是指产品在自然或在重压条件下的预期使用寿命。一般说来，消费者愿意以较高价格购买使用寿命较长的产品。如飞利浦生产的白炽灯泡寿命是普通灯泡的 1.5 倍，尽管售价略高，但人们也乐于购买。对于流行周期很短或者技术更新很快的产品，则不应强调耐用性，因为人们在购买时，是不愿为产品的耐用性多付钱的。比如，计算机硬件更新速度越来越快，人们是不会在意计算机是否经久耐用的。又如婴儿车一般仅使用一两年，家长们不会花大价钱去购买寿命长达五年的婴儿车。

5. 可靠性

可靠性是指产品在一定时间内不出故障、能正常使用的可能性。顾客愿意支付较高价格购买可靠性较高的产品，以避免产品故障和维修时间、费用带来的高成本。然而企业最担心的还是因为产品损坏而影响自身正常生产经营活动带来的损失。这也正是利用计算机系统进行生产管理的企业总是乐于购买可靠性很高的品牌机的原因，尽管这需要企业多支付很多的费用。如伊莱克斯的"零缺陷"竞争策略是企业强调产品可靠性的例子。

6. 可维修性

可维修性是指产品出现故障或损坏后维修的难易程度。它包括零部件的获取和修复工作的难易程度、提供维修服务的及时性等方面。由标准化零部件组装而成的产品可维修性较高。如果产品由标准件组装，或者维修非常简单，顾客可以通过自行更换零件修复产品；或者通过电话指导即可进行维修；或者企业能在产品出现故障后最快捷地提供服务，那么产品的可维修性就高。

7. 风格

风格是指产品给予顾客的视觉和感觉效果。在风格差异化中，必须注意包装的使用，尤其是在食品、卫生用品、化妆品等方面。外包装是顾客对产品的第一印象，所以对顾客是"购买"还是"退出"有很大影响。如云南红塔集团在春节这一中国人的传统节日之前推出"恭贺新禧"卷烟，以大红色制造喜庆气氛，同时迎合了消费者春节期间"讨口彩"的心理，取得了良好的市场效果。

8. 设计

产品设计是一种对产品整合的力量(上述所有品质都是产品设计的参数)的综合体现，它是从顾客要求出发，能影响产品外观和性能等全部特征的组合。随着竞争的加剧，设计将成为企业对产品和服务实现差异化以及明确企业市场定位的强有力途径，尤其是在销售耐用设备、服装、零售业乃至商品包装方面。设计包括产品设计、工艺设计、图案设计、建筑物及内部设计、企业标志设计等。

(二)服务差异化战略

随着企业越来越重视产品的差异化工作，实体产品的差异化难度增加。这时，竞争成功的关键就取决于服务的数量和质量。区分服务水平的主要因素包括订货、送货、安装、顾客培训、咨询服务、维修及其他。

1. 订货方便

订货必须简单方便。例如东方航空公司推出的24小时订票热线，8848网站推出的网上订购图书并送货上门服务等。

2. 送货

送货指产品或服务如何送抵顾客的过程，包括送货的速度、准确性和文明的送货服务。例如，有些纯净水企业通过建立配送体系，已经实现预约当天送水上门的快捷服务。而目前影响B to C电子商务的一个主要因素就是配送体系的建立与完善。

3. 安装

安装是指将产品安放于计划位置，并确保产品正常运转的过程。重型设备的供应商一般都提供良好的安装服务以赢得顾客，供应商在安装服务的质量上存在差异。例如，现在大多数空调生产商均提供免费安装服务，但仅有少数大企业提供免费移机一次的服务。

4. 客户培训

客户培训是指对购买者进行培训，以便他们能正确、有效地使用购买设备的过程。例如麦当劳快餐公司要求新的特许店经营者到其汉堡包大学进行为期两周的学习，掌握正确管理特许店的方法。

5. 客户咨询

客户咨询是指销售商向购买者无偿(或收取一定费用)提供有关资料，建立客户信息系统和提出建议等服务。

6. 维修

维修是指企业向产品购买者提供的修理服务。例如海尔家电提供 24 小时上门维修服务，即使是在中国人的传统节日——春节期间，该项服务业照常进行，不打折扣。

7. 其他服务

企业还可以发掘许多其他途径来区分服务和服务质量，以增加产品价值。比如可以提供比竞争对手优越的产品担保或维修合同；也可以对经常光顾者提供优惠。例如许多大型百货公司对老顾客提供贵宾卡等。

(三)人员差异化战略

企业要想获得强大的竞争优势还可以通过聘用、培养比竞争者更优秀的员工来实现。经过严格训练的员工应具有下列一些特性：

(1) 能力。具有产品生产、维修或销售的技能和知识。
(2) 礼貌。热情友好，尊重别人，体贴周到。
(3) 诚实。使人感到坦诚和可以信赖。
(4) 可靠。能够始终如一、准确无误地完成工作。
(5) 反应敏锐。对顾客提出的请求和问题迅速作出反应。
(6) 善于沟通交流。力求理解顾客并清楚地将有关信息传达给顾客。例如，上海航空公司率先招聘"空嫂"，打破了国内航空界的常规，"空嫂"们以其良好的服务赢得了赞誉；上海汇金百货公司每层楼面均设一名店员作为"礼仪导购"，专门欢迎顾客，为顾客说明商品方位和帮助顾客解决问题等。

(四)渠道差异化战略

企业的分销渠道也可以实现差异化，尤其在覆盖面、专业化和绩效方面。例如戴尔电脑通过高质量的直销渠道实现差异化，取得了巨大的成功，顾客与企业的联系只要通过电话或者国际互联网即可实现，非常方便快捷。

(五)形象差异化战略

即使其他竞争因素都相同，但由于企业或品牌的形象不同，消费者也会做出不同的反应。企业还可以通过树立自身形象或品牌形象来实现差异化，供消费者识别。

企业形象是指一个企业实际存在文明的总体形态，并具体表现为在公众心目中留下的印象。企业形象由"认知"和"认同"两个要素构成。认知是指通过传递特定的信息(优点、定位等)，使公众知道企业及其产品的存在，从而认识企业及其产品。在此过程中，实现与竞争者的区分；认同是指企业通过一定的感染力，使得其产品获得公众的接受。

企业树立一个鲜明有力的形象需要进行创新和艰苦的工作，同时需要利用一切可以利用的手段将特定信息不断传递给公众，反复强化，再辅以适应公众需求的营销活动，认知就会发展为对企业及其产品的认同。这些手段包括标志、文字与视听媒体、环境、事件等。

1．标志

强烈的印象应包括一个或多个识别企业或品牌的标志。标志应构思深刻、构图简洁、形象生动、易于识别，还应新颖别致、独具一格，给人以美的享受。口号也是树立公司形象的重要因素，如飞利浦公司的"让我们做得更好"体现了公司对质量、服务等坚持不懈的追求。颜色、特定的声响或音乐等也会对消费者影响很大。例如，在内置 Intel 奔腾芯片的计算机广告中，特有的梦幻般的音响效果，使消费者对 Intel 的芯片充满了向往。

2．文字与视听媒体

通过各种各样的广告，使企业或品牌所选定的标志得以广泛传播。广告要尝试创造一个故事梗概、一种情感、一种表演，以传播与众不同的信息。信息还应在年度报告、宣传手册、商品目录等其他出版物上反复出现。企业的文具、信笺、商业名片等也应该反映企业所要传达的形象。

3．环境

企业可以通过组织生产以及运送产品或服务的有形空间，塑造企业的形象。例如，银行厚重的大门显示其安全性，而内部明亮、宽敞的柜台则体现出友好的态度。中国某些城市的北大荒饭店，从环境布置到经营的食品，都透出一种浓浓的怀旧情绪，唤起了许多知青的回忆。

4．事件

企业可以通过赞助各类活动来提升自身形象。如农夫山泉赞助中国奥运体育代表团，打出了"冠军的滋味有点甜"的口号。随着中国奥运军团在悉尼取得辉煌战绩，农夫山泉的品牌也更加地深入人心。

五、误区避让

1．溢价太高

从差异化中获得的溢价是差异化价值和持久性的函数。如果溢价太高，顾客将难以承受。因此，企业应该制定一个合理的价格标准，与顾客共同分享价值。

2．无意义的独特性

独特性并不就是差异化，只有为顾客提供有效的附加值才是有意义的差异化。大部分有意义的差异化通常来自买方的追求和可以衡量的价值。一项差异化是否有价值，衡量的标准就是企业能否在向顾客推销时，控制和维持溢价。

3．不能正确认识买方市场

差异化需要以满足一定的买方购买标准为基础。如果企业不能正确划分买方市场，差异化就无法满足任何一个买方。

4．只重视产品而忽视整个价值链

正如在差异化途径中所论述的那样，整个价值链能够提供无数差异化的切入点，企业要全面审视价值链的整个活动，从每一项活动中创造有价值的差异化。

第三节　集中化战略

一些企业由于受资源和能力的制约，既无法成为成本领先者，也无法成为差异化者，而是介于其间，因此，这些企业就无法获得这两种战略所能形成的竞争优势。但是如果这种企业能够约束自己的经营领域，集中资源和能力于某一部分特殊的顾客群，或者某个较小的地理范围，或者仅仅集中于较窄的产品线，那么，它们也可同样在一较小的目标市场上获得竞争优势。因此，集中化战略就是以选定的细分市场为对象进行专业化服务的战略。

一、基本概念

集中化战略(Focus Strategy)又称为集中战略或重点集中战略，也称作集聚战略或专一战略。它是企业或战略经营单位根据特定消费群体的特殊需求，将经营范围集中于行业内的某一细分市场，使企业的有限资源得以充分发挥效力，在某一局部超过其他竞争对手，建立竞争优势。

集中化战略与成本领先战略和差异化战略不同的是，一般的成本领先和差异化战略多着眼于整个市场、整个行业，从大范围谋求竞争优势。集中化战略则把目标放在某个特定的、相对狭小的领域内，在局部市场争取成本领先或差异化，建立竞争优势。一般来说中小型企业多采用这一战略。

集中化战略有两种表现形式：一种着眼于在局部领域获得成本领先优势，称之为集中成本领先战略；另一种着眼于在局部领域获得差异化优势，称之为集中差异化战略。

采用集中化战略的依据是，企业能比竞争对手更有效地为某一狭隘的顾客群体服务。即企业或由于能够更好地满足特定需求而获得产品差异，或能在为目标顾客服务的过程中降低成本，或两者兼而有之。从总体市场看，也许集中化战略并未取得成本领先或差异化优势，但它确实在较窄的市场范围内取得了上述一种或两种地位。以上三种企业竞争战略的关系见图7-1。

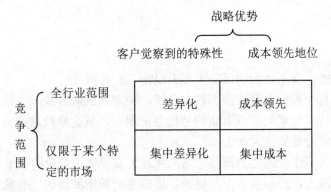

图7-1　三种企业竞争战略

二、适用条件

企业实施集中化战略的关键是选好战略目标，一般原则是，企业要尽可能地选择竞争对手最薄弱环节和最不易受替代产品冲击的目标。不管是以低成本为基础的集中化战略还是以差异化为基础的集中化战略都应满足下列条件：

(1) 目标市场足够大且可以盈利，或者虽然是小市场但具有成长潜力。
(2) 企业的资源或能力有限，不允许选定多个细分市场作为目标。
(3) 在所选定的目标细分市场中没有其他的竞争对手采用这一战略。
(4) 企业拥有足够的能力和资源，能在目标市场上站稳。
(5) 企业凭借其建立起来的顾客商誉和企业服务来防御行业中的竞争者。

三、优势分析

同其他战略一样，通过采用集中化战略也能在本行业中获得高于一般水平的收益。主要表现在：

(1) 该战略目标集中明确，经济成果易于评价，战略管理过程易于控制，从而带来管理上的便利。
(2) 可以避开行业中的各种竞争力量，可以化解替代品的威胁，可以针对竞争对手最薄弱的环节采取行动。如根据消费者不断变化的需求形成产品的差异化优势；或者在为该目标市场的专门服务过程中降低成本，形成低成本优势，或者兼而有之。
(3) 便于集中使用企业资源和力量，更好地服务于某一特定市场。

所以，根据中小型企业在规模、资源等方面所固有的一些特点，以及集中化战略的特性,可以说集中化战略对中小企业来说可能是最适宜的战略。

四、风险分析

实施集中化战略也有相当大的风险主要表现在下面几点:

(1) 由于企业将全部力量和资源都投入到了一种产品或服务或一个特定的市场,当顾客偏好发生变化,技术出现创新或有新的替代品出现时,就会导致这部分市场对产品或服务的需求下降,企业会受到很大冲击。

(2) 竞争者打入了企业选定的部分市场,并且采取了优于企业的更集中化的战略。

(3) 产品销量减少,产品要求不断更新,造成生产费用的增加,导致采用集中化战略企业的成本优势被削弱。

因此,企业选择集中化战略时,应在产品获利能力和销售量之间进行权衡和取舍,有时还要在产品差异化和成本状况之间进行权衡。

五、战略途径选择

集中化战略是指主攻某个特定的顾客群、某产品系列的一个细分区段或某一个特定地区的市场。集中化战略同其他两种战略一样,具体途径和形式上有多种选择。但一般都是从成本集中和差异化集中两方面入手,其具体途径分析如下。

1. 产品线的重点集中战略

对于产品开发和工艺装配成本较高的行业,部分企业可以将产品线的某一部分作为经营重点。例如,我国民营企业万向集团始终以生产汽车产品的零配件万向节为主。再如,天津微型汽车制造厂面对进口轿车与合资企业的竞争,将经营重心放在微型汽车上,凝聚成强大的战斗力。

2. 顾客集中化战略

将经营重点放在具有特殊需要的顾客群上,是顾客集中化战略的主要特点。

有的厂家以市场中高收入顾客为重点,产品集中供应给注重最佳质量,而不计较价格高低的顾客。如手表业中的劳力士,时装业中的皮尔卡丹,体育用品业中的阿迪达斯、耐克、王子等产品,都是以高质高价为特色,对准高收入、高消费的顾客群。

还有的厂家将生产产品集中在特定顾客群。例如,当美国耐克公司基本控制跑鞋市场时,阿迪达斯公司则集中力量开发12~17岁青少年需要的运动鞋,以同耐克竞争。再如金利来领带和衬衣将重点消费对象对准有地位的男士公民,强调该产品是"男人的世界"。再如,美国一家企业针对大型化妆品企业忽略黑人公众产品偏好的特点,通过生产、销售适用于黑人消费者的护发及化妆用品,成功地运用了顾客集中化战略。

此外,有的经销商专以用量庞大的顾客为重点,通过集中求得规模经济效益;有的服装零售店,只为满足特体身材顾客而销售特体服装。这些都是顾客集中化的范例。

3. 地区集中化战略

地区集中化战略,即按地区为标准划分细分市场。如果一种产品能够根据特定地区的需要实行重点集中,也能获得竞争优势。例如,原天津自行车二厂生产加重自行车,该产品集中对准农村市场,从设计、耐用性、质量、价格各方面都根据农村市场需求的特点进行生产,在农村市场十分畅销,被农民称为"不吃草的小毛驴"。青岛海信集团针对农村电压不稳而生产的宽电压电视机,提高了企业在农村市场的占有率。海尔集团则根据我国西南地区农民用洗衣机洗地瓜的特点,开发出既可洗衣又可洗地瓜的洗衣机。上述企业实施的都是地区重点集中化战略。

此外,在经营地区有限的情况下,实施地区重点集中战略,也易于取得成本优势,如砖瓦、水泥、板材等建材企业,由于运输成本很高,将经营范围集中在一定地区之内是十分有利的。

4. 低占有率集中化战略

处于市场占有率低的事业部,通常被企业总部视为"瘦狗"类业务单元。对这些事业部,企业往往采取放弃或彻底整顿的战略。但是,根据美国哈佛大学教授哈默什等人对市场占有率低、经营业绩好的美国企业进行分析研究,结果发现,市场占有率低的企业要想经营成功,主要应依靠将经营重点集中在某个特定的、相对狭小的领域内。

本 章 小 结

竞争战略是企业实现业务战略目标的手段,通过实施竞争战略可以形成业务的相对优势,从而实现企业战略管理的目标。企业基本竞争战略有三种选择,即成本领先战略、差异化战略和集中化战略。这三种基本竞争战略能使企业形成超出对手的相对竞争优势而长期为企业所采用。

成本领先战略是指企业通过有效途径降低成本,使企业的成本低于竞争对手,甚至是在全行业中处于最低水平,从而获取竞争优势的一种战略。这种战略核心在于争取最大的市场份额,使单位产品成本最低,从而以较低售价赢得竞争优势。实现成本领先的目标,要求企业具有通畅的融资渠道,能够保证资本持续不断投入;产品便于制造,工艺过程精简;拥有低成本的分销渠道;实施紧张、高效的劳动管理。另外,采用更先进的技术、设备,更熟练的员工,更高的生产效率,更严格的成本控制,结构严密的组织体系和责任管理和以满足数量目标为基础的激励制度等,都是实施这一战略的重要保障。这样,企业将成本低廉作为其战略特色，并在此基础上争取有利的价格地位，在与对手的抗争中也就能够占据优势。

差异化战略是指企业设法向顾客提供区别于竞争者的产品和服务，在行业范围内树立起别具一格的经营特色，以特色来取得竞争优势。它是企业广泛采用的一种战略。实施差异化战略的关键是在消费者感兴趣的方面和环节上树立自己的特色。企业可以在市场细分的基础上，从产品、服务、人事、渠道或形象等方面寻求差异化。一旦消费者对企业或者品牌建立了较高的信任度，就能为竞争者的进入设置较高的障碍。有效地实施这一战略的前提，是企业在市场营销、研究与开发、产品技术和工艺设计等方面具有强大的实力；在质量、技术和工艺等方面，享有优异、领先的良好声誉；进入行业的历史久远，或从事其他行业时积累的许多独特能力依然有用；可以得到来自销售渠道各个环节的大力支持和合作等。

一般的成本领先和差别化战略多着眼于整个市场行业，从大范围谋求竞争优势。集中化战略则把目标放在某个特定的、相对狭小的领域内，在局部市场实现成本领先或差别化，建立竞争优势。一般来说它是中小企业采用的一种战略。虽然在整个市场上，企业没有低成本和差别化的绝对优势，但在一个较狭小的领域中却能取得这些方面的相对优势。这种战略的主要风险在于，一旦局部市场的需求发生变化，或强大的竞争者执意进入，现有的企业就可能面临重大考验。

思 考 题

1. 成本领先战略的特点、应用条件和相关风险有哪些？企业如何通过成本领先战略来获取竞争优势？

2. 差异化战略的特点、应用条件和相关风险有哪些？企业如何通过差异化战略来获取竞争优势？

3. 集中化战略的特点、应用条件和相关风险有哪些？企业如何通过集中化战略来获取竞争优势？

本 章 案 例

联想倡导"数字办公效率革命"

2000年1月18日，在广州的新产品发布会上，联想激光机部总经理刘洪这样"提醒"我们："我们绝不能再将安德鲁、格鲁夫、比尔·盖茨、路易斯·郭士纳的频频访华简单地理解为跨国公司对快速增长的中国市场的高度重视，而必须为自己敲响警钟——中国不能再错过这次数字革命的机会了，如果输掉这场竞争，我们就输掉了中华民族的未来！"

1996年3月11日，联想集团开始了营造品牌、营造市场的努力，首次打响了中国计算机产业引导市场的第一枪。借助个人电脑从486升级到奔腾的机会，联想电脑公司率先推出万元人民币以下的个人电脑台式机。长期以来国外品牌电脑在中国市场横行无阻，却也深陷在自身市场营造成功的误区中。联想电脑抓住这一机会，用合理的低廉价格和周到的售后服务，建筑起国产品牌个人电脑主导中国市场的基础，又以长期不懈的市场宣传推广活动，启蒙国人对国产品牌的认知和信任。经过短短几年，联想就占领了长期由美国品牌主宰的中国个人电脑市场，跃居中国市场第一和亚太区市场第一的最大制造商和供应商地位。

20世纪80年代，联想开始了在中国高技术产品市场的"长征"。1989年，推出自有品牌整机"Q电脑"。1991年末，联想中文激光打印卡开发成功，相对于所有打印较慢的洋品牌激光打印机显现出速度优势。1993年，联想激光打印机面世，中国人在拥有了诸多个人电脑品牌之后，终于拥有了自己品牌的激光打印机。随后，联想人针对中国应用的特定需求，开发出独有的大幅面高速激光打印机和高速网络激光打印机。1995年，联想激光打印机已经具备强大实力，产品线之丰富也完全可同所有国外品牌相媲美了，便和联想电脑同时发动了价格大战，开始迫使中国计算机外设市场全面进入价格合理化的过程，也开始发挥定位中国计算机外设市场的作用。1996年，针对国内中小企业快速发展对商务办公自动化的急迫需求，联想推出多功能一体机概念，把集打印、复印、传真、扫描、电话、信息中心于一体的自动化办公设备推向市场，凭借雄厚实力和多年经验，开始自主定义中国的设市场的新时代。

1999年11月，联想激光机部在北京发布了新世纪战略，"数字办公效率革命"成为响彻市场的口号，在这个概念之下，联想推出了喷墨打印机、平台扫描仪、多功能自动扫描复印一体机、数码复印机，并准备在新世纪伊始推出数码相机、计算机外设耗材、联想无酸办公用纸等多种产品。历经多年积累，在自身独立技术研发制造的基础上，联想已经发展成为中国市场产品线最宽、技术力量最雄厚的计算机外设和办公自动化设备制造商和供应商，彻底完成了全部市场准备工作，即将开始带动中国计算机应用和办公自动化应用全面进入新世纪的壮举。

从1994年推出"中国家用电器"的概念、1996年推出万元奔腾的概念、1998年应用电脑和功能电脑的概念到1999年的因特网电脑的概念，联想电脑通过大规模市场积累，走向了技术和市场双重领先的业界霸主地位。从市场成功到技术成功，这是联想电脑的发展历程和成长轨迹。从1993年推出A3幅面高速网络激光打印机开始，几十项成功的技术标准的开创和应用标准的开创，到1997年初的全功能、1998年中的网络激光打印和1999年末的全系列产品的出台，联想激光机部通过大量自主技术和应用技术，一步一个脚印地走向了市场的成功与辉煌。

2000年，联想电脑制定了年销量200万台的目标，这使得国产电脑彻底拉开与进口品牌的距离，使之陷入无法跟随的困境；2000年，联想激光机推出了全系列计算机外围设备，成为中国市场产品线最宽、实力最强的外设制造商和供应商。同时，它还在"数字办公效率革命"的旗帜下，推出了一系列数字化办公自动化设备。2000年3月下旬，联想激光机部在上海发布了全系列产品和面向21世纪发展战略。此时，所有关注中国高科技产业的人都露出了欣慰的微笑；中国计算机产业的两条腿终于都站立起来了。(资料来源：陈幼其. 企业战略管理案例. 上海，立信会计出版社，2001)

案例分析

1. 分析说明联想运用的竞争战略类型。
2. 分析保证联想竞争战略得以实施的基本因素。

案例点评

这是一个以市场为导向，运用差异化战略取得发展的案例。差异化战略就是企业提供与众不同的产品和服务，在全行业内树立起别具一格的经营特色，从而在竞争中获取有利地位的战略。这一战略的基本点是：吸引众多具有个性化需要倾向的顾客。

联想在发展计算机外围设备的事业中，所采用的是"市场主导、技术创新"战略。从企业内部来看，联想之所以能运用上述战略，是因为它具有下面一系列特点：(1)具有良好的战略意识；(2)具有较强的研发能力；(3)产品性能价格比较高；(4)能为顾客提供可靠的服务保障。而这些正是保证差异化战略得以实施的基本因素。

第八章

企业职能性战略

学习目标：通过本章的学习，学生应该了解市场营销战略、财务战略、人力资源战略、研发与产品战略的概念，理解上述几种职能战略的内容和实施方式，掌握其制定原则和方法。

关键概念：营销战略(marketing strategy)　财务战略(accounting strategy)　人力资源战略(human resource strategy)　研发战略(research and development strategy)　产品战略(product strategy)

企业战略包括企业总体战略、经营(事业部)战略和职能战略三个层次。企业的总体战略要得到贯彻实施，必须将其分解成为更具体、更有可操作性的职能战略。企业职能战略即职能部门战略，又称职能层战略，是企业内主要职能部门的短期战略计划，它使职能部门的管理人员可以更清楚地认识到本职能部门在实施企业总体战略中的责任和要求。企业的规模和所处的行业不同，其职能战略也不尽相同。本章主要介绍企业最基本的职能战略，包括市场营销战略、财务战略、人力资源战略、研发与产品战略。

第一节　市场营销战略

市场营销是通过创造并同他人交换产品以满足使用者需求的一种社会和管理过程。市场营销计划分为两个层次，即战略营销计划和战术营销计划。战略营销计划即在分析当前市场环境和机会的基础上，描绘范围较广的市场营销目标和战略，即目标市场营销战略；战术营销计划则针对一个特定范围制定营销策略，包括产品、定价、分销和促销策略。

一、市场细分

1.市场细分的意义

市场细分以消费需求的某些特征或变量为依据，区分具有不同需求的顾客群体。市场细分以后所形成的具有相同需求的顾客群体称为细分市场或分市场。在同类产品市场上，同一细分市场的顾客需求具有较多的共同性,不同细分市场之间的需求具有较多的差异性,企业应明确细分市场的数量及各自的主要特征。市场细分对企业的市场营销活动的成功有着重要意义。

1) 有利于发现市场机会

在买方市场条件下,企业营销决策的起点在于发现市场中有吸引力的机会,通过市场细分可以发现哪些需求已得到满足,哪些需求只满足了一部分,哪些需求仍是潜在需求。市场细分对中小企业尤为重要,通过市场细分,可以根据自身的经营优势,选择一些大企业不愿顾及、市场需求量相对较小的细分市场,集中力量满足该特定市场的需求,在整体竞争激烈的市场条件下,从某一局部市场取得较好的经济效益,求得生存和发展。

2) 有利于掌握目标市场的特点

不进行市场细分,企业选择目标市场往往是盲目的;不认真地鉴别各个细分市场的需求特点,就不能进行有针对性的市场营销。

3) 有利于制定市场营销组合策略

市场营销组合即企业综合考虑产品、价格、促销形式和销售渠道等各种因素而制定的市场营销方案,就每一特定细分市场而言,只有一种最佳组合形式,这种最佳组合只能是市场细分的结果。

4) 有利于提高企业的竞争能力

市场细分以后,每一细分市场上竞争者的优势和劣势被明显地暴露出来,企业只要看准市场机会,利用竞争者的弱点,同时有效地发挥本企业的优势,就能用较少的资源把竞争者的顾客和潜在顾客变为本企业的顾客,提高市场占有率,增强竞争能力。

2. 市场细分的标准

依据最终用户的不同,市场可以分为消费品市场和工业品市场。这两大市场既有共性,又有特性,在进行细分时必须依照各自的特征设定相应的标准,以使细分的结果合理、有效。

1) 消费品市场细分的标准

消费品市场,受到消费者所在地理区域、年龄、性别、宗教信仰、收入水平、生活方式和购买行为等多种因素的影响,不同的消费者具有不同的需求特征,这些特征是我们细分消费品市场的依据。在市场营销学中一般将其概括为地理变数、人口变数、心理变数和行为变数四大类。

(1) 地理变数。所谓地理变数细分,即企业按照消费者所在的地理位置、地理环境等变数来细分市场,然后选择其中一个或几个子市场作为目标市场。地理变数具体包括地理位置、地形、行政区域、气候条件等因素。

(2) 人口变数。所谓人口变数细分,即按照人口总量、性别、年龄、文化程度、收入水平、家庭状况、宗教信仰、民族等人口统计学特征细分市场。由于人口因素直接影响消费者的需求特征,而且较其他因素更易于辨认和衡量,因而是消费品市场中最常用、最主要的细分标准。

(3) 心理变数。所谓心理细分，即企业按照心理变数(如生活方式、个性等)来细分消费者市场。随着社会经济的发展，消费者的需求从生理需求向心理需求转化，因而消费心理因素成为市场细分的重要标准之一。

(4) 行为变数。所谓行为变数细分，即企业依据消费者的购买动机或使用某种商品所追求的利益、使用者状况及使用频率、对品牌的忠诚状况以及对各种营销因素的敏感程度等变数来细分消费者市场。

2) 工业品市场细分的标准

上述消费品市场的细分标准，有些也适用于工业品市场的划分。但由于两者的购买动机和行为存在很大差异，因而市场细分标准也有所区别。归纳起来，进行工业用品市场细分时主要以下列因素为依据：

(1) 地理位置。生产型企业所处的位置相对比较集中，因此，工业用品市场比消费品市场也相对集中一些。工业用品的供应数量大，对运输问题考虑得较多。在细分市场时，要考虑购买者的集中地区和运输条件，并结合企业自身的力量进行全盘研究。

(2) 用户规模与购买力大小。可以从资产规模和营业额的角度来划分用户规模。用户规模和购买力是企业细分工业用品市场的重要因素。不同规模的用户，在产品质量、需求数量、服务等多方面均有不同的要求。

(3) 用户性质。在工业用品用户中，有的从事制造业，有的从事分级包装，有的是中间分销商，这些业务不同的购买者很自然地分属到不同的市场。一种商品可能有不同性质的购买者，如大米可以卖给食品厂作为制造食品的原料，也可以卖给包装加工厂分成小包装供应超级市场或副食品商店，但这是两种性质不同的子市场。

(4) 购买状况。是指工业品用户以什么方式进行工业用品采购及采购的产品类型。工业品用户的购买方式主要有直接重复购买、调整重复购买和新任务购买。不同购买方式的采购程序、决策过程及信息资料的来源均不相同。工业品用户采购的产品类型分为原材料、主要设备、附属品等，它们对购买者的重要程度不同，采购的要求与程序也不相同。

(5) 购买行为。与工业用品购买行为有关的一些因素也可以作为市场细分的标准。主要包括工业品用户追求的利益以及对品牌的重视程度。工业品用户追求的利益包括价格、质量、交货期、售后服务等；对品牌的重视程度也可分为不重视、一般重视、非常重视等。

3. 市场细分的步骤

1) 调查阶段

准确、充足的数据是作出正确决策的基础。在这一阶段，企业可以通过各种资料来源和借助各种调查手段获取下列信息，包括自然环境、自然条件、人口数量和基础设施状况；经济发展阶段和市场体系、市场功能发展状况；经济发展水平，如人均 GNP、人均 NI 等指标；消费者对特定产品需求的特点和满足状况；消费者对产品、价格、分销、促销等营销要素的敏感程度。

2) 分析阶段

在这一阶段，企业主要对上一阶段所收集的数据进行分类、整理，重点在于发现消费者在需求上的共性和特性，对于在某一特征上有明显共性的消费者可以合并为一个子市场，依据不同的特征可以得到不同的市场划分。

3) 描述阶段

在调查、分析的基础上，企业形成了对市场的各种角度的划分。为了使这些划分更加明确，有必要对各个子市场给出更为具体的描述。通过进一步的描述，企业可以在此基础上进行目标市场的选择和营销方案的制订。

4) 选择细分市场阶段

在对每一细分市场作出评估，并对其有充分了解之后，企业必须确定其目标市场。所谓目标市场即企业准备进入、集中精力为之服务的某个或某几个细分市场。细分市场的规模和增长潜力、现在和将来的竞争程度、提供"超额"价值的成本等，都是选择目标市场时应考虑的主要因素。

二、目标市场战略

1. 目标市场选择标准

市场细分是企业选择目标市场的重要前提。企业在进行市场细分后，要从若干个细分市场中选择一个或多个细分市场作为自己的目标市场。选择目标市场的总体标准即要能充分地利用企业的资源以满足该市场中消费者的需求。具体包括以下四个标准。

1) 可衡量性

可衡量性即目标市场的销售潜力及购买力的大小能被衡量。企业可以通过各种市场调查手段和销售预测方法来衡量目标市场现在的销售状况和未来的销售趋势。否则，企业不宜轻易地决定选择其作为目标市场。

2) 可盈利性

可盈利性即企业所选择的目标市场，应当有较大的市场潜力，有较强的消费需求、购买力和发展潜力，企业进入这一市场后，有望获得足够的营业额和较好的经济效益。

3) 可占据性

可占据性即企业所选择的目标市场未被竞争者垄断，企业的资源条件、营销经验以及所提供的产品和服务在所选择的目标市场上具有较强的竞争能力。

4) 可操作性

可操作性即企业针对选择的目标市场能有效地制定和实施营销计划、战略和策略。同时，企业在目标市场上还要能方便地调整其营销战略和策略，以应对各种可能的市场变化。

2. 目标市场选择策略

目标市场是企业计划进入的细分市场，或计划满足的具有某一特定需求的顾客群体。企业在选择目标市场时有以下五种可供参考的选择策略。

1) 市场集中化

这是一种最简单的目标市场选择模式。即企业只选取一个细分市场，只生产一类产品，供应某一单一的顾客群，进行集中营销。例如某服装厂商只生产儿童服装等。

2) 产品专业化

这是指企业集中生产一种产品，并向各类顾客销售这种产品。如饮水机厂只生产一种规格的饮水机，同时向家庭、机关、学校、银行、餐厅、招待所等各类用户销售。

3) 市场专业化

这是指企业专门经营用于满足某一特定顾客群体需要的各种产品。比如某工程机械公司专门向建筑业用户供应推土机、打桩机、起重机、水泥搅拌机等建筑工程中所需要的机械设备。

4) 选择专业化

这是指企业选取若干个具有良好的盈利潜力和吸引力，且符合企业目标和资源条件细分市场作为目标市场，其中每个细分市场与其他细分市场之间联系较少。

5) 市场全面化

这是指企业生产多种产品去满足各种顾客群体的需要。实力雄厚的大型企业只有选用这种模式，才能收到良好的效果。例如美国IBM公司在全球计算机市场、丰田汽车公司在全球汽车市场均采取这种模式。

3. 目标市场营销战略

在对各个细分市场进行评估并确定了目标市场后，接下来就要为各个目标市场制定相应的战略。企业可以在下述三种战略中进行选择，包括无差异营销战略、集中型营销战略和差异型营销战略。

1) 无差异营销战略

无差异营销战略是指经过市场细分后企业虽然认识到各个目标市场存在差异，但权衡利弊得失，认为共性胜于个性，决定以统一的产品、同样的销售渠道、统一的促销措施和价格向整个目标市场进行销售。

2) 差异型营销战略

差异型营销战略是指企业针对不同的细分市场，采用不同的营销战略，推出不同的产品与服务。例如，华龙公司将其快餐面市场细分为三大市场：农村市场，主要消费者为农民；中小城市市场，主要消费者是中小城市的工薪阶层；大城市市场，主要消费者为大城市超市购物者。就此有针对性地开发出三种产品：大众面，面向农村市场；中档面（"小康家庭面"），面向中小城市市场；高档面，面向大城市市场。华龙公司并为三种产品分别确定了不同的营销目标：大众面占市场；中档面创效益；高档面树形象。

3) 集中型营销战略

集中型营销战略是指在市场细分的基础上，企业只选择一个或少数几个性质基本相同的子市场作为本企业的目标市场。例如，美国吉宝公司专门生产婴儿食品，其他的食品市场则放弃。

三、市场定位策略

所谓市场定位，就是确定并树立企业产品或服务在市场上的独特形象。它是市场细分和目标市场选择的延伸和深化，又是企业制定营销组合策略的依据。市场定位作为一种竞争策略，显示了一种产品或一家企业同类似的产品或企业之间的竞争关系。定位方式不同，竞争态势也不同。下面分析三种主要定位策略。

1. 需求导向定位策略

需求导向定位是根据产品的属性和消费者所追求的利益来进行定位。目的是突出产品的某些特色或个性，形成一个独特清晰的市场形象，从而培养出对企业产品偏爱或忠诚的消费者。例如，某些产品的质量和特点与产地密切相关，品名中突出产地可使消费者想到产品的原产地，进而联想到产品的质量，起到吸引购买的作用。如"青岛啤酒"、"泰国香米"。而"曹雪芹家酒"、"杜康酒"则是以历史文化定位。企业还可以根据产品的档次进行定位。派克金笔定位于高档产品，推出的口号是"派克金笔，总统用的笔"。另外，产品的用途、产品的特点、使用者特点等都可作为企业进行产品市场定位的切入点。

2. 竞争导向定位策略

竞争导向定位是根据对竞争对手产品特性的分析，来确定企业自身产品的市场地位。采用竞争导向定位时必须要明确竞争对手的市场定位是如何形成的。较为常用的竞争导向定位方法有如下两种。

1) 对抗性定位

这是一种与在市场上占据支配地位的、亦即最强的竞争对手"对着干"的定位方式。显然，这种定位有时会产生危险，但不少企业认为能够激励自己奋发上进，一旦成功就会取得巨大的市场优势。例如，可口可乐与百事可乐之间持续不断地竞争，汉堡包王与麦当劳对着干等等。

2) 避强性定位

这是一种避开强有力的竞争对手的市场定位。其优点是：能够迅速地在市场上站稳脚跟，并能在消费者或用户心目中迅速树立起一种形象。由于这种定位方式市场风险较少，成功率较高，常常为多数企业所采用。比如，七喜碳酸饮料推出时，为避免与可口可乐和百事可乐的正面冲突，把自己的产品定位为非可乐型饮料，取得了较好的市场份额。

3. 重新定位策略

重新定位是企业为改变目前购买者对其产品的印象，使目标购买者建立新的认识而对其产品进行的定位。当企业产品出现滞销、市场反映迟缓等现象时，或者第一次定位不准确时，通常会使用这种方法。目的是为了使企业摆脱困境，走出低谷，重新获得活力和效益的增长。另外，有时产品销售范围的意外扩大也会引发重新定位。比如，本来是专门为青年人设计的服装在中年人中也大受欢迎，这款服装就会因此而重新定位，从而为产品打开新的销路、开发新的市场。

第二节 财 务 战 略

财务战略是指财务决策者在特定环境下，根据企业的整体战略和既定目标，在充分地考虑企业长期发展中各环境因素变化对理财活动影响的基础上，所预先制定的企业未来较长时期财务管理全局的总体目标，以及实现这一目标的总体战略。

一、财务战略的目标

确定财务战略的目标是制定财务战略的核心。财务战略的目标是财务战略主体在对企业内外财务战略环境进行分析的基础上制定的，有关企业财务全局性、长远性的重大方面所期望达到的总目标。在市场经济条件下，企业财务战略目标一般有以下两种。

1. 企业利润最大化目标

企业利润最大化是很多企业采用的财务战略目标。这是因为，作为企业就应该讲求经济核算、加强管理、改进技术、提高劳动生产率、降低产品成本，这些措施都有利于资源的合理配置，有利于经济效益的提高。但是以利润最大化作为财务战略目标存在以下一些缺点：首先，利润最大化没有考虑利润发生的时间，没有考虑资金的时间价值；其次，没有考虑风险问题，单纯追求高利润可能会使企业不顾经营风险的大小，从而使企业经营活动陷入被动境地；最后，这种目标定位有可能导致短期行为的发生，即只顾眼前利益，而不顾企业的长远发展。所以，越来越多的企业意识到利润最大化并不是财务战略的最佳目标。

2. 企业价值最大化目标

企业价值最大化是指通过企业的合理经营，采用最优的财务政策，在考虑资金的时间价值和风险报酬的基础上，不断增加企业财富，使企业的总价值达到最大。在股份有限公司中，企业的总价值可以用股票的市价总额来代表，当公司股票的市价最高时企业也就实现了价值最大化。除了传统的财务指标，目前也有一些新的绩效衡量指标，包括企业的收入增长、提高股东的红利、扩大利润率、提高已有投资资本的回报率、提高现金流量、获得有吸引力的经济附加价值和市场附加价值、提高公司收入的多元化程度以及在经济萧条期间管理公司的收益等。

相对利润最大化目标而言，企业价值最大化目标具有以下一些优点：考虑了资金的时间价值；在一定程度上克服了企业在追求利润上的短期行为，因为未来的利润和企业的可持续发展能力对企业价值的影响比过去和目前利润的影响更大；各个企业都把追求价值最大化作为财务战略的目标，有利于整个社会财富的增加；价值最大化目标促使企业在财务决策中更好地兼顾风险和收益。

二、筹资战略

企业的财务战略类型主要包括筹资战略、投资战略和利润分配战略。筹资是指企业为满足生产经营过程中的资金需求，从特定渠道，运用一定方式获取资金的行为。筹资战略是企业筹资决策者在特定环境下，以企业的生产经营战略为指导，以实现企业财务战略目标为目的，在对所处筹资环境进行科学分析的基础上制定的企业最佳筹资目标、资本结构、筹资渠道和方式选择的总体方略。

1. 筹资战略实施方式

1) 自我积累

这是指企业依靠自身的留成利润转化为资本，用于扩大再生产的方式。这种筹资战略的特点在于不用付出筹资的成本，即不存在支付借款利息问题，因而风险最小。但这种筹资方式，筹措到足够的资本数额所需时间较长。如果企业每年的留利丰厚，转化为资本的数额就大些；如果留利不丰厚，甚至无留利，那么转化为资本的数额就小，甚至为零。单纯依靠企业的积累来进行筹资和投资，主要的缺点在于筹资的时间太长，容易丧失市场机会。

2) 负债经营

负债经营战略也叫借贷经营战略，这是指企业向商业银行等金融机构或信托投资公司等非金融机构，借款或通过有关银行向社会发行企业债券，以筹集所需资金用于生产经营活动的一种方式。这种筹资战略的主要特点在于筹集资金的速度快，能在较短时间内集中较大量的资金以满足企业扩大生产经营规模的需要；能够迅速抓住市场机会，赢得企业的发展；须向商业银行、信托投资公司、债券持有者支付较高的贷款利息或债券利息，因而有较大的财务风险。

3) 合资或合作经营

合资或合作经营既是经营方式，也是可供企业选择的筹资方式。通过合资经营、合作经营，可以从合资伙伴、合作伙伴那里取得扩大生产所需资本，或取得相当于资本的设备、技术、专利等，克服了企业独资时由于资本不足，不能扩大生产经营规模的困难。这种筹资方式的一个重要特点就是不用支付筹资成本。由于合资双方或合作双方共同投资，共同经营，因而共同承担经营风险。只要合资或合作对双方都能够获得利润，就应积极选择合资经营或合作经营的筹资方式。

4) 股份经营

股份经营既是一种经营方式，也是一种筹资方式。通过有限责任公司式的股份经营，能够筹集数量较多的法人股份资本和企业内部职工股份资本，而且股票上市后能从社会上集中大量的个人股份资本。这种筹资方式的特点在于，一是资本集中的速度很快，二是资本集中的数额巨大。因而能够迅速扩大生产经营规模，抓住难得的市场机遇，求得企业的迅猛发展。一般来说，采用这种筹资方式，股权所有者按股分红，按股份担风险，以出资额为限承担债务的有限责任。与借贷筹资相比，股份融资法律限制较为严格，有利润分配的压力，股份的增加会导致原有股东的控制权被弱化。

5) "三来一补"

所谓"三来一补"，即"来料加工、来样加工、来件组装，补偿贸易"。这既是一种经营方式，也是一种筹资方式。"三来一补"这种筹资方式，既可在国内企业之间运用，也可在与外商企业进行贸易往来中运用。这是企业在发展的起步阶段或资金严重不足、处境困难时，常采用的一种筹资方式。

2. 筹资战略决策原则

1) 数量目标原则

企业在进行筹资方案选择时，应遵循满足最低限度资金需求的原则。企业必须拥有一定量的资金，这是毋庸置疑的，在此基础上企业要根据具体情况，合理预测资金需求量，避免因筹资过多而引起浪费，或者因筹资不足而造成的投资机会损失。在预测资金需要量时，必须根据企业具体的情况及经营发展阶段来进行。企业在筹建之初，必须根据预期的发展规模，在做好可行性研究的基础上，合理估算企业投资总额；当企业步入正常经营时，要根据企业的发展方向和经营实力，积极扩大规模，提高市场占有率；另外，还需随时搞好日常资金的调度工作，即作为资金的短期规划，要掌握全年资金的投入量，并测定不同月份的资金投入量，以便合理安排资金的投放和回收，减少资金占用，加速资金周转。

2) 降低筹资成本

所谓筹资成本是指在筹资过程中因使用他人资金而付出的代价，如接受投资必须定期分红，银行借贷必须定期支付利息等。筹资的目的是为了投资，投资效益的好坏直接决定企业经济效益的好坏。而投资效益的好坏在一定程度上与筹资成本相关。筹资成本低，则未来收益就高，反之，则收益低。

3) 控制筹资风险

企业的资金，按来源分为权益资金和借入资金。企业使用借入资金能获得一定的收益，但也可能带来一定的风险。一般情况下，在资金利润率大于借入资金的成本率时，使用借入资金有利于提高权益资金的收益率；反之，由于使用借入资金的收益率不抵借入资金的成本，就会在一定程度上降低权益资金的收益率。因此，必须确定合适外借资金比例，做好收益与风险间的权衡，提高权益资金的收益率。

三、投资战略

企业投资战略是投资决策者在特定环境下，以企业的生产经营战略为指导，以实现企业财务战略目标为目的，在对所处投资环境进行科学分析的基础上所制定的企业最佳经济资源组合和运用的总体方略。企业投资战略主要用于明确企业在战略期间的投资总方向、各种投资的总规模、各种资源优化配置的目标要求、投资效益的评价标准以及实现投资战略目标的主要途径。企业投资战略管理即战略主体以制定的投资战略来指导整个战略期间的投资管理活动，并使战略目标得以实现的全过程。

1. 投资战略类型

按照不同的标准，企业的投资可划分为不同的类型。

1) 按投资方向，可将企业的投资分为外延型投资战略和内涵型投资战略

(1) 外延型投资战略。这一战略又叫数量型或速度型投资战略，其主要特点在于把投资用来扩建或新建厂房，增添设备，目标是扩大企业生产规模，迅速地增加产品产量，满足市场对某些产品日益增长的需求。这一战略主要适用于某些行业或企业中近期和远期需求量都很大的产品，如能源工业、原材料工业等基础产业；国家鼓励和发展的新兴产业及其产品等。对于目前市场上虽然暂时短缺，但生产厂家已经很多，生产能力已经很大的产品，不能轻易选择外延型的投资战略。

(2) 内涵型投资战略。这一战略又叫质量型或效益型投资战略。其主要特点是将投资主要用于改造和更新产品，增加产品品种，提高产品质量，使产品升级换代，技术水平提高；相应的改造和革新设备，提高技术性能和生产效率；增加智力投资，进行人才开发，走内涵扩大再生产的道路。这是当今我国多数企业应该加以选择的投资战略。

2) 按投资项目，可将企业的投资分为产品投资、工艺投资和设备投资战略

(1) 产品投资战略。这是把投资的重点放在产品发展上的一种投资战略，主张改造老产品、开发新产品、提高产品质量，使之升级换代。在一般情况下，企业与市场的矛盾，主要表现为产品品种与质量不适应市场需求，因此，应把产品的改革、创新和质量提高放在关键地位，通过重点投资加以解决。同时，产品的状况决定着企业的发展，产品富有生

命力，企业就充满着生机和活力。产品的改革也要求制造工艺和生产设备等方面进行改革。因此，当产品成为影响企业经济效益提高、成为企业生存和发展的主要薄弱环节时，应果断地选择产品投资战略，把重点放在产品的改革、创新、产品质量的提高上。

(2) 工艺投资战略。这是把投资重点放在制造工艺开发上的一种战略，主张对落后制造工艺的改革和开发新工艺。当企业的产品改革和创新完成后，生产先进产品与落后的制造工艺就成为一个突出的矛盾，落后工艺成为矛盾的主要方面，成为影响产品质量、生产效率和物资消耗的一个关键因素。因此，需要通过重点投资加以解决。以工艺为突破口，提高产品质量和生产效率，节约物资消耗和降低生产成本，谋求理想的经济效益。

(3) 设备投资战略。这是把投资重点放在生产设备改造和技术更新上的一种战略，主张对落后的设备进行改造以及开发新的设备。如果当产品开发和工艺开发已完成，产品和工艺都比较先进，而设备处于落后状态，或者设备的生产能力不足，或者设备的生产能力结构不合理时，设备就成为矛盾的主要方面，成为影响生产的一个关键因素。因此，需要通过在设备上重点进行投资加以解决。在企业实施外延型扩大再生产时，设备能力不足或结构不合理，可通过投资，增加设备来解决；在企业实施内涵型扩大再生产时，设备技术落后，则通过投资，进行设备改造、技术更新和开发性能更好、水平更高的新设备加以解决，以适应生产先进产品、提高产品质量、节能降耗的要求。

2. 投资战略决策原则

1) 符合市场需求趋势

企业进行投资需要考虑需求的现状和长远的发展趋势。如果某些产品不仅当前需求量大，而且长远需求可观；或者当前需求量小，但未来的需求将不断扩大，在这种情况下，企业可以考虑选择外延型投资战略，扩大生产规模，以适应市场对某种产品在数量上的巨大需求。某些产品未来的市场需求在不断增长，但对其中各种不同品种的需求增多，需求向多样化和个性化方向发展，即具有小批量、多品种、高质量、高价位的特点。那么，企业适宜选择内涵型投资战略，走品种和质量效益型的发展道路。

2) 适应国家产业发展政策

企业的投资战略要服从宏观经济发展战略的要求，服从国家优化产业结构政策的要求，企业投资战略的选择要有利于国家产业结构的调整和优化。通过投资实现企业经营领域的优化和产品结构的优化，从而推动国家产业结构的优化。当前，我国绝大多数企业应实行集约化即内涵型的投资战略。

3) 解决企业主要矛盾

企业投资要有利于解决企业与市场需求之间的矛盾，应根据企业与市场需求这对矛盾在不同阶段的表现，抓住主要矛盾或矛盾的主要方面来选择实行投资战略。如果产品落后成为主要矛盾或主要薄弱环节，那么应选择产品投资战略；如果主要矛盾是设备数量不足或设备落后，那么应选择设备投资战略。

4) 统筹企业筹资能力

企业选择何种投资战略，必须考虑企业的原始积累和筹资能力，即在规定的时间内能筹集到多少资金。在选择投资战略时必须坚持量力而行的原则。如果积累雄厚，筹资也比较容易，当市场对某种产品需求量很大时，可考虑选择外延型投资战略；反之，企业自我积累不多，筹资又很困难，可选择少花钱见效快的技术改造投资战略，即内涵型投资战略。

四、利润分配战略

利润分配是通过价值形式对社会剩余产品所进行的分配。利润的合理分配，能正确处理企业与社会各方面的经济关系，调动各方面的积极性，能增加企业自有资金的来源，增强企业的竞争实力。因而，利润分配是一个重要的战略问题。

依法交纳所得税后的利润是企业所有者权益，主要用于企业积累和向投资者分配。在现代企业制度下，利润分配战略实际上就是股利政策，即确定公司税后利润有多少作为股利发给股东，有多少应留在公司进行再投资。一般股利政策主要有以下四种。

1. 剩余股利政策

即公司只利用满足投资后的剩余收益作为股利。这种股利分配政策首先根据企业投资计划选择最佳投资方案，确定投资方案所需的所有者权益资金，然后最大可能地利用留存收益来满足所有者权益资金的需要；在投资方案所需的所有者资金全部得到满足以后，如果尚有剩余，则将剩余部分作为股利发放。这种分配方式适合于业务高速成长的企业，其股东更多的是从股票的增值中获益。

2. 固定股利或稳定增长股利政策

即每年发放固定的股利数额，只有当公司认为未来收益的增加足以使其能够维持更高的股利水平时，才会提高股利的发放额。这种股利政策的根本原则在于不降低年度股利的发放额。如果存在通货膨胀，固定股利政策将转变为稳定的股利增长政策。这种情况下，一般要先制定股利目标增长率，然后再依此比率发放股利。

3. 固定股利支付率政策

即从公司利润中提取固定的比例作为股利，每年发放的股利数额随利润的波动而波动。

4. 固定低股利加额外分红政策

这是介于固定股利或稳定增长股利政策与固定股利支付率政策之间的一种折中政策。在这种政策下，公司将每年发放的股利固定在一个较低的水平，然后根据经营情况决定是否追加额外分红。

企业的利润分配受内外部各种环境因素的影响，如法律、法规、资本市场、偿债能力、现金积累程度以及企业盈利状况、投资机会、资产流动性等，在考虑以上各种影响因素的前提下，企业的利润分配战略应遵循既有利于股东，又有利于企业的原则。首先，要满足企业的再投资需要，以利润作为部分资本来源。其次，要稳定股利，从而稳定现有股东队伍。最后，要有合理的股利基金。在利润增长的年份，拿出部分利润作为股利基金，以弥补未来股利减少和企业的亏损，有利于塑造良好的企业信誉。

第三节 人力资源战略

人力资源战略是企业的职能战略之一，是使人力资源管理与企业战略相互配合和支持的重要手段，关系到企业最根本、长远的竞争能力。在企业外部环境日益复杂多变、内部员工需求也日趋多样化的背景下，人力资源战略对企业生存和发展的作用越来越大。制定和实施有效的人力资源战略，能够使人力资源管理的各项活动之间互相配合，形成一个有机体系，同时成为实现企业战略目标的有效保障。

一、人力资源规划

人力资源规划是人力资源战略的主要内容之一。人力资源规划是预测企业未来的人才需求情况，并通过相应计划的制订和实施使供求关系协调平衡的过程。人力资源管理部门可根据此过程所获得的数据制定相应的政策，从而保证人力资源的数量和质量。

1. 人力资源规划的任务

人力资源规划的任务主要包括根据企业的总体状况确定各种人力需求；预测未来企业人力需求的发展趋势；分析就业市场的人力供需状况；制定人力训练计划；使人力资源规划与企业的发展规划相衔接。

2. 人力资源规划的内容

人力资源规划的内容包括制定总体规划及各项业务计划。总体规划即有关计划期内人力资源开发利用的总体目标、政策、实施步骤及预算的安排；而业务计划包括人员补充计划、人员使用计划、人才接替及提升计划、教育培训计划、评价及激励计划等。每一项具体业务计划也都由目标、政策、步骤及预算等部分构成。业务计划是总体规划的展开和具体化，是总体规划目标实现的保证。

3. 人力资源规划的程序

人力资源规划的程序包括：企业战略决策对人力需求不同要求的分析；外部人力供给

因素分析；企业现有人力资源的状况分析；人力资源供求预测；人力资源总体规划和所属各项业务计划的制订及平衡；计划的实施和控制。

二、人员选聘

人员选聘包括招聘和选拔两个方面，是企业寻找和吸收既有能力，又有兴趣到本企业任职的人员，并从中选出适宜人员予以录用的过程。

1．人员选聘的原则

(1) 计划性原则。根据企业不同阶段对人力的需求，制定分阶段的人员招聘计划；预测随人事变化、生产经营状况变化甚至行业变化而带来的人员短缺问题，制定人力需求计划来指导招聘工作。

(2) 公正性原则。对应聘人员采取任人唯贤、择优录用的态度，使应聘人员有平等的竞争机会。

(3) 科学性原则。制定科学的岗位用人标准和规范，形成科学的考核方法体系，制定科学而实用的操作程序，保证招聘工作的公正性。

2．人员选聘的程序

人员选聘程序主要包括进行岗位分析和岗位评价，以确定所招聘人员必须具备的条件；提出招聘计划和公布招聘简章；接受招聘对象报名；进行招聘考试，包括笔试和面试；对考试合格的人员进行体检；发录用通知书，签订劳动合同。

3．人员选聘的方式

(1) 外部招聘。既可以从大专院校的毕业生中招聘，也可利用人才市场进行招聘，还可利用特殊的机构(如猎头中心)或广告来开展招聘工作。

(2) 内部选拔。从企业内部进行招聘，这主要有三个优点：招聘的人员熟悉企业的情况，更容易取得事业上的成功；有助于培养企业成员的忠诚和热情；与从外部招聘相比，花费更少。

三、人员培训

通过员工培训，提高员工队伍素质，以适应现代生产技术对人力资源水平不断提高的要求，适应激烈的国内外竞争要求，是企业人力资源开发与管理的战略任务之一。

1．人员培训的内容

人员培训的内容有以下几个方面：思想政治教育，包括政治观教育等；人生观教育，如职业道德教育等。基础文化知识教育,包括各类文化课程和基础知识课程教育等。技术业务培训,包括各类岗位及技术等级的应知应会培训等。管理知识培训,包括管理手段和管理技巧方面的培训等。法律政策及制度培训等方面。

2．人员培训的形式

人员培训教育的形式很多,按培训对象的范围划分,有全员培训、工人操作技术培训、专业技术人员培训、管理人员培训、领导干部培训等;按培训时间的阶段划分,有职前培训、在职培训、职外培训等;按培训时间的长短划分,有脱产、半脱产、业余等;按培训单位的不同划分,有企业自己培训、委托大专院校或社会办学机构培训、企业同大专院校等联合办学培训等;按教学手段不同划分,有面授、函授、广播电视授课、远程教学等。此外,还有许多有效的培训形式,如岗位练兵、技术操作比赛、现场教学等。

四、人员激励

1．激励理论

西方管理学家提出了许多人员激励理论,这些理论大致可以分为三类,即内容型激励理论、过程型激励理论和行为改造型激励理论。

(1) 内容型激励理论。该理论着重研究激发动机的因素,认为人的劳动行为是有动机的,而动机的产生是为了满足人的某种需要。由于该理论的内容是围绕着如何满足需要进行研究,所以又称为需要理论。主要包括:马斯洛的"需求层次论"、赫茨伯格的"双因素理论"、麦克利兰的"成就激励论"等。

(2) 过程型激励理论。该理论着重研究从动机产生到具体采取行为的心理过程,试图弄清人付出劳动、功效要求和奖酬价值的整个心理过程,以达到激励的目的。这类理论主要有:佛隆姆的"期望理论"和亚当斯的"公平理论"等。

(3) 行为改造型激励理论。该理论以操作型条件反射论为基础,着眼于行为的结果。认为当行为的结果有利于个人时,行为会重复出现;反之,行为则会削弱或消退。这类理论主要包括斯金纳的"强化论"、罗斯和安德鲁斯的"归因论"等。

2．主要激励手段

(1) 物质激励。在我国目前的经济和生活水平状况下,物质激励仍然是最基本、最有效的激励手段。常用的物质激励形式主要包括工资、奖金和福利等。工资是员工定额劳动的报酬,奖金是超额劳动的报酬。这两部分对于员工劳动行为的激励作用都不可忽视。除了工资和奖金,福利也是一个较重要的激励手段。福利问题解决不好,往往直接给造成员工家庭负担过重从而带来后顾之忧,导致员工不能安心工作。

(2) 精神激励。精神激励的内容十分丰富,常用的几种包括目标激励,通过目标激励可以使员工的自身利益与组织的集体利益相吻合；荣誉激励，对员工的成绩进行公开承认，并授予象征荣誉的奖品、光荣称号等，可以满足员工的自尊需要及成就感；培训激励，通过培训可以提高员工达到目标的能力，同时也使员工感到组织对他的重视，从而既满足了求知的需要，又调动了工作积极性；晋升激励，通过提升员工到更重要的岗位上，满足他自我价值实现的需要；参与激励，使员工在企业的重大决策和管理事务中发挥作用，培养员工的参与意识，激发他们的工作热情；环境激励，创造一个良好的环境，即优美的工作与生活环境、良好的上下级关系和融洽的同事之间关系，从而使员工心情舒畅、精神饱满地工作。

五、人员绩效考评

1. 绩效考评的原则

(1) 客观性原则。应尽可能科学地对员工进行评价，使结果有可靠性、客观性、公平性。考评应根据明确的考评标准、针对客观考评资料进行评价，尽量减少主观性和感情色彩。

(2) 科学性原则。应使考评标准和考评程序科学化、明确化和公开化，这样才能使员工对考评工作产生信任并采取合作态度，对考评结果理解和接受。

(3) 差别性原则。如果考评不能产生较鲜明的差别界限，并据此对员工实行相应的奖惩和职位的升降，就不会有激励作用。

(4) 反馈原则。考评结果一定要反馈给被考评者本人，这是保证考评民主的重要手段。这样，一方面有利于防止考评中可能出现的偏见以及种种误差，以保证考评的公平与合理性，另一方面可以使被考评者了解自己的缺点和优点，使绩优者再接再厉，考评不好者心悦诚服，奋起上进。

2. 绩效考评的内容

(1) 工作实绩。工作实绩即员工在各自岗位上对企业的实际贡献，具体来说指完成工作的数量和质量。主要包括员工是否按时、按质、按量地完成本职工作和规定的任务，在工作中有无创造性成果等。

(2) 行为表现。行为表现即员工在执行岗位职责和任务时所表现出来的行为。主要包括职业道德、积极性、纪律性、责任性、事业性、协作性、出勤率等诸多方面。

3. 绩效考评的方式

(1) 按考评时间的不同，可分为日常考评与定期考评。日常考评就是对被考评者平时工作行为所做的经常性考评；而定期考评则是按照固定周期所进行的考评，如年度考评、季度考评等。

(2) 按考评主体的不同，可分为主管考评、自我考评、同事考评和下属考评。

(3) 按考评结果的表现形式的不同，可分为定性考评与定量考评。定性考评的结果一般以优、良、中、合格、不合格等形式表示；定量考评的结果则以分值或系数等数量形式表示。

第四节　研发与产品战略

一、研究与开发工作的类型

1. 基础研究

这类研究的目的在于发现新知识、探求新事物、探索自然现象的内在联系及其发展变化的规律，为开创新技术、开发新产品等提供理论基础。基础研究既能拓宽科学知识领域，又能为新技术的创立、发明提供理论，因此具有强烈的探索性。

2. 应用研究

应用研究的目的在于对科学知识和科学理论进行实际应用。也就是将基础研究中所取得的科学发现或科学理论的研究成果，应用到生产实践中去的可能性。因此，应用研究具有一定的实用目的。但是，它所要解决的是具有方向性的或带有普遍性的工业技术问题，不考虑产品的具体型号及规格。

3. 开发研究

开发研究是运用基础研究和应用研究的知识和成果，在开发新产品、新生产工艺及制造技术等方面所进行的研究工作。就产品开发而言，开发研究是指以具体的产品为对象，对实际型号、规格的样品方案进行探讨，包括设计、试制和试验等，直到新产品定型并确认可以正式交付生产或投入市场为止的全部研究开发工作。

二、研究与开发战略的类型

研究与开发战略所考虑的问题是企业的远景规划及方向。一般说来，企业的研究与开发战略有四种类型。

1. 革新型战略

这种战略要求开发新产品、新服务或新的生产技术，通过技术的革新和首创求得市场占有率上的领导地位。追求这种类型战略的企业需要较多的投资，因此要有雄厚的资金实力。在生物制药、电子计算机等领域的企业一般采取这种战略。

2．保护型战略

这种战略主张改进现有产品和生产技术，重点在于维持企业目前的技术地位和现状。

3．追赶型战略

采取这一战略的企业在革新型企业后面紧紧追随，并采用新技术。企业主要研究竞争对手的产品或服务，并将这些产品或服务的最优点纳入自己的产品之中。这种企业也有一定的开发研究力量，但不是着眼于创新，而是推出比革新型企业性价比更好的产品。

4．混合型战略

即企业综合应用上述的三种研究与开发战略。例如，国际商用机器公司对其现有产品采取保护型战略，而在开发新产品时采用革新型战略。企业采用混合战略的主要目的是在获利的基础上减少风险。虽然革新型战略具有获巨额利润和高市场占有率的诱惑，但失败的概率很大；相反，保护型战略虽获利不大，但风险较小。因此，理智的企业总是在三种基本的战略中寻求一种最佳组合———一种合理的平衡。企业采用哪种研究与开发战略主要取决于它的财力、规模、技术领先程度的愿望、环境状况以及竞争对手的情况等。

三、产品组合及其战略

1．产品组合的概念

产品组合是指一个企业提供给市场的全部产品线和产品项目的组合，即企业的业务经营范围。产品线是指产品组合中的某一产品大类，是一组密切相关的产品。产品项目是指产品线中不同品种、规格、质量和价格的特定产品。例如，某自选采购中心经营家电、百货、鞋帽、文教用品等，这就是产品组合；而其中"家电"或"鞋帽"等大类就是产品线；每一大类里包括的具体品牌、品种为产品项目。

产品组合具有四个衡量尺度，包括宽度、长度、深度和相关性。产品组合的宽度是指产品组合中所拥有的产品线的数目。产品组合的长度是指产品组合中产品项目的总数。如以产品项目总数除以产品线数目即可得到产品线的平均长度。产品组合的深度是指一条产品线中所含产品项目的多少。产品组合的相关性是指各条产品线在最终用途、生产条件、分配渠道或其他方面相互关联的程度。例如，某家用电器公司拥有电视机、收录机等多条产品线，但每条产品线都与电器有关，这一产品组合具有较强的一致性。相反，实行多样化经营的企业，其产品组合的相关性则较小。

2．产品组合战略决策

1）扩大产品组合

扩大产品组合包括开拓产品组合的宽度和加强产品组合的深度，前者指在原产品组合中增加产品线，扩大经营范围；后者指在原有产品线内增加新的产品项目。当企业预测现有产品线的销售额和盈利率在未来可能下降时，就须考虑增加新的产品线，或增强其中有发展潜力的产品线。

2) 缩减产品组合

市场繁荣时期，较长较宽的产品组合会为企业带来更多的盈利机会。但是在市场不景气或原料、能源供应紧张时期，缩减产品线反而能使总利润上升，因为剔除那些获利小甚至亏损的产品线或产品项目后，企业可集中力量发展获利多的产品线和产品项目。

3) 产品线延伸策略

每一企业的产品都有特定的市场定位，如美国的"林肯"牌汽车定位在高档汽车市场，"雪佛莱"牌定位在中档汽车市场，而"斑鸟"牌则定位于低档汽车市场。产品线延伸策略指全部或部分地改变原有产品的市场定位，具体有向下延伸、向上延伸和双向延伸三种实现方式。

(1) 向下延伸。即在高档产品线中增加低档产品项目。实行这一决策需要具备以下市场条件，包括利用高档品牌产品的声誉，吸引购买力水平较低的顾客慕名购买此产品线中的廉价产品；高档产品销售增长缓慢，企业的资源设备没有得到充分利用，为赢得更多的顾客，将产品线向下伸展；企业最初进入高档产品市场的目的是建立品牌信誉，然后再进入中、低档市场，以扩大市场占有率和销售增长率；补充企业的产品线空白。实行这种策略也有一定的风险，如处理不慎，会影响企业原有产品特别是名牌产品的市场形象，因此还必须辅之以一套相应的营销组合策略，譬如对销售系统的重新设置等。所有这些将大大增加企业的营销费用开支。

(2) 向上延伸。即在原有的产品线内增加高档产品项目。实行这一策略的主要目的在于高档产品市场具有较大的潜在增长率和较高利润率；企业的技术设备和营销能力已具备加入高档产品市场的条件；企业要重新进行产品线定位。采用这一策略也要承担一定的风险，要改变产品在顾客心目中的地位是相当困难的，处理不慎，还会影响原有产品的市场声誉。

(3) 双向延伸。即定位于中档产品市场的企业掌握了市场优势以后，向产品线的上下两个方向延伸。

四、不同寿命周期阶段的产品战略

1. 投入期的产品战略

投入期的产品是指刚投放市场的新产品，是实施"以新取胜"的战略。但根据企业新产品的状况不同，还有以下可供选择的战略。

1) 以新取胜战略

如果企业开发的新产品水平很高，达到国内先进水平或国际先进水平都可以凭借这一优势，在国内或国际抢占制高点，领导产品新潮流，以新取胜。

2) 新品改良战略

新产品刚投入生产，投放市场，顾客在使用过程中总会发现这样那样的缺陷，因而提出种种意见。企业应根据顾客的反映，认真研究，采取措施加以改进和完善，使之更符合顾客的需要，达到满意的程度。

3) 新品形象战略

新产品要突出其"新"，从产品的造型、色彩、包装设计上给人以新颖的感觉，同时通过广告宣传，传递新品的独特功能信息，吸引顾客，促使其购买，如果用户用后感觉满意，便树立起产品在顾客心目中良好的形象。

2. 成长期的产品战略

产品经过投入期进入成长期，但仍属于新产品，总的来说，仍应坚持"以新取胜"的战略。根据成长期新品的特点，又有以下具体战略方案可供选择。

1) 生产扩大化战略

通过投入期阶段的广告宣传，顾客购买使用后获得良好反映，新品的需求在扩大，相应要求生产要扩大规模，追加投资，增添专用的高效生产设备，提高生产能力，以扩大产品的生产量，适应日益增长的市场需求。

2) 名牌战略

即在提高产品质量的基础上，提高产品的市场覆盖率，扩大产品的知名度和美誉度，使之逐步成为名牌产品。在产品成长期进行创名牌的宣传活动，是十分关键的，制定有效了名牌战略，就有利于企业健康成长，并为企业带来活力。

3. 成熟期的产品战略

进入成熟期的产品，一般已是生产和销售多年的老产品，并且成为企业的主导产品。销售增长速度已趋缓慢。根据这一特点，有以下具体战略方案可供选择。

1) 产品更新战略

老产品相对于已经出现的新产品而言，在某些方面已经落后。因此，需要吸收新产品的长处或按照顾客新的需求进行改进，改善产品的性能，增加新的功能，提高质量，扩大用途，从而开辟新的市场，以延长老产品的寿命周期，为企业提供更多的利润。

2) 优质低价战略

产品进入成熟期后，生产厂家众多，竞争激烈。竞争的焦点已转向产品质量和价格。谁的产品质优价廉，就能以优取胜或以廉取胜。因此，企业应在提高质量和降低成本上下工夫。成熟期的产品是企业的主导产品，一般也是大批量生产的，这就为企业实施质优价廉的产品战略创造了良好的条件。

3) 产品差异化战略

针对成熟期阶段竞争对手多、竞争激烈的特点，努力改变企业产品单一化的状况，开发新产品或改进老产品，发展新品种，使企业的产品有自己的特色，并与对手的产品相区别，能够满足老顾客的新需求，能以新的产品、新的品种和优异的服务，争取新的顾客，从而获得产品和市场的优势。

4. 衰退期的产品战略

进入衰退期的产品，已经是市场落后产品，销售已呈现为多年连续下降的趋势。针对这一特点，适宜选择以下的具体战略方案。

1) 产品集中战略

即把所生产的产品集中投放到最有潜力的某个或某几个目标市场上，并从其他没有潜在收益的市场上撤退，撤出所投入的资源，努力在重点市场上站稳脚跟。

2) 收获战略

当预测到产品在今后一定时期内销售量呈下降趋势，以至无人购买时，则应果断采取削减各项费用、不再追加投资等措施。对于已经投入的资源，尽可能取得效益，并迅速收回投资，减少损失。

3) 缩减或淘汰战略

当产品连续多年销量呈下降趋势，顾客的需求也逐步下降并把需求目标转向功能更好的新产品时，企业则应采取逐步减产、最后停产的措施，对落后产品果断淘汰，彻底退出该产品的市场，避免给企业带来更大的亏损。

本 章 小 结

市场细分是选择目标市场的基础。消费品市场细分的标准有地理变数、人品变数、心理变数和行为变数；工业品市场细分的标准包括地理位置、用户规模与购买力大小、用户性质、购买状况和购买行为。

市场细分包括：调查阶段、分析阶段、描述阶段和选择细分市场阶段。企业的目标市场选择策略有市场集中化、产品专业化、市场专业化、选择专业化和市场全面化。企业的目标市场营销战略包括无差异营销战略、差异型营销战略和集中型营销战略。

企业财务战略目标一般包括企业利润最大化目标和企业价值最大化目标。企业的财务战略包括筹资战略、投资战略和利润分配战略。筹资战略决策原则包括数量目标原则、降低筹资成本原则和控制筹资风险原则。投资战略决策应符合市场需求趋势、适应国家产业发展政策、解决企业主要矛盾和统筹企业筹资能力。利润分配战略实际上就是股利政策，一般股利政策主要有剩余股利政策、固定股利或稳定增长股利政策、固定股利支付率政策和固定低股利加额外分红政策。

人力资源战略的内容包括：人力资源规划、人员选聘、人员培训、人员激励和人员绩效考评。人员选聘应坚持计划性原则、公正性原则和科学性原则。人员选聘的方式包括外部招聘和内部选拔。人员激励的手段包括物质激励和精神激励。人员绩效考评应坚持客观性原则、科学性原则、差别性原则和反馈原则。

研究和开发工作的类型包括基础研究、应用研究和开发研究。企业研究与开发战略的类型包括：革新型战略、保护型战略、追赶型战略和混合型战略。产品组合的策略包括扩大产品组合、缩减产品组合和产品线延伸策略。

产品投入期可采用的战略包括以新取胜、新品改良、新品形象战略。

产品成长期可采用的战略有生产扩大化、名牌战略。

产品成熟期可采用的战略有产品更新、优质低价、产品差异化战略；产品衰退期可采用的战略有产品集中、收获、缩减或淘汰战略。

思 考 题

1. 消费品市场细分的标准有哪些？
2. 目标市场选择的策略有哪些？
3. 论述目标市场营销战略的类型。
4. 分别论述筹资战略、投资战略和利润分配战略的决策原则。
5. 论述人力资源战略决策的内容。
6. 简述研究与开发战略的类型。
7. 分别论述不同生命周期阶段的产品战略。

本 章 案 例

没有最好，只有更好——澳柯玛的精神图腾

1996年底，澳柯玛集团公司冰柜产量达到73万台，洗碗机产量达到6万台。而刚刚起步时的澳柯玛冰柜产量仅仅为0.8万台。从濒临破产到中国电冰柜大王，到中国最大的洗碗机生产基地，历时仅仅六年。短短六年，弹指一挥间，他们就创造了国有企业发展史上的奇迹。澳柯玛集团成功的秘诀在哪里？纵观六年来的发展可以发现，他们走过了一条自强不息而且充满睿智的艰苦创业之路。

一、没有最好，只有更好——澳柯玛集团对质量永恒的追求

澳柯玛集团前身是隶属于青岛红星电器集团的企业。1988年用租赁方式从国外引进被人淘汰的冰柜生产线，投入生产时刚好赶上中国抢购风潮，冰柜的质量并没有引起决策者的重视。尽管先天不足，但风潮中的澳柯玛冰柜还真着实风光了一阵。然而市场是公正的。人们很快就发现澳柯玛冰柜质量有问题，纷纷要求退货。一时间不合格冰柜堆满了厂房。主管部门对此也回天无力，情急之下，开始商议转卖事宜。正是在此危难之际，红星电器集团公司抱着最后一线希望，派鲁群生(现澳柯玛集团总裁)到澳柯玛主持工作。当时他任红星电器集团第一副总裁，1990年3月5日，受命到澳柯玛赴任。上任的第一件事就是抓产品质量。他适时提出了"没有最好，只有更好"的管理思想，否定了多数人更改澳柯玛商标的念头。他率领全体员工，经过六年的不懈努力证明了一切。

经过剧烈阵痛，大家达成深刻的共识：质量是企业的命根子，为了澳柯玛的复兴，他们下决心狠抓产品质量问题。建立健全了质量管理机构，制定了完整的质量管理程序文件。成立全面质量管理办公室，负责公司内部全面质量评价，负责质量事故的处理和整改措施的制定操作，负责完善集团公司全面质量管理的具体操作程序；公司设立质量检验科，负责公司外购原材料进厂的质量检验，坚决将不符合标准的原材料阻止在厂门之外；公司内部各个环节还设立30多个质量控制点，在生产车间配备了专职质量巡检员，负责生产线上产品质量控制和产成品出厂检验。对于产品全面质量控制责任具体到人，做到每个环节都有专人负责。

与此同步，公司的各项管理也在不断调整完善。从1993年开始公司就着手按照ISO 9001国际质量认证体系标准来建立一整套管理程序文件，将质量管理范围由单纯的产品质量控制扩大为产品开发与设计，产品质量控制，公司各项辅助工作质量控制，产品售后服务质量控制。即：将公司质量控制延伸到顾客使用产品的过程中。经过不懈地努力，公司终于在1994年12月通过了ISO国际标准化组织注册认可，由国家授权的SAG认证机构的GB/T 19001-ISO 9001质量体系认证。这使得澳柯玛集团打开了通向国际市场的大门，为争创驰名商标奠定了坚实的基础。"没有最好，只有更好"，他们对质量的追求是永无止境的。在1996年底公司通过ISO 9001国际质量认证体系复审后，又适时地将质量管理的工作的重点转向了ISO 14001国际环保体系认证的申请。

五年磨一剑，他们的产品终于获得了消费者的认可，从1992年到1995年澳柯玛连续四年获得最受消费者喜爱的国产商品"金桥奖"；1995年和1996年连续两年获得冰柜行业市场综合竞争实力(心目中理想品牌，实际购买品牌，购物首选品牌)第一名桂冠。严密的质量管理和完善的市场服务网络使得澳柯玛产品极具市场竞争力，他们的产品已经覆盖全国市场，并远销东欧、东南亚、南美等地区，到1996年底市场占有率已达到25.6%。

二、坚持走内涵式发展道路——澳柯玛集团公司投资与财务管理

1990年鲁群生接手工作时，公司已资不抵债超过两千五百万。公司的状况决定了澳柯玛不可能受到银行或政府的财政支持，他们别无选择，只能依靠自己的力量，来求得生产

和发展。针对公司自身特点,他们制定了公司在起步时的政策方针,即以内涵式发展为主,坚持挖潜改造,小步快跑的投资方式。

1. 坚持自我挖潜改造,小步快跑,添平补齐的原则,使产量效益连年稳步上升

澳柯玛集团最初是依靠从澳大利亚和新加坡引进的已被淘汰的二手设备起家的,引进项目的失败加上企业管理的落后,使产品质量严重不合格,导致了企业在市场竞争中一败涂地,残酷的现实将澳柯玛逼上了内涵式发展道路。公司为实现低投入高产出的目标,对原有厂房进行大力改造,公司在原车间内部搭起了一层吊铺,生产线不断在生产面积仅1万多平方米的厂房内延伸。除关系到产品质量性能的关键部位和主要检测设备依靠进口外,其他设备完全由公司设备处自制。投资仅120万元自行设计建造的钣金生产线,能加工7种不同规格的冰柜箱体,其性能远优于国外同类设备,但价格却不到国外同类设备的七分之一。经过改造的生产线生产能力连年倍增并发挥出了最大效益。

2. 坚持量力而行的原则

经过不懈地努力,1995年澳柯玛集团冰柜产量为65万台,各项指标均居冰柜行业第一,并被国家统计局确定为独家中国电冰柜大王。到1996年底又达到73万多台,继续保持国内同行业领先的地位。为了增强企业市场竞争力,继续保持行业领先地位,他们于1995年初筹集2亿多元资金,用于澳柯玛工业园区的开发,到1996年初工业园顺利投产;实现了集团的规模化经营。随着澳柯玛工业园第一期工程的建成,澳柯玛洗碗机项目也顺利投产,集团公司走上了多元化经营之路。1995年下半年,他们按照既定策略,融资2 600多万元对浙江益友冰箱厂进行兼并,从而顺利实现了澳柯玛集团的资本经营,实现了跨地区经营,进一步优化了资本结构和产品地区分布状态。1995年底,他们与瑞典丽都集团合资组建扎努西—澳柯玛冷冻设备有限公司,其中澳柯玛出资1 200万美元。在实施经营计划的过程中,他们仍坚持自力更生,量力而行的原则,自有资金占总投资的60%以上,银行贷款部分也是经过了充分的市场论证,从财务观点上看并没有超出他们的承受能力。他们以适度扩张策略,使得集团在不超出自己承受限度的情况下增强了市场竞争能力。

三、任人唯才,任人唯贤——澳柯玛集团人事管理

鲁群生上任伊始,就将人事管理工作当重点来抓,建立宽松的用人体制。在公司各个部门的共同努力下,风险管理机制、竞争激励机制、利益分配机制先后建立和完善起来。完善的管理体制将3 000多名员工紧紧团结在一起。他们采取公平竞争,不讲资历来头,实行能者上庸者下的用人制度。公司成立初期,中高层管理人员多数是从青岛母公司调过来的,而一线职工多数是本地农民合同工。这种由外地人员管理当地人的模式必然造成管理人员与被管理人员之间的对立,在企业内部形成离心力。针对这种情况,他们提出"澳柯玛不是青岛人的,也不是当地人的,而是国家的"管理办法,倡导企业实行用人制度改革,对管理者量才适用,优胜劣汰。公司下决心撤掉了一批不称职的管理干部,并大胆起用20多名当地员工。为了公司的长远发展,他们从全国各地招聘了一批优秀的工程技术人员,充实了集团公司科研开发机构。这批人才的加盟优化了公司产品结构,取得了非常可

观的经济效益。他们从1993年起招聘了500多名大中专毕业生,公司大胆起用新人,使这批学生员工在工作中迅速得到锻炼,表现出色的员工被调到企业主管的位置上。因此在澳柯玛集团公司经常看到许多年轻有为的部门经理在主持工作,他们的出色表现为公司注入了极大的活力。

灵活的用人机制往往与利益分配机制分不开,他们将员工的利益分配与员工的贡献紧紧联系在一起。在车间内部将计时工资制改成以计件工资为主的质量风险工资制,每道工序都标出确定价格,并视不同情况予以浮动;将员工经济利益与工作数量和产品品质联系在一起,每个员工、每道工序、每个班组、每个车间的质量、产量、消耗、安全等全部指标考核与职工经济利益挂钩,工作数量和工作质量各占50%。这样,员工风险有所增大,但是从长远发展的观点来看,大大降低了企业经营风险,员工的利益也得到有效的保障。

在过去的岁月中,他们取得了巨大成功。"没有最好,只有更好"——澳柯玛的追求依然永无止境!(资料来源:《销售与市场》1997年第五期,谢效民,有删改)

案例分析

1. 澳柯玛公司的战略指导思想是什么?你对此有何评价?
2. 澳柯玛公司实施了哪些职能战略?其成功的原因是什么?

案例点评

企业的财务战略包括筹资战略、投资战略和利润分配战略。投资战略按投资的方向可分为内涵型投资战略和外延型投资战略。内涵型投资战略又称为质量型或叫效益型投资战略。其主要特点是将投资主要用于改造和更新产品,或相应地改造和革新设备,提高技术性能和生产效率;或增加智力投资,进行人才开发,走内涵扩大再生产的道路。显然,澳柯玛公司实施的是内涵型投资战略,即坚持量力而行的原则,坚持自我挖潜改造,小步快跑,添平补齐的原则,使产量和效益连年稳步增长。

人力资源战略是企业的职能战略之一,它是使人力资源管理与企业战略相互配合和支持的重要手段,关系到企业最根本的、长远的竞争能力。人员选聘的原则包括计划性原则、公正性原则和科学性原则。澳柯玛公司采取公平竞争,不讲资历来头,实行能者上庸者下的用人制度,很好地贯彻了人员选聘的基本原则。在人力资源战略的实施中,要注意激励手段的运用,激励手段包括物质激励和精神激励。澳柯玛公司将灵活的用人机制与利益分配机制相联系,他们将员工的利益分配与员工的贡献紧紧联系在一起,将员工经济利益与工作数量和产品品质联系在一起,这样,虽然员工风险有所增大,但是从长远发展观点来看,大大降低了企业经营风险,员工的利益也得到有效的保障。

正是因为澳柯玛公司在"没有最好,只有更好"的理念指导下,成功地实施了财务战略、人力资源战略等职能战略,使得他们在过去的岁月中取得了巨大的成功。

第九章

企业战略评价方法

学习目标：通过本章的学习，学生应该了解增长率—市场占有率矩阵法、行业吸引力—竞争能力分析法、PIMS分析法、汤姆森和斯特克兰方法的基本思想，理解上述四种战略评价方法的内容，掌握上述四种战略评价方法的运用。

关键概念：经营组合(business mixture) 市场占有率(market share) 市场增长率(market growth rate) 增长率—市场占有率矩阵(growth share matrix) 行业吸引力—竞争能力矩阵(a strategic business planning grid) PIMS分析(an analysis of profit impact of market strategies)

在第五章、第七章和第八章中分别介绍了企业三个不同层次的战略类型，即企业总体战略类型、经营(事业部)战略类型和职能战略类型。在众多可供选择的战略类型中，企业应借助于一定的战略评价和选择方法选择最适合自己的战略，本章将介绍几种重要的战略评价方法。

第一节 增长率—市场占有率矩阵法

该方法首先由波士顿咨询公司(BCG)提出，因此亦称 BCG(增长率—占有率)矩阵法。增长率—市场占有率矩阵法的基本思想是，当企业的各部门或分公司在不同的产业中进行竞争时，各业务经营单位都应建立适合自己的单独战略。

一、增长率—市场占有率矩阵结构

波士顿咨询公司设计出具有四个象限的矩阵图，如图9-1所示。

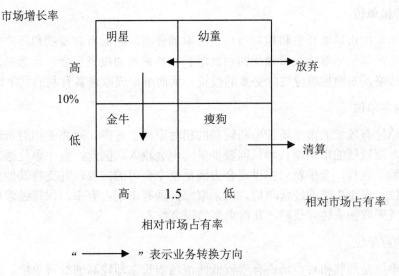

"——→" 表示业务转换方向

图 9-1 增长率—市场占有率矩阵

图 9-1 中，横轴代表经营单位的相对竞争地位，以经营单位相对于其主要竞争对手的相对市场占有率来表示。经营单位的相对市场占有率计算公式如下：

$$相对市场占有率(当年) = \frac{经营单位的销售额或量(当年)}{主要竞争者的销售额或量(当年)} \times 100\%$$

或

$$相对市场占有率 = \frac{经营单位的绝对市场占有率}{主要竞争者的绝对市场增长率} \times 100\%$$

在 BCG 矩阵图中，纵轴表示市场增长率，其计算公式如下：

$$市场增长率(当年) = \frac{当年市场需求 - 去年市场需求}{去年市场需求} \times 100\%$$

通常，市场增长率高低的分界线被认为是 10%，而相对市场占有率高低的分界线是 1.5。也就是说，如果某一经营单位的销售额是其主要竞争对手的 1.5 倍或更多，则它被认为具有较高的相对市场占有率。不过，这种确定标准不能绝对化，根据不同行业的具体情况，可以采用不同的划分界限。

二、经营单位战略选择

增长率—市场占有率矩阵根据市场增长率高低和相对市场占有率高低的不同组合，将经营单位分成四种类型：金牛单位、明星单位、幼童单位和瘦狗单位。一个企业的所有经营单位都可列入上述某一类型中，并依据它所处的地位采取不同的战略。

1. 明星单位

明星单位的市场增长率和相对市场占有率都较高,因而所需要的和所产生的资金流量都很大。明星单位通常代表着最优的利润增长率和最佳的投资机会。显而易见,企业应采取的最佳战略是对明星单位进行必要的投资,从而维护或改进其有利的竞争地位。

2. 金牛单位

金牛单位有较低的市场增长率和较高的相对市场占有率。较高的相对市场占有率带来高额利润,而较低的市场增长率只需要少量的现金投入。因此,金牛单位通常创造出大量的现金余额。这样,金牛就可提供现金去满足整个公司的需要,并支持其他需要现金投入的经营单位。对金牛类的经营单位,应采取维护现有市场占有率,保持经营单位地位的维护战略;或采取抽资转向战略,获得更多的现金收入。

3. 幼童单位

幼童单位是那些相对市场占有率较低而市场增长率却较高的经营单位。高速的市场增长需要大量投资,而相对市场占有率低却只能产生少量的现金。对幼童而言,因增长率高,可行的战略是对其进行必要的投资,以扩大市场占有率使其转变成明星单位。当市场增长率降低以后,明星单位就转变为金牛单位。如果认为某些幼童单位不可能转变成明星单位,那就应当采取放弃战略。

4. 瘦狗单位

瘦狗单位是指那些相对市场占有率和市场增长率都较低的经营单位。较低的相对市场占有率一般意味着少量的利润。此外,由于市场增长率低,用追加投资来扩大市场占有率的办法往往是不可取的。因为,用于维持竞争地位所需的资金经常超过它们的现金收入,瘦狗类常常成为资金的陷阱。对于这类单位一般采用清算战略或放弃战略。

上述不同类型经营单位的特点以及所应采取的战略列于表 9-1 中。

表 9-1 应用 BCG 矩阵的战略选择

象限	战略选择	经营单位赢利性	所需投资	现金流量
明星	维护或扩大	高	多	几乎为零或负值
金牛	维护或收获战略	高	少	极大剩余
幼童	扩大市场占有率或放弃战略	没有或为负值	非常多或不投资	负值或剩余
瘦狗	放弃或清算战略	低或为负值	不投资	剩余

三、分析步骤

在利用 BCG 矩阵进行战略方案评价时,波士顿咨询公司建议采取以下步骤:

(1) 将公司分成不同的经营单位。根据公司内不同的产品—市场情况,将公司划分成不同的战略经营单位(SBU)。

(2) 确定经营单位的相对规模。根据各经营单位资产在公司总资产中的份额或经营单位销售额占公司总销售额的比重,确定各经营单位在整个公司内的相对规模。

(3) 确定每一经营单位的市场增长率。按前述市场增长率的计算方法,计算确定各经营单位的市场增长率。

(4) 确定每一经营单位的相对市场占有率。按前述相对市场占有率的计算方法,计算确定各经营单位的相对市场占有率。

(5) 绘制公司整体经营组合图。经营组合即企业赖以依存的各业务经营单位的组合形式。就是确定企业选择进入哪些业务、退出哪些业务,并向哪些业务投入资源。企业往往会将其资源投放在几种不同的业务上,以形成自己的经营业务组合。这样企业既能有效地避免市场风险,又能保持企业有稳定的利润增长。因此,企业必须对其业务组合进行合理的安排和规划,才能保证其资源得到合理的运用,也才能使企业在市场上始终保持有利的竞争地位。以各单位的相对市场占有率为横轴,市场增长率为纵轴,绘制公司整体经营组合图。图9-2中,圆圈表示单个经营单位,圆圈面积代表该单位的相对规模。

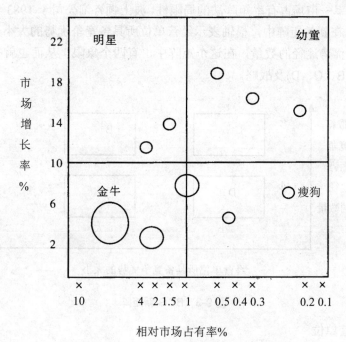

图9-2 公司整体经营组合图

(6) 依据每一经营单位在公司整个经营组合中的位置选择适宜的战略。根据表9-1所示的战略选择方法,为每一经营单位确定合适的经营战略。

图 9-2 中的经营组合图表示,该公司有两到三个金牛单位提供大量的现金流,两个明星单位提供了进一步发展的机会,有三个幼童单位和两到三个瘦狗单位。从经营单位的数量和相对规模看,该公司的经营组合是平衡的。如果公司的明星和金牛单位太少,而瘦狗单位太多,则其经营组合是不平衡的,因为,这种情况下幼童单位的发展无资金来源,企业也没有具备发展前途的明星业务,而不平衡的经营组合对公司未来的发展是不利的。

四、BCG 新矩阵

波士顿咨询公司的增长率—市场占有率矩阵法在现实应用中有其局限性。首先,以市场增长率和相对市场占有率来决定经营单位的地位及其战略过于简单,往往不能全面反映一个经营单位的竞争状况;其次有些综合性产业的市场占有率难以准确确定;另一个问题是对瘦狗单位的处理方法,按前述的方法,这类单位不是被清算就是被放弃。但实际中,很多瘦狗经营单位的存在往往可以为明星或金牛单位的发展带来好处,比如,提供发展经验和分摊固定成本。

考虑到增长率—市场占有率矩阵法的局限性,波士顿咨询公司于 1983 年设计出新的矩阵图(见图 9-3)。在新的矩阵中,横轴表示经营单位所具备竞争优势的大小,而纵轴表示在行业中取得竞争优势途径的数量。在这个矩阵中,有四个象限,从而也就有四种不同的经营单位类型(A、B、C、D)及战略。

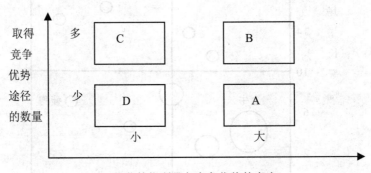

图 9-3 BCG 新矩阵

1. A 类经营单位

A 类经营单位具有较大的竞争优势,但取得竞争优势的途径较少。这些行业中存在着规模经济和经验效益;行业内的竞争者为数不多;竞争者们的生产活动大致相同或相似。根据这些特点,最适宜的经营战略是以大量生产为基础的成本领先战略。

2. B 类经营单位

B 类经营单位具有较大的竞争优势和较多取得这些优势的途径。所处行业具有多种不同类型的经营活动,在每一专业化的活动中有许多竞争者,但存在一个主导地位的竞争者。对这类经营单位所采取的战略主张在每一活动中进行专门化生产,类似波特的差异化战略。

3. C 类经营单位

C 类经营单位具有较少的竞争优势,但具有较多获得竞争优势的途径,C 类经营单位所处的行业一般不存在规模经济;进入和退出行业的障碍较低;在产品或市场中存在较多的可区分开的活动。根据这类单位自身的特点和所处行业的特点,最适宜采用集中化战略。

4. D 类经营单位

D 类经营单位既没有较多的竞争优势,又缺乏获得竞争优势的途径。这些行业具有如下特征:规模不能影响成本;行业中有许多竞争者进行竞争;进入行业的障碍很低,但退出该行业的障碍却很高;对所有企业盈利性都很低。处于这种地位的经营单位必须进行战略上的转变才能摆脱困境。

第二节 行业吸引力—竞争能力分析法

一、行业吸引力—竞争能力矩阵

行业吸引力—竞争能力分析法是由美国通用电器公司与麦肯锡咨询公司共同发展经验的总结。根据行业吸引力和经营单位的竞争能力两个指标绘制矩阵,依据各经营单位在矩阵中的不同位置,来制定出不同的战略,如图 9-4 所示。

1. 行业吸引力的评价因素

经营单位所处行业的吸引力评价的因素一般包括:①行业规模;②市场增长速度;③产品价格的稳定性;④市场的分散程度;⑤行业内的竞争结构;⑥行业利润;⑦行业技术环境;⑧社会因素;⑨环境因素;⑩法律因素;⑪人文因素。行业吸引力按强度分成高、中、低三等。

2. 竞争能力评价因素

经营单位所具备的竞争能力的评价因素包括:①生产规模;②增长情况;③市场占有率;④盈利性;⑤技术地位;⑥产品线宽度;⑦产品质量及可靠性;⑧单位形象;⑨造成污染的情况;⑩人员情况。竞争能力的大小也分成高、中、低三等。

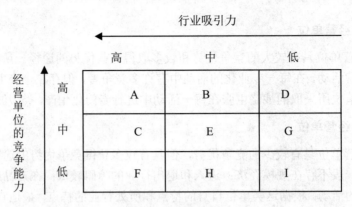

图 9-4 行业吸引力—竞争能力矩阵

二、经营单位的分类

行业吸引力的三个等级与经营单位竞争能力的三个等级构成具有九个象限的矩阵，公司中的每一经营单位都可放置于矩阵中的某一位置。根据这个矩阵公司内的所有经营单位可归结为三类，而对不同类型的经营单位应采取不同的战略。

1. 发展类

这类包括处于 A、B 和 C 象限的经营单位。这一类经营单位，其竞争能力和行业吸引力均较好，因此，公司具备较好的内外发展条件，公司适宜对其采取发展战略，即多投资以促进其快速发展。通过多投资，可以巩固经营单位在行业中的地位，否则，会失去发展的良好机会。

2. 选择性投资类

这类包括处于 D、E 和 F 象限的经营单位。这类经营单位，要么其竞争能力较强但行业的发展前景不好，要么其发展前景较好但自身的竞争能力较弱，或两者均没有明显的优势。因此，公司应具体分析每个经营单位的具体情况，选择其中条件较好的单位进行投资，对其他的单位采取抽资转向或放弃战略。

3. 抽资转向或放弃类

这类包括处于 G、H 和 I 象限的经营单位。这类单位的行业吸引力和经营单位竞争能力都较低，不适宜采取发展型战略。对一些目前还能产生利润的经营单位，适宜采取逐步回收资金的抽资转向战略；对不盈利又占用资金的单位则采取放弃战略。

三、政策指导矩阵

政策指导矩阵法由荷兰皇家壳牌公司所创立。它根据行业前景和竞争能力两个指标绘制矩阵用来确定各单位的位置。行业前景分为吸引力强、吸引力中等、吸引力弱三等；经营单位竞争能力分为强、中、弱三等。对落入不同象限的经营单位，公司应采取不同的战略，如图9-5所示。

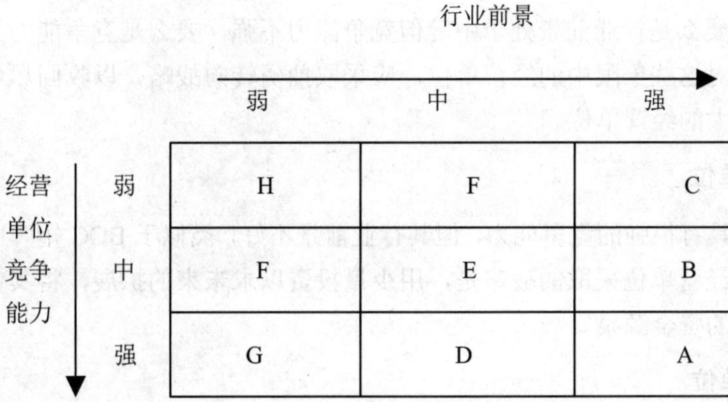

行业前景

	弱	中	强
弱	H	F	C
中	F	E	B
强	G	D	A

（经营单位竞争能力）

图9-5 政策指导矩阵

1. A类经营单位

A类经营单位具有很强的竞争地位和很好的行业前景，目前在行业内处于领先地位，因此应优先保证该象限内经营单位需要的一切资源，以维持其有利的市场地位。

2. B类经营单位

B类经营单位有很好的行业前景和中等的竞争能力，应通过分配更多的资源，努力使该象限内的经营单位向A类单位转化。

3. C类经营单位

C类经营单位具有较好的行业前景，但其竞争能力较弱，类似BCG矩阵中的幼童单位。该象限内的经营单位可能成为公司未来的发展依托。公司应选择出其中最有前途的少数经营单位加速发展，对不能发展的尽快采取放弃战略。

4. D类经营单位

D类经营单位具有很强的竞争能力和中等的行业前景，这个象限中的经营单位一般会遇到少数几个强有力的竞争对手，因此很难处于领先地位。可采取的战略是分配足够的资源，使之能随着市场而发展，不至于失去现有的竞争地位。

5. E类经营单位

E类经营单位的竞争能力和行业前景均处于中等水平，该象限内的经营单位通常都有为数众多的竞争者，容易成为资金的陷阱。可采取的战略是停止进一步投资，使其带来最大限度的现金收入。

6. F 类经营单位

F 类经营单位要么是行业前景处于中等但竞争能力不强，要么是竞争能力处于中等而其行业前景不好，对这些象限中的经营单位，应采取抽资转向战略，以收回尽可能多的资金，投入到盈利更大的经营单位。

7. G 类经营单位

G 类经营单位具有很强的竞争能力，但其行业前景不好，类似于 BCG 矩阵中的金牛单位。这一象限中的经营单位采取的战略是，用少量投资以求未来的扩展，将其作为其他快速发展的经营单位的资金源泉。

8. H 类经营单位

H 类经营单位，其竞争能力弱且行业前景不好，类似于 BCG 矩阵中的瘦狗单位。对这一象限中的经营单位应采取放弃战略，将拍卖资产所得的资金投入到更有利的经营单位。

第三节　PIMS 分析

一、PIMS 的含义

PIMS 是英文 Profit Impact of Market Strategies 的缩写，其含义为市场战略对利润的影响。PIMS 研究最早于 1960 年在美国通用电器公司内部开展，主要目的是找出市场占有率高低对一个经营单位业绩到底有何影响。后期 PIMS 研究的主要目的是发现市场法则，即要寻找出在什么样的竞争环境中，经营单位采取什么样的经营战略会产出怎样的经济效果。具体来说，它要回答下面几个问题：①对于一个条件给定的经营单位，什么样的利润水平算是正常的和可以接受的？②哪些战略因素会影响到各经营单位之间经营业绩的差别？③在给定的经营单位中，各战略因素的变化如何影响投资收益率和现金流量？④为了改进经营单位的绩效，应如何调整战略性因素？

二、PIMS 研究的数据库

PIMS 的研究以战略经营单位为对象，PIMS 的数据库是关于这些战略经营单位情况的数据汇总，可归为下列几大类。

(1) 经营单位环境的特性：长、短期市场增长率；通货膨胀率；顾客的数量及规模；顾客的购买行为。

(2) 经营单位的竞争地位：市场占有率和相对市场占有率；相对于竞争对手的产品质量和价格；相对于竞争对手来说提供给职工的报酬水平；相对于竞争对手的市场营销状况；企业市场细分的模式；企业的新产品开发率。

(3) 生产过程的结构：投资强度；纵向一体化程度；生产能力利用程度和设备生产率；劳动生产率水平；库存状况。

(4) 费用预算方式：研究与开发费用；广告及促销费用；销售人员的开支。

(5) 经营单位经营业绩：投资收益率；现金流量。

三、PIMS 研究的主要结论

通过对上述多个变量的回归分析，PIMS 分析人员得出若干研究结论。其中在战略要素与经营绩效的关系方面，存在着 9 个对投资收益率和现金流量有较大影响的战略要素，它们在很大程度上决定了一个经营单位的成败。现将这些战略要素的影响分别叙述如下。

1. 投资强度

投资强度是指经营单位投资额与销售额的比值或附加价值的比值。一般说来，投资强度的提高会带来较低的投资收益率和现金流量。由于设备自动化程度的提高和库存成本的增大等原因而造成的投资强度的提高，会使经营单位显示出较低的投资收益率。对那些资本密集的经营单位来说，应通过集中于特定的细分市场、提高生产率、开发多用途的灵活性设备、租赁设备等措施，降低投资强度对利润的影响。

2. 劳动生产率

劳动生产率以每个员工所创造附加价值的平均值来表示。研究结论表明，劳动生产率与经营业绩呈正相关关系，即劳动生产率高的经营单位比劳动生产率低的经营单位的经营业绩要好。

3. 市场竞争地位

市场竞争地位一般用相对市场份额来表示，对利润和现金流动有正向影响。由于具有高市场份额的企业可以获得规模经济和经验效益，保持较高的讨价还价能力，从而可获得较高的利润与现金流。因此，企业应努力扩大市场份额。如果出现提高市场份额的预期利益少于为此所增加成本的情况，企业应当采取抽资战略，而不应在扩大市场份额方面再做努力。

4. 市场增长率

通常情况下，较高的市场增长率会带来较多的利润，但对投资收益率没有影响，对现金流量则有不利的影响。也就是说，处于高市场增长率行业的经营单位需要资金来维持或发展其所处的竞争地位，减少了现金回流。这就是为什么波士顿矩阵中相对市场占有率高和市场增长率低的经营单位(金牛类)产生最多的现金，而瘦狗类和幼童类单位产生负现金回流的原因。

5. 产品或(服务)的质量

产品质量与经营业绩密切相关。出售高质量产品(或服务)的单位较出售低质量产品(或服务)的单位具有较好的经营业绩。对相对集中的市场或一体化程度较低的业务来说，产品的质量格外重要。另外，产品质量与市场占有率具有明显的正相关关系。当一个经营单位具有较高的市场占有率并出售较高质量的产品时，其经营业绩也最好。

6. 创新或差异化

创新或差异化对经营业绩的影响与经营单位自身的能力有关。当一个经营单位已经具有较强的市场竞争地位时，通过采取创新战略或差异化战略虽然会增加研究与开发费用，但增加产品种类与差异化程度会提高经营业绩。反之，当经营单位的市场竞争地位较弱时，采取上述战略会对利润有不利影响。

7. 纵向一体化

纵向一体化战略对经营业绩的影响与市场的环境有关。一般而言，处于成熟期或在稳定期的市场条件下的经营单位提高纵向一体化程度会带来较好的经营业绩。而在迅速增长或处于衰退期的市场条件下，纵向一体化程度的提高对经营业绩有不利影响。

8. 成本因素

生产成本的上升(工资增加、原材料涨价等)对经营业绩的影响程度及影响方向是比较复杂的。这取决于经营单位能否采取措施在内部吸收成本的上升部分或将增加的成本转嫁给客户。

9. 现时战略的努力方向

现时战略的努力方向对企业当前业绩和长期业绩的影响往往相反。而企业或经营单位不同时期的战略目标、战略态势以及战略类型的变化，也都会对投资收益率和现金流动产生影响。

以上 9 个战略因素对企业的影响是复杂的。其中有些因素可能会相互抵消，有时又可能会相互强化。此外，PIMS 研究还发现，产品的种类与企业业绩并没有直接关系，而起决定作用的是经营单位的特点，也就是说，PIMS 方法适用于对各种行业的战略分析。

第四节 汤姆森和斯特克兰方法

一、鉴别战略簇

该方法由汤姆森(A. Thompson)和斯特克兰(A. J. strickland)两人在波士顿咨询公司增长率—市场占有率矩阵方法基础上,经完善之后而提出。与BCG矩阵类似的是,它选用的两个参数是市场增长率和竞争状况。市场增长状况分为迅速和缓慢两种;竞争地位也分为强和弱两种。图9-6中为市场增长状况与竞争地位的四种组合,以及每个象限内的战略方案组合。战略方案的选择顺序按照吸引力的顺序排列。

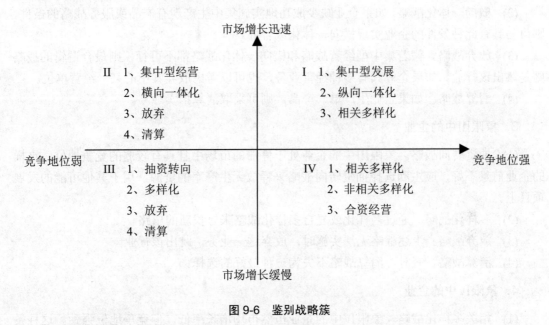

图 9-6 鉴别战略簇

二、各象限企业的战略选择

1. 象限Ⅰ中的企业

(1) 集中型发展战略。象限Ⅰ中的企业处于优越的战略地位,具有快速的市场增长与强劲的竞争地位。因此,集中经营现有产品或服务的战略是最合理的战略选择,企业应努力保持或提高其市场占有率,进行必要的投资以继续处于领导地位。

(2) 纵向一体化战略。处于象限Ⅰ的企业其次可以考虑的战略是纵向一体化,通过纵向一体化战略的实施,可以巩固市场地位和保持利润收益的稳步提高,在企业具有财力资源和工艺导向时更应如此。

(3) 相关多样化战略。处于象限Ⅰ中的企业具有的优势还可为公司进行多样化发展提供机会,相关多样化战略的实施也可分散企业的经营风险。

2. 象限Ⅱ中的企业

(1) 集中型经营战略。象限Ⅱ中的企业有良好的市场,但竞争地位虚弱。推荐的首选战略也是集中经营现有产品或服务。然而,与象限Ⅰ中经营单位所不同的是,实施这一战略必须弄清两个问题:目前竞争地位的形成原因是什么?应采取什么措施来提高市场竞争地位?

(2) 横向一体化战略。如果企业缺少成功地实施集中生产现有产品或服务战略的条件,则可与具有此种条件的企业实现横向一体化或合并。

(3) 放弃战略。假若集中型经营战略和横向一体化战略都不可行,则最合逻辑的战略则是跳出该行业。如果企业具有多种经营业务,也可以考虑放弃其中的某一经营单位。

(4) 清算战略。如果企业生产单一产品,则可采取清算拍卖战略。

3. 象限Ⅲ中的企业

(1) 抽资转向战略。象限Ⅲ中的企业处于停滞的市场中且具有较弱的竞争地位,这样的企业前景不好,应主动选择抽资转向战略来释放无生产率的资源,用于其他可能的发展项目上。

(2) 多样化战略。通过多样化或复合多样化战略来寻找新的出路。

(3) 放弃战略。上述战略无法实施时,放弃这一业务,跳出该行业。

(4) 清算战略。有时,清算战略不失为一种最好的选择。

4. 象限Ⅳ中的企业

(1) 相关多样化战略。象限Ⅳ中的企业虽然市场增长率低,但竞争地位强劲。这种条件下,企业往往具有多余现金,可以利用这些多余的现金来开展多样化的项目。相关多样化战略是第一选择,它可利用公司显著的优势来取得主导地位。

(2) 非相关多样化战略。有时,相关多样化的战略的发展空间并不理想,此时,可考虑非相关多样化战略,去寻求新的发展机会。

(3) 合资经营战略。合资经营也是一种合乎逻辑的选择方案。

不论采用哪种方案,都是为了减少对现有经营项目的投资,从而释放出大量的资金用于新的发展方向上。

本 章 小 结

　　增长率—市场占有率矩阵法的基本思想是：当企业的各部门或分公司在不同的产业中进行竞争时，各业务经营单位都应建立适合自己的单独战略。增长率—市场占有率矩阵根据市场增长率高低和相对市场占有率高低的不同组合，将经营单位分成四种类型：金牛单位、明星单位、幼童单位和瘦狗单位。一个企业的所有经营单位都可列入上述某一经营单位中，并依据它所处的地位采取不同的战略。

　　行业吸引力—竞争能力分析法是由美国通用电器公司与麦肯锡咨询公司共同发展经验的总结。根据行业吸引力和经营单位的竞争能力两个指标绘制矩阵，依据各经营单位在矩阵中的不同位置，来制定出不同的战略。采取的战略大体上可分成发展、选择性发展、抽资转向或放弃三类。

　　PIMS 研究的主要目的是发现市场法则，即要寻找出在什么样的竞争环境中，经营单位采取什么样的经营战略会产出怎样的经济效果。经研究发现，在战略要素与经营绩效的关系方面，存在着 9 个对投资收益率和现金流量有较大的影响的战略要素，它们分别是投资强度、劳动生产率、市场竞争地位、市场增长率、产品的质量、创新或差异化、纵向一体化、成本因素、现时的战略努力方向。

　　汤姆森和斯特克兰方法选用市场增长率和竞争状况两个参数，得出了市场增长状况与竞争地位的四种情况，确定了每个象限内的战略方案组合。象限Ⅰ中企业适合的战略方案依次是集中型经营战略、纵向一体化战略和相关多样化战略。象限Ⅱ中企业适合的战略方案依次是集中型经营战略、横向一体化战略、放弃战略和清算战略。象限Ⅲ中企业适合的战略方案依次是抽资转向战略、多样化战略、放弃战略和清算战略。象限Ⅳ中企业适合的战略依次是相关多样化战略、非相关多样化战略和合资经营战略。

思 考 题

1. 什么是经营组合？
2. 描述增长率—市场占有率矩阵中的四个象限。
3. 讨论在设计行业吸引力—竞争能力矩阵中所采用的合适的变量。
4. PIMS 的主要结论有哪些？
5. 试比较汤姆森和斯特克兰方法与增长率—市场占有率矩阵法的优缺点。

本 章 案 例

福特汽车公司的战略评价

一、增长率—市场占有率矩阵

福特汽车公司的多样化经营主要分为汽车业务、金融服务和多样化产品公司(DPO)这三个经营单位。福特金融服务集团包括福特汽车信贷公司、全国第一金融公司、美国国际租赁公司以及福特公司的一些国际信贷机构。DPO由十个经营汽车和非汽车业务的部门组成,包括主要生产农用器具的福特新荷兰公司和生产加热器与空调系统的气候控制公司。福特汽车是福特的核心业务,它有两个主要组成部分:北美汽车公司和国际汽车公司。

在就福特汽车公司应用增长率—市场占有率矩阵进行分析时遇到的第一个问题是,福特公司并没有为其DPO经营单位独立地报告出财务数据。这样,就不可能计算出将其置于矩阵中所需要的数据。

另一问题就是在复杂的行业中确定市场份额和市场增长率。举例来说,把福特的金融服务经营单位与金融行业的组织进行对比是困难的。金融服务业本身具有复杂性,它包括有共同存储银行、银行持股公司、储蓄与贷款机构、保险公司以及其他的一些信用机构。

这样,在试图把福特的金融服务经营单位与该行业进行对比时,所遇到的主要问题是,如何正确地确定福特的竞争对手。因此,本案例仅对福特汽车业务采用增长率—市场占有率矩阵进行分析。

表9-2为确定福特汽车公司的市场占有率和市场增长率所需要的计算公式。图9-7为福特汽车业务在增长率—市场占有率矩阵中所处的地位。从表9-2中可以看出,汽车业务量是金融服务业务的九倍。福特的汽车业务战略经营单位(SBU)属于瘦狗类,其相对市场占有率为74.75%,市场增长率为6.14%(这些数据是基于全球范围内的福特汽车公司和通用汽车公司而言,并不仅限于美国)。从计算数据中可以看到,福特的汽车业务的相对市场占有率和市场增长率都较低。

表9-2 福特全球汽车业务(包括轿车及卡车)

$$相对市场占有率 = \frac{经营单位的销售或量(当年福特业务)}{主要竞争者的销售额或量(当年通用业务)} \times 100\%$$

$$= 82\ 193/110\ 228.5 \times 100\% = 74.75\%$$

$$市场增长率(1988年) = \frac{当年市场需求(1988年) - 去年市场需求(1987年)}{去年市场需求(1987年)} \times 100\%$$

$$= (31\ 673\ 748 - 29\ 842\ 348)/29\ 842\ 348 \times 100\% = 6.14\%$$

$$业务的圆形面积 = \frac{汽车业务销售额售额(1988年)}{销售总额(1988年)}$$

$$=82193/92445=0.89$$

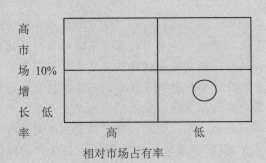

图9-7 汽车业务在增长率—市场占有率矩阵中所处的地位

在对像福特汽车公司这样的全球性公司采用增长率—市场占有率矩阵分析时，遇到的主要问题是：它也许会使人有这样的看法，就是认为福特的汽车业务经营单位应被收购或清算。而根据波士顿咨询公司的方法，这些战略常被用于瘦狗类经营单位。但很明显，福特的汽车业务经营单位并不是瘦狗类，因为它占福特全公司销售额的89%，1988年的收益超过40亿美元。到目前为止，汽车业务在福特的各项业务中仍是最盈利的经营单位。因此，对其并非采取收购或清算战略，相反，福特一直坚持着发展战略。

二、行业吸引力—竞争能力矩阵

应用行业吸引力—竞争能力矩阵需要确定和评价诸多因素。首先要确定关键性外部因素和关键性成功因素。关键性外部因素决定了经营单位所处行业的整体行业吸引力，但它并不能由组织直接控制。关键性成功因素决定了经营单位的竞争能力，它通常可由组织加以控制。这两个因素都将用来确定美国汽车业和福特汽车公司的行业吸引力与竞争能力。

1. 确定和评价关键性外部因素

在确定和评价关键性外部因素时，需要测定以下一些主要因素：市场容量、价格、技术。为确定行业整体的低、中、高三档吸引力，将每一因素分为很吸引人、有些吸引人、一般吸引人、有些不吸引人、很不吸引人五个等级。

(1) **市场容量**。由于汽车行业的周期性，在经济膨胀的第七年，美国汽车业的发展出奇的好。1989年最为典型，汽车和卡车在美国的销售量约为1 590万辆。然而，尽管销售量如此大，通用汽车、福特、克莱斯勒仍被日本汽车制造商夺走了更多的国内市场。底特律的市场占有率由1978年的86%降至1989年的68%。底特律市场份额的下降实际上并没有完全反映出20世纪90年代来自日本的挑战，而这种冲击并不仅仅局限于利润较低的小汽车的销售，在包括中型汽车、豪华车和轻便客货两用车在内的汽车行业的绝大多数盈利性市场中，都遭受到了来自日本汽车制造商的冲击。

市场容量等级：有些吸引人

(2) 价格。汽车制造业的固定成本很高，因此，利润与市场容量之间的关系是高度相关的。由于整体的销售预计还会缩减，"三大汽车制造商"仍会有所损失。如今，他们的税后边际利润率只有 2.2%。

价格等级：很不吸引人

(3) 技术。成功的企业必须准确地确定顾客并及时地将产品送到经销商的手中。由于计划与实施的间隔较短，这样较短的周期就降低了发生错误预测的几率。日本汽车制造商的传统是每隔五年就会重新设计 80% 的汽车式样，而美国的制造商仅改变 40%。

尽管美国汽车制造商面临许多困难，但他们仍然在生产率、产品质量和技术方面取得了在许多年前看起来并不可能的进步。他们占领了日本制造商没有参与竞争的一些细分市场，包括各种尺寸的箱式车身(如小客车和旅行车)。美国生产的轻便客货两用车拥有绝大多数的市场份额。

技术等级：有些吸引人

美国汽车行业的整体吸引力为中下等。

2. 确定和评价关键性成功因素

对福特汽车公司的竞争能力有显著影响的关键性成功因素是生产能力、利润率、市场份额与产品线。为确定福特汽车公司在汽车行业的竞争力是低水平、中等水平或高水平，我们将关键性成功因素分为以下几个等级，即非常没有竞争力、没有竞争力、一般、有一些竞争力和很有竞争力。

(1) 生产能力。福特的汽车和卡车在北美市场的年生产能力比 1985 年增加了 100 万辆。生产能力的提高多数是由于现有工厂的扩大和现代化，部分是由北美公司以外的因素所致。

生产能力等级：很有竞争力

(2) 市场份额。福特的美国汽车市场份额 1988 年为 21.8%，比 1987 年提高了 1.5%，为福特十年来最高的市场份额。福特卡车在美国卡车市场的销售量也达到了历史最高水平，市场份额牢固地保持在 29%。

市场份额等级：很有竞争力

(3) 产品线。在过去的十年中，福特的 Taurus 是十年中最成功的车型。在美国，最畅销的车曾是福特的 Escort 与 Taurus。福特继续以 F 系列轻便客货两用车领导着美国客货两用车市场。除此之外，福特还在其参与竞争的 16 个细分市场面中，有 9 个市场面占据着领导地位。

产品级等级：很有竞争力

(4) 利润率。较低的销售量和较高的产品开发与销售成本(平均每辆车的促销成本略高于 1 000 美元)导致福特的北美公司在 1989 年第三季度损失了 3 700 万美元，这是自 1982 年以来首次发生这种情况。然而福特公司在国内制造商中拥有最高的设备利用率(95%)和最低的单位成本。正是最好的装备使福特公司承受住了下滑趋势的考验。

利润率等级：有一定竞争力

福特公司的竞争能力在美国汽车行业中是高的。

总之，美国汽车行业的吸引力属于中下等水平，而福特汽车公司的竞争能力是高的。图 9-8 为福特汽车公司在行业吸引力—竞争能力矩阵中应处的位置。

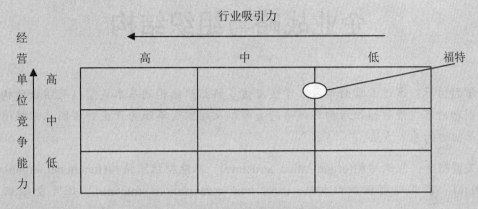

图 9-8　行业吸引力—竞争能力矩阵

(资料来源：杨锡怀。企业战略管理。北京：高等教育出版社，2004 年 04 月)

案例分析

1. 你认为影响福特公司战略选择的因素有哪些？
2. 战略评价的准则有哪些？请结合福特公司案例作简要说明。

案例点评

在利用 BCG 矩阵进行战略方案评价时的基本步骤为：将公司分成不同的经营单位；确定经营单位的相对规模；确定每一经营单位的市场增长率；确定每一经营单位的相对市场占有率；绘制公司整体经营组合图；依据每一经营单位在公司整个经营组合中的位置选择适宜的战略。案例材料正是遵循这一分析步骤，首先将福特汽车公司多样化经营主要分为汽车业务、金融服务和多样化产品公司(DPO)这三个经营单位，重点对汽车业务进行分析；第二步计算确定福特汽车业务的市场增长率和相对市场竞争地位；再绘制矩阵图，标出福特汽车公司在矩阵图中的位置。从图中可以看出，福特的汽车业务属于瘦狗类经营单位，福特对其并非采取收购或清算战略，相反，一直坚持着发展战略，这也正好说明了 BCG 矩阵在应用中有其局限性。

案例的后半部分是采用行业吸引力—竞争能力分析法对福特公司的汽车业务进行分析，其分析的步骤为：首先从市场容量、价格、技术三个方面分析福特汽车业务所处行业的吸引力；然后从生产能力、市场份额、产品线和利润率四个方面分析福特汽车业务的竞争能力；再以行业吸引力和竞争能力两个参数绘制矩阵；最后标出福特汽车业务在矩阵中的位置。其位置确定后就可以根据政策指导矩阵选择福特汽车业务的经营战略。

第十章

企业战略与组织结构

学习目标：通过本章的学习，学生应该了解组织结构的基本类型以及组织结构调整的原则和内容，理解组织结构与战略的关系以及组织变革阻力产生的原因，掌握消除组织变革阻力的基本方法。

关键概念：组织结构(organization structure)　职能型组织结构(functional organization structure)　事业部型组织结构(business unit organization structure)　矩阵型组织结构(organization matrix structure)　动态网络型组织结构(dynamic network structure)　组织调整(organization adjustment)　组织变革(organizational change)

合理的组织结构是企业实施战略的重要保证。企业的组织结构必须与所实施的战略相适应，这样会促进战略的实施，否则会阻碍战略的推进。因此，当企业的战略制定以后，就应对组织结构的状况进行审查。如果组织结构不能确保战略的顺利实施，就必须进行必要的调整和变革。本章主要介绍组织结构的基本类型、组织结构与战略的关系以及组织结构与战略的匹配。

第一节　基本组织结构类型

经过长期的管理实践，人们已经总结或设计出了若干种可行的组织结构类型，主要包括职能型组织结构、事业部型组织结构、矩阵型组织结构和动态网络型组织结构等。下面分别讨论几种典型组织结构的特点以及所适应的战略。

一、职能型组织结构

职能型组织结构是一种传统而基本的组织形式。职能结构按照生产、财务管理、营销、人事、研发等基本活动或技能的要求，分别设立专门的管理部门。图10-1是一个典型的按职能划分的组织结构图。

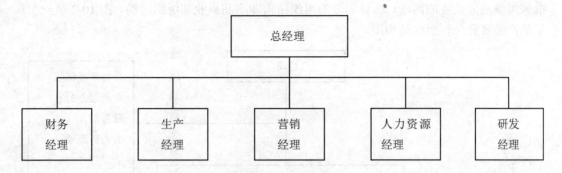

图 10-1　职能型组织结构

职能型组织的优点主要包括：符合活动专业化的分工要求，能够充分有效地发挥员工的才能，调动员工学习的积极性；能够突出业务活动的重点，确保高层主管的权威性并使之能有效地管理组织的基本活动；简化了培训，强化了控制，避免了重叠，最终有利于管理目标的实现。

职能型组织的缺点主要在于，由于人、财、物等资源的过分集中，不利于适应市场的变化或按照目标顾客的需求组织分工。同时，这种组织形式也容易助长部门主义风气，使得部门之间难以协调配合。当部门利益与企业整体利益发生冲突时，可能会影响到企业资本目标的实现。另外，由于职权的过分集中，部门主管虽容易得到锻炼，却不利于培养高级管理人员，也不利于"多面手"式人才的成长。

根据以上职能型组织的特点，可将这种组织结构所适应的战略条件概述为，外部环境的不确定性低，企业总体环境相对稳定；各职能部门的技术相对独立性低，例行管理行为较多；企业规模为中、小型；企业的目标集中于内部效率的提高、技术事业化和产品或服务质量的提高。

二、事业部型组织结构

事业部型组织结构是在公司总部下，设立若干个自主经营的业务单位——事业部。与职能型结构不同点在于各个事业部内都有自己的职能部门，拥有生产、研发、营销等所必需的资源，解决了职能型结构所不能解决的分散化和多样化问题。按照事业部的划分方式，可将其具体分为产品事业部，顾客事业部、地域事业部三种类型。

1. 产品事业部型组织结构

品种单一、规模较小的企业按上述职能型结构进行组织分工是理想的组织结构形式。但是，随着企业的进一步成长与发展，会要求增加产品线和扩大生产规模以获取规模经济和范围经济，管理组织的工作也将变得日益复杂。这时，就有必要以业务活动的结果为标准来重新划分企业的活动,这样划分的组织结构即产品事业部组织结构。图 10-2 是一个典型的产品事业部型组织结构图。

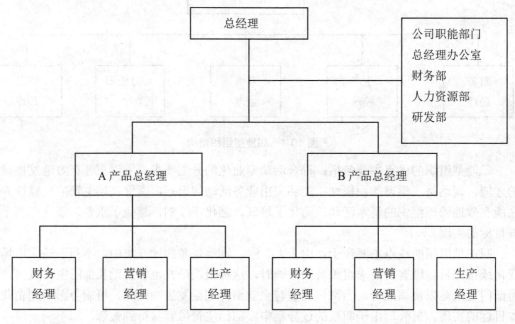

图 10-2 产品事业部型组织结构

产品事业部型组织结构的优点主要是:各部门会专注于产品的经营,并且充分合理地利用专有资产,提高专业化经营的效率水平。这不仅有助于促进不同产品和服务项目间的合理竞争,而且有助于比较不同部门对企业的贡献,至于决策部门加强对企业产品与服务的指导和调整。另外,这种分工方式也为"多面式"的管理人才提供了较好的成长条件。

该组织结构的缺点是:企业需要更多的"多面手"式人才去管理各个产品部门;各个部门内部同样有可能存在本位主义倾向,这势必会影响到企业整体目标的实现;另外,部门中某些职能管理机构的重叠会导致管理费用的增加,同时也增加了总部对"多面手"级人才的监督成本。

产品事业部型组织结构适应的战略条件如下:外部环境变化性大,不确定性为中等或很高;具有大型的企业规模;各事业部所采用的技术独立程度相对较高,甚至互不相关;公司的管理目标比较重视对外作用、适应性和顾客满意。

2. 顾客事业部型组织结构

顾客事业部型组织结构即根据目标顾客的不同利益需求来划分组织的业务活动。在激烈的市场竞争中,顾客需求的导向作用越来越明显,企业应当在满足顾客现有需求的同时,努力迎合其未来需求,顾客部门化顺应了这种发展趋势。图 10-3 是一个典型的按顾客划分的组织结构图。

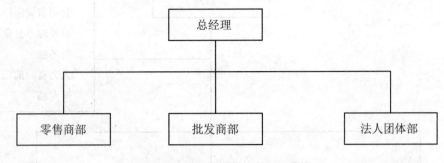

图 10-3　顾客事业部型组织结构

顾客事业部型组织结构的优点是：企业可以通过设立不同的部门满足目标顾客各种特殊而广泛的需求，同时获得用户的反馈意见，这有利于企业不断进行自我改进；另外，企业能够持续有效地发挥自己的核心专长，不断获取的顾客需求，从而在这一领域内建立持久性的竞争优势。

顾客事业部组织结构的缺点是：与顾客需求不匹配引发的矛盾能会增加，需要更多能妥善协调与顾客关系的人员；另外，顾客需求偏好的转移，使企业无法时时刻刻都能明确顾客的需求分类，结果造成产品或服务结构的不合理，影响对顾客需求的满足。

顾客事业部型组织结构适应的战略条件与产品事业部型组织结构相似。

3. 地域事业部型组织结构

地域事业部型组织结构就是按照地域的分布划分企业的业务活动，继而设置管理部门管理其业务活动。随着经济活动范围的日趋广阔，特别是大型企业愈来愈需要跨越地域的限制去开拓外部的市场。而不同的文化环境，会产生不同的经营价值，企业根据地域的不同划设管理部门，能够更好地针对各地的特殊环境条件组织业务活动的开展。图 10-4 是一个典型的按地域划分的事业部型组织结构图。

地域事业部结构的主要优点是：可以把责权下放到地方，鼓励地方部门参与决策和经营；地区管理者可以直接面对本地市场的需求灵活进行决策；通过在当地招募职能部门人员，既可以缓解当地的就业压力，争取宽松的经营环境，又可以充分利用当地有效的资源进行市场开拓，同时减少了许多外派成本和许多不确定性风险。

地域事业部组织结构的主要缺点是：企业所需的能够派赴各个区域的地区主管比较稀缺，控制上也存在一定的难度；另外，可能会因存在职能机构重叠而导致企业整体管理成本过高的问题。

根据地域型组织结构的特点，它所适应的战略条件可概述为：各地顾客需求具有不同的特点，外部环境的不确定性为中等或高等；各区域制造技术的独立性不是很高；具有大型的企业规模；公司经营目标关注于地区效用、灵活性和区域内部组织效率的提高。

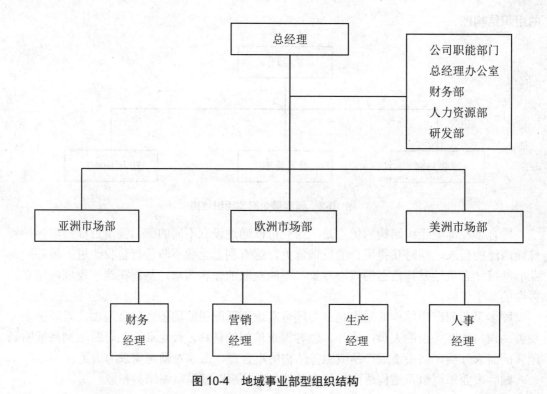

图10-4 地域事业部型组织结构

三、矩阵型组织结构

矩阵型组织结构是由纵横两套管理系统组成的，一套是纵向的职能管理系统，另一套是为完成某项任务而组成的横向项目系统，横向和纵向的职权具有平衡对等性。矩阵形结构具有多重指挥线，打破了全局统一指挥的传统原则。当组织面临较高的环境不确定性，实现目标需要同时反映技术和产品双重要求时，矩阵型结构应该是一种理想的组织形式。图10-5是一个典型的矩阵型组织结构示意图。

矩阵型组织结构的优点在于，具有不同背景、掌握不同技能和专业知识所组成的团队为某个特定项目共同工作，一方面可以取得专业化分工带来的好处，另一方面可以跨越各职能部门获取所需要的各种支持，资源可以在不同产品之间灵活分配。通过加强不同部门之间的配合和信息交流，可以有效地克服职能部门之间相互脱节的弱点，同时易于发挥事业单位机构灵活的特点，增强职能人员直接参与项目管理的积极性，增强项目主管和项目人员的责任感和工作热情。

矩阵型结构的缺点在于，组织中的信息和权力等资源一旦不能共享，项目经理与职能经理之间势必会为争取有限的资源或因权力不平衡而发生矛盾，产生适得其反的后果，处理这些矛盾必然要牵扯管理者更多的精力，并付出更多的组织成本。另外，一些项目成员需要接受双重领导，要具备较好的人际沟通能力和协调矛盾的技能，成员之间还可能会存在任务分配不明确，权责不统一问题，这同样会影响到组织效率的发挥。如何客观公正地评价绩效，并在成本、时间、质量方面进行有效的控制将是此类组织机构正常运行的关键。

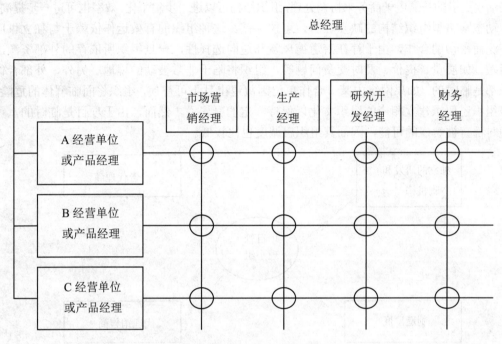

图 10-5　矩阵型组织结构

从实践中看，双重平衡式矩阵型结构的应用局限性比较明显，实践中要么以职能部门主管职权为主要权力组成职能式矩阵结构，要么以项目主管职权为主要权力组成项目式矩阵结构。这两种矩阵结构方式都会提高运行的成效。

根据上面的讨论，将矩阵型组织结构所适应的战略条件概述如下：企业的外部环境不确定性高且比较复杂；各部门的技术独立性较强；具有多种产品类型或实施项目的大型企业；以产品创新和技术专业化为企业的管理目标。

四、动态网络型组织结构

动态网络型组织结构是一种以项目为中心，通过与其他组织建立研发、生产制造、营销等业务合同网，有效发挥核心业务专长的协作型组织形式。动态网络型组织结构是基于信息技术的发展和愈加激烈的市场竞争而发展起来的一种临时性组织。它以市场组合方式替代了传统的纵向层级组织，实现了组织内在核心优势与市场外部资源优势的动态有机结合，因而更具敏捷性和快速应变能力，可视为组织结构扁平化趋势的一个极端例子。图 10-6 是一个典型的动态网络型结构示意图。

动态网络型组织结构的优点包括：具有更大的灵活性和柔性，以项目为中心的合作可以更好地针对市场需求整合各项资源，而且容易操作，网络中各个价值链也随时可以根据市场需求的变动进行增加、调整或撤并；简单、精炼，组织中的大多数活动都实现了外包，这些活动更多的是靠电子商务来协调处理，组织结构可以进一步扁平化，效率也可进一步提高。

动态网络型组织结构的缺点在于，可控性差。这种组织的有效运作依赖于与独立供应商广泛而密切的合作，由于存在着道德风险和逆向选择性，一旦组织所依存的外部资源出现问题，如质量、提价、及时交货问题等，组织将陷于非常被动的境地。另外，外部合作组织都是临时的，如果网络中某一合作单位因故退出且不可替代，组织将面临解体的危险。网络组织还要求建立相应的组织文化以保持一定的凝聚力，然而，由于项目是临时的，员工随时都有被解雇的可能，因而其组织忠诚度也比较低。

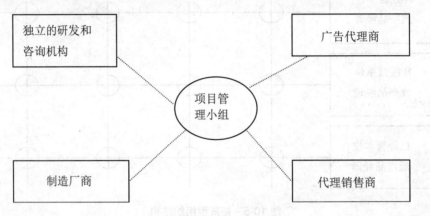

图 10-6　动态网络型组织结构

动态网络型组织有时也被称为"虚拟组织"，即组织中的许多部门是虚拟存在的，管理者最主要的任务是集中精力协调和控制好组织的外部关系。为了获取持续性的竞争优势，组织往往需要通过建立广泛的战略联盟来保持相对稳定的联合经营。早先的网络组织只适合于一些劳动密集型行业，如服装业、钢铁、化工业等。近几年来，随着电子商务的发展以及外部合作竞争的加强，更多的知识型企业依靠网络等信息技术手段，并以代为加工(OEM)、代为设计(ODM)等合作方式组建了动态网络型组织结构，对市场变化作出快速响应。

第二节　战略与组织结构的关系

企业组织结构是实施战略的一项重要工具。在战略实施过程中，选择何种组织结构，取决于多方面的原因，既包括战略决策者和执行者对战略组织结构的理解，又取决于企业自身条件和所选择的战略类型，也取决于对组织所适应的战略类型的认识。企业要想有效地运营，确保战略的顺利实施，必须将战略与组织结构联系起来考虑。在战略管理中，有效地实施战略的关键因素是建立适宜的组织结构，即与战略相匹配的组织结构。它们之间匹配的程度如何，将直接影响企业战略的实施，进而影响企业的经营绩效。

一、组织结构服从战略

美国学者钱德勒在对 70 家公司的发展历史，特别是通用汽车公司、杜邦公司、新泽西标准石油公司和西尔斯—罗巴克公司等四家公司发展历史进行深入研究后，于 1962 年出版了《战略与结构：美国工业企业历史的篇章》一书。提出了战略与结构关系的基本原则，即组织的结构要服从于组织的战略。这一原则还指出企业不能仅从现有的组织结构出发去考虑战略，而应根据外部环境的要求去动态地制定相应的战略，然后根据新制定的战略来审视企业的组织结构，如有必要对其进行调整。

不同的外部环境要求企业制定不同的战略和实行不同的组织结构。而组织结构变革的形式也往往与外部环境的动态程度相关。在外部环境相对稳定的时期，企业的战略调整和相应组织结构的变革往往是以渐进方式进行的，战略与组织结构的匹配程度虽不尽完美，但也基本适应。当企业面临重大的战略转折时，就对组织结构提出了严峻的挑战。为了更清楚地说明组织结构与战略的关系，钱德勒描绘了美国工业企业不同阶段所制定的战略，以及伴随这些战略而形成的组织结构。

在工业发展初期，企业的外部环境比较稳定。此时，企业面临的主要矛盾表现为生产率水平偏低，产品数量不能满足社会需求。企业只要扩大生产数量，提高生产效率，便可获得高额利润。在这种情况下，企业大多采用数量扩大战略，即在一个地区内扩大企业产品或服务的数量。相应的，企业的组织结构也比较简单，往往只需要设立一个专门履行生产或销售职能的办公室。

随着工业化的进一步发展，当市场需求的增长速度已经不能满足企业发展的速度时，企业则需要将产品或服务扩散到新的市场中去，从而制定地区扩散战略。相应的，企业也就形成了总部与部门的组织结构，它们共同管理各个地区的经营单位。这些经营单位虽然分处不同的地区，但它们执行着相同的职能。

在工业增长阶段的后期，随着社会生产力水平的提高，产品供给大于需求，此时，企业所承受的竞争压力增大。为了减少竞争压力，企业希望通过控制原材料供应、产品销售来稳定自己的供销市场，即采取纵向一体化战略。相应的，在企业中出现了中心办公室机构和多部门的组织结构。而各部门之间有很强的依赖性，在生产经营过程中存在着内在联系。

在工业发展进入成熟期，企业的竞争更加激烈，外部环境的风险性也随之增加。企业为了避免投资或经营的风险，持续保持高额利润，往往致力于开发与原有产品毫无关系的新产品系列，或者通过兼并生产这类新产品系列的企业，即采取多样化发展战略。相应的，企业形成了总公司本部与事业部相结合的组织结构格局。各事业部之间具有很强的独立性，基本上不存在工艺性等方面的一体化联系。

二、战略的前导性和组织结构的滞后性

在市场经济中，企业作为一个开放的系统，其外部环境总是处于不断变化之中，战略与组织结构对外部变化作出反应的时间是有差别的。钱德勒认为，战略的变化总会快于组织结构的变化，这样就形成了战略的前导性和组织结构的滞后性。

1．战略的前导性

所谓战略的前导性，是指企业战略的变化要快于组织结构的变化。当企业的外部环境和内部条件变化提供新的发展机会或产生新的需求时，企业首先在战略上作出反应，以谋求新的经济增长。例如，经济增长和技术革新都会刺激企业发展现有产品或进入新的更有增长潜力的领域。另外，当企业自我积累了大量资源时，企业也会据此提出新的发展战略来提高资源的利用效果。新的战略往往需要新的组织结构与之相适应，或至少在原有的组织结构上进行调整。如果组织结构不随战略的变化相应的进行改变，新战略的实施就没有组织上的保证，最终往往也不会产生好的效果。

2．组织结构的滞后性

所谓组织结构的滞后性，是指组织结构的变化速度常常慢于战略的变化。钱德勒认为，造成这种现象有两种原因，一是新旧结构的交替需要一定的时间过程。当外部环境变化后，企业首先考虑的是战略。只有当新的战略制定出来后，企业才能根据新战略的要求来改变企业的组织结构。二是旧的组织结构具有一定的惯性，管理人员在管理过程中由于适应了原来的组织结构运转形式，往往会无意识地运用着旧有的职权和沟通渠道去管理新旧两种经营活动。特别是感到组织结构的变化会威胁自己的地位、权利时，甚至会运用行政方式抵制需要作出的组织变革。

从战略的前导性和组织结构的滞后性来看，在战略环境发生变化时，企业总会存在一个利用旧结构推行新战略的阶段。那么，当开始实施新战略时，要正确认识组织结构滞后性的特点，首先在组织结构的变革上不能操之过急，如果操之过急则可能引起更大的阻力欲速不达；另一方面组织结构滞后性的时间间隔也是可以缩短的，企业不能坐等变革的到来，而应采取各种措施使组织结构尽快变革，以适应企业战略发展的需要。

三、组织结构与战略的匹配

1．成本领先战略与组织结构

成本领先战略的目标在于使企业的成本低于竞争对手或成为行业内的最低成本。其主

要途径是通过扩大生产和销售能力来获取规模经济和经验效益,同时通过较高的市场占有率来获取较强的市场竞争力。因此,在组织结构上,成本领先战略强调专业化、正规化和集权化。

这里要注意处理专业化和集中化的关系。专业化要求将具有相同专长的人力资源集中到同一部门,便于他们尽其所长对本部门的问题进行深入细致的研究,从而提高人力的使用效果。为了使集中的专业化人才发挥作用,就需要企业内部工作流程式化,使之成为员工工作行为和部门之间相互协作的正式规则。通常情况下,部门内部的程式化可以由单一部门来完成,但各部门之间的工作流程和例外事件就要由上一级部门来制定和协调,这就要求权力的相对集中。

一般而言,采取成本领先战略的企业,应首先考虑采用职能型结构,特别是以制造职能为核心的职能结构,因为这类企业的主要成本多来自制造和生产职能。在组织层级上,采取成本领先战略的企业,不应采取高塔形组织结构,而应考虑扁平型组织结构。在控制上,采取成本领先战略的企业,应采用最简单和最容易操作的控制方式,即产出控制方式。针对每一个职能,企业应设定一些产出控制标准,自行进行监控与绩效评估。

2. 差异化战略与组织结构

差异化战略的目标在于使企业生产区别于竞争对手的产品,形成自身的独特性。差异化战略往往要求企业具有较强的市场营销能力和产品创新能力。具有较强的市场营销能力,可以对市场需求具有高度敏感性,从而及时发现市场中存在的机会。同时企业必须通过各种方式建立企业的独特形象,在服务等方面给顾客提供更大的价值。为了实现差异化,企业还必须强调创新,尤其是产品创新,这就要求企业特别重视研究与开发职能。

要形成产品或服务的差异性,在分配决策与控制权力时,需要考虑组织对市场的快速反应能力,因此,相对地分散权力就成为差异化战略下组织结构的一个主要特征。差异化战略需要企业更具有创造力,不断进行营销和产品的创新,并要对各种问题和机会作出迅速的反应。因此,对企业的规章制度和业务流程等只能做相对弹性化规定,而不能像采取总成本领先战略的企业那样进行详细的硬性规定。

一般而言,对于采取差异化战略的企业,研发和营销能力都显得重要,适宜采用事业部型结构,例如产品事业部结构、地理事业部结构和顾客事业部结构等。另外,矩阵式组织也常被用来配合实施差异化战略,因为矩阵式组织可以同时兼顾营销和研发两个方面。在控制上,采取差异化战略的企业,应依据其所强调的独特竞争力来决定应采取的方式,一般多采用行为控制方式。

3. 集中化战略与组织结构

采取集中战略的企业经营目标往往针对相对较小的目标市场,较难发挥规模经济的长处，因此成本会偏高。这就要求企业除了要提供能满足市场需求的产品外，也特别要注意对成本进行控制。因此，采取集中战略的企业，应尽量降低组织结构的行政成本，同时对于市场适宜维持相当的弹性，以便培养出较为独特的竞争优势。集中战略的组织结构应视企业规模和市场覆盖的地理范围而灵活设置。如果企业的规模较小，有机式的简单结构是最佳选择；如果企业规模较大，那么就需要考虑职能式结构。在控制上，采取集中战略的企业应倾向于采用文化的控制，远胜于产出控制与行为控制。

4．相关多样化战略与组织结构

实施相关多样化战略的条件是各业务之间能够共享产品、技术和分销渠道，因此各业务之间的联系非常重要。高层管理者必须鼓励各业务之间进行合作，从而更有效地实现活动共享。有时为了协调各业务之间的关系，必要时对一些活动进行集中。因此，相关多样化战略宜考虑多事业部的组织结构，方便各部门间进行协同工作。通常在相关多样化战略下，财务控制的方式会比较困难，由于资源的共享，各个事业部的绩效不容易明确地区分。其次，应建立相应的协调机制，以确保各个事业部之间能够有效地进行协调和沟通。

采取相关多样化战略的企业在控制方式方面需要特别注意的一个问题是，如何在各个不同事业部的绩效评估和报酬上做到公平。另外，对于采取相关多样化战略的企业，权利分配的掌握也很重要，因为这会影响各个事业部的绩效和自主性。总部的权力过大，就会影响事业部的积极性，进而影响其经营业绩。

5．非相关多样化战略与组织结构

采取非相关多样化战略的企业在各个不相关业务部门之间往往存在相互竞争，这种竞争有利于保持企业的活力，提高经营效率。总部为了保持其中立性，通常应与各业务部门保持一定距离，除了对业务部门进行必要的经营审计和对主要管理者建立规范严密的考核管理制度以外，对业务部门的具体经营管理活动采取不干预政策。对经营单位采用的考核目标主要是投资报酬率。对各个业务单位进行资金等资源分配时也主要参考这项考核目标。因此，在非相关多样化战略下，首选多事业部组织结构。

由于在非相关多样化战略下，各个事业部具有相当大的自主性。总公司通常只对财务绩效比较感兴趣，对于具体业务内容并不是太关心。多事业部的结构，将整个企业视为一个投资组合，各个事业部间不需进行太多的整合，因此行政成本较低。而对于总公司的战略管理人员，其主要任务是如何合理地分配资源并监控资源的利用，以便提高其投资报酬率和整个公司的经营绩效。

第三节 战略组织结构调整与变革

一、战略组织结构调整

(一)组织结构调整的原则

当企业战略发生变化需要对组织结构作出相应调整时，应注意遵循适应循环的调整原则。所谓适应循环原则，就是要不断地适应外部环境和内部条件的变化。因为企业战略的重要特性之一便是它的适应性，它强调企业组织能运用已占有和可能占有的资源去适应组织外部环境和内在条件的变化。这种适应是一种极为复杂的动态调整过程，它要求一方面企业能加强内部管理，另一方面能不断推出适宜的有效组织结构。

适应循环原则要求适应不是简单的线性运动，而是一个循环上升的过程。只有不断地循环上升，才能使组织结构不断地与战略相适应。所以，适应循环原则是企业组织战略调整的根本原则。

(二)组织结构调整的内容

企业组织结构的战略调整工作一般应包括以下三方面的内容。一是正确认识企业目前组织结构的优势和劣势，设计出能适应战略需求的组织结构模式；二是确定具体的组织结构，包括管理层次和幅度的划分，相应责权的匹配；三是为企业组织结构中关键战略岗位选择合适的人才，保证战略的顺利实施。

为确保上述组织结构调整工作有效开展，需要做好以下几方面的前期准备工作。一是确定战略实施的关键活动。企业应从错综复杂的活动中，如制度建设、人员选用、市场开发等，去辨别对战略实施起关键作用的活动。二是对战略推行活动进行必要的任务分解。这是指将企业整体战略划分为若干个战略实施活动单元，这些单元实际上就组成了组织结构调整的基本框架，这样在客观上保证了企业战略被放到了首要地位。三是将各战略实施活动单元的责权明确化。企业战略管理者应全面权衡集权与分权的利弊，从而作出适当的选择，给每个战略实施单元授予适度的决策权，责成其制定符合企业总体战略的单元战略并负责贯彻执行。四是协调各战略实施活动单元的战略关系。这种协调包括通过构建企业整体权力等级层次实现对各战略实施活动单元的协调；在实施企业整体战略过程中吸收各战略实施活动单元共同参加，让其在实施过程中相互了解和沟通，从而充分发挥各方的作用。

由于每种组织结构都有各自的长处与短处，企业在调整组织结构的过程中，应综合考虑各种组织结构的特点，而不应局限于某一基本组织形式。组织结构作为实现企业战略的手段，其本身无所谓好坏，关键在于其如何适应战略。因此，企业应从实践出发，对自身条件和实施战略的特点，进行全面审视，对组织结构进行有效的调整，使其既满足战略要求，又简单可行，不可盲目追求结构的膨胀和形式上的完善。

二、战略组织结构变革

(一)组织结构变革的含义

组织结构变革就是根据内外环境的变化，及时对组织中的要素进行结构性变革，以适应未来组织发展的要求。组织变革包括组织结构的变迁、工作流程的改变、管理幅度的调整、工作人员的更新以及组织设计的变化等。

哈默和钱皮曾在《公司再造》一书中把三"C"力量，即顾客(customers)、竞争(competition)和变革(change)作为影响市场竞争最重要的三种力量，并认为这三种力量中尤以变革最为重要，"变革不仅无所不在，而且还持续不断，这已成了常态"。正因为组织变革的必要性，战略管理人员的工作才变得相当具有挑战性。对于组织变革的挑战，除了要注意其本身所带来的冲击之外，也要注意组织变革的连动性。任何单一组织变革的影响，都不会仅仅局限在该变革中，很可能引发更深远、范围更大的组织变革。例如，组织结构的调整，可能需要引进新的人员，而新的人员则又带来新的观念、价值与文化。因此，战略管理人员不能将组织结构变革等同为组织结构调整，而应该从整体上感受其带来的影响。

(二)组织结构变革的类型

按照组织结构变革的不同侧重点，可以分成五种类型。

1．战略性变革

战略性变革是指组织对其长期发展战略或使命作出的调整所引发的变革。如果组织决定进行业务收缩，就必须考虑如何剥离非关联业务；如果组织决定进行战略扩张，就必须考虑购并的对象和可能采用的方式，以及组织文化重构等问题。

2．结构性变革

所谓结构性变革是指针对组织结构的基本要素，以及组织的整体设计所进行的改变。主要包括组织部门的重组、职权和职责的重新分配、机能的协调、集权程序的调整、工作的设计，或类似的组织结构变革活动。以结构为基础的变革可针对组织的整体层次，例如，对组织的部门或单位进行重新编组。结构性变革也可能针对组织的中间层次，例如，对部门内的单位所进行合并以及更改其权责关系。结构性变革也可能针对组织的最低层次，例如设定新的项目或工作小组，或改变某一职位的工作内容或任职条件等。

3. 技术主导性变革

技术主导性变革是指针对工作流程、生产与制造方法、生产设备、控制系统与信息系统等所进行的变革与修正。技术是指将输入变成产出的转换过程。由于新技术层出不穷，技术变革对于许多企业已经变得越来越重要。例如，为了提高企业的竞争能力，必须定期更换现有的机器与生产设备，硬件更换往往会附加带来工作流程的改变，因而进一步促使工作顺序与生产步骤进行重新调整。特别是对于服务性组织，工作流程与工作顺序的调整是非常重要的。通过工作流程与工作顺序的调整，服务组织往往可以使用更有效率的方式为顾客提供更优质的服务。

4. 以人为中心的变革

以人为中心的变革即通过改变员工的知觉、态度、能力与期望，来进行组织变革。以人为中心的变革可以涉及单人、群体或整个企业。所有的变革活动最后都要通过人员来提供支持并完成。因此，以人为中心的变革是所有变革的基础。一个典型的以人为中心的变革，是使员工对于企业的目标与战略产生认同。同样地，以人为中心的变革必须通过适当的淘汰、教育及训练环节来完成。同时，也必须确认适当的绩效评估及奖酬制度，来支持并鼓励这种人员变革。

5. 以任务为基础的变革

以任务为基础的变革，主要是针对工作内容、程序与步骤所进行的变革。因此，任务变革过程中会涉及工作活动的次序、方式以及所要执行的作业。通常任务变革是技术与结构的变革的连带活动。例如，因为引进新技术或新设备带来新的工作方式；新的结构编组带来工作关系与工作方式。不过，任务变革也可能单独发生，例如顾客服务部门对顾客抱怨处理流程所做的修正，可能只是该部门内部作业定期评估的结果，和其他部门没有关系。一般而言，与以任务为基础的变革密切相关的概念包括工作丰富化、工作扩大化、工作简单化，以及流程再造等，企业一般通过这些技术或方法，来进行以任务为基础的变革。

(三) 组织变革的阻力

组织变革是一种对现有组织结构进行改变的努力，任何变革都会遇到来自各种变革对象的阻力和反抗。一般而言，抗拒组织变革的理由有四点，即变革不确定性，害怕失去既有的利益，个体间存在认知差距以及社会关系的重新构建。

不确定性是变革阻力产生的首要原因。变革意味着原有的平衡系统被打破，要求成员调整已经习惯的工作方式，而且意味着要承担一定的风险。对未来不确定性的担忧、对失败风险的惧怕、对绩效差距拉大的恐慌以及对公平竞争环境的忧虑，都可能造成人们心理上的倾斜。面对这种不确定性，很多企业成员会感到焦虑与不安。因此很多成员选择抗拒变革，以规避这种不确定性所带来的心理冲击。另外，平均主义思想、厌恶风险的保守心理、因循守旧的习惯心理等也都会阻碍或抵制变革。

既得利益的重新调整是变革阻力产生的重要原因。变革从结果上看可能会威胁到某些人的利益，如机构的撤并、管理层级的扁平等都会给组织成员带来压力和紧张感。过去熟悉的职业环境已经形成，而变革要求人们调整不合理的或落后的知识结构，更新过去的管理观念、工作方式等，这些新要求都可能会使员工面临着失去权力的威胁。往往既得利益越大者，组织变革可能为其带来的潜在风险也越大，所以对于组织变革的抗拒也越大。这就是为何高层管理人员以及资深员工有时会对组织变革表现出更强烈的抗拒的原因。

认知差距是变革阻力产生的又一原因。当不同个体对于组织变革所可能带来的潜在利益看法不同时，则对组织变革的承诺与认同也会不同。对组织变革的承诺与认同度较低的员工，往往对组织变革的抗拒也较大。不过，这种抗拒和来自因害怕失去既得利益的变革抗拒并不一样，形式一般比较理性。有时这对企业而言是有利的，因为经过沟通后，往往可以将抗拒转化为支持。

社会关系的重新构建也是变革阻力产生的原因。组织变革意味着组织原有关系结构的改变，组织成员之间的关系也随之需要调整。非正式团体的存在使得这种新旧关系的调整需要有一个较长的过程。在新的关系结构未被确立之前，组织成员之间很难磨合一致，一旦发生利益冲突就会对变革的目标和结果产生怀疑和动摇，特别是一部分能力有限的员工将在变革中处于相对不利的地位。因此，对于一部分企业成员而言，虽然这种组织变革并没有带来经济上的损失，但人际关系的打乱和重建，可能令他们更难以忍受。

(四)消除组织变革阻力的对策

1. 运用力场分析方法

所谓力场分析方法就是把组织中支持变革和反对变革的所有因素分为推力和阻力两种力量，前者发动并维持变革，后者反对和阻碍变革。当两力均衡时，组织维持原状，当推力大于阻力时，变革向前发展，反之变革受到阻碍。管理层在推进组织变革时，应当分析推力和阻力的强弱，采取有效措施，增强支持因素，削弱反对因素，进而推动变革的深入进行。

2. 创新组织文化

不同企业有不同的文化，而文化对组织结构的运行又有很大的影响。冰山理论认为，假如把水面之上的冰山比作组织结构、规章制度、任务技术、生产发展等要素的话，那么，水面之下的冰体便是组织的价值观体系、组织成员的态度体系、组织的行为体系等组成的组织文化。只有创新组织文化并渗透到每个成员的行为之中，才能对露出水面部分进行的改革行为变得更为坚定，使变革具有稳固的发展基础。

3. 沟通和参与

对组织变革的很多抗拒源于观点的不同或误解。通过适当的沟通，可以让企业成员了解组织变革的必要性，并坦诚地告知他们所可能产生的冲击，此举可以大幅降低来自误解或信息缺乏所引发的对组织变革的抗拒。参与是指让那些直接受到变革影响的员工参加组织变革的决策过程。通过参与，能使他们了解变革背后的理由与思考逻辑，另外，从内心感受上来看，参与也能使他们提高对最终决策的承诺与认同。

4. 提升和支持

即通过企业的关怀与协助，来帮助员工处理与面对变革所带来的恐惧和焦虑，进而提升员工的层次。企业所提供的提升和支持措施，包括心理咨询和治疗、技术和能力培训或短暂的带薪休假。

5. 协商

有时对组织变革的抗拒来自某一群体(例如工会)，协商往往是必要的手段。例如企业为某一团体或一些有影响力的个人提供某些利益，作为一种交换合作的条件，来减轻其对组织变革的抗拒。不过，这样的结果也可能造成一些坏的榜样，使要挟变成一种常见的协商方式。

6. 操纵及买通

即通过操纵性或买通的手段，以尝试影响与变革有关的员工。操纵性手段一般通过扭曲事实的方式，保留不利的信息，散布一些不实谣言，来使组织变革看起来更吸引人，以诱使抗拒者接受变革。买通的手段则通过收买抗拒群体的领袖，允诺给予某一职位或其他好处，并刻意征求其意见，使其对组织变革产生某种承诺及认同，进而赞同对组织进行变革。在减少组织变革的抗拒上，操纵及买通虽然是一种成本较低的手段，会带来一定的负面影响。一旦抗拒者与抗拒团体识破管理者的伎俩，两者的互信程度将降至最低点。

7. 强制

强制也是处理变革抗拒的一种常见手段，强制手段包括直接威胁或强迫抗拒者接受变革。强制的主要缺点在于其非法性(例如，对抗拒者进行减薪或解雇)。虽然有些强制手段可能是合法的(例如关厂或遣散)，但往往会造成双方的严重不信任。因此，战略管理人员在使用强制手段时应该慎重。

本 章 小 结

常见的组织结构类型包括职能型组织结构、事业部型组织结构、矩阵型组织结构和动态网络型组织结构。企业战略的变化总会快于组织结构的变化，这样就形成了战略的前导性和组织结构的滞后性。企业的组织结构要服从于企业的战略，不同的战略应选择不同的组织结构，也就是组织结构必须与战略匹配。

当企业战略变化时，企业组织结构的战略调整应遵循适应循环原则。战略调整工作一般应包括以下内容，即正确认识企业目前组织结构的优势和劣势，设计出能适应战略需求的组织结构模式；确定具体的组织结构，包括管理层次和范围的划分，相应责权的匹配；为企业组织结构中关键战略岗位选择合适的人才，保证战略的顺利实施。

战略组织变革的类型包括战略性变革、结构性变革、技术主导性变革、以人为中心的变革和以任务为基础的变革。组织变革阻力产生的原因包括自身具有不确定性；成员害怕失去既有的利益；人体之间存在认知差距；社会关系需重新构建。消除组织变革阻力的对策包括运用力场分析方法；创新组织文化；沟通和参与；提升和支持；协商；操纵及买通；强制等。

思 考 题

1. 组织结构包括哪些基本类型？
2. 论述战略与组织结构的关系。
3. 成本领先战略一般应采用什么样的组织结构？
4. 非相关多样化战略一般应采用什么样的组织结构？
5. 简述组织结构调整的基本原则。
6. 组织变革包括哪些基本类型？
7. 联系实际谈谈如何消除组织变革的阻力？

本 章 案 例

美的集团组织微雕术

事业部制为美的集团搭起了庞大坚硬的骨架，细致入微的分权体系则使组织的每一寸"肌肤"都能够自由地呼吸。与国内大多数热爱创造传奇的家电企业不同，一直顶着"乡镇企业"头衔的美的似乎有点过于"内向"，但当"明星们"遭遇重重危机的时候，美的集团却在冷静、踏实地沿着自己理想的轨迹，一步一个脚印踏雪前行，稳健地迈向1000亿的目标。

马克·吐温曾说过："如果这世界上有敌人，它不是别人，就是自己。"美的的领导人何享健说："如果有一天美的出现了危机，绝对不会是竞争对手把我们打垮了。真正的原因只可能有两个，要么是美的在战略上出现重大的失误，要么就是内部管理体系出了问题。"战略上，美的一直坚持在自己最擅长的白色家电行业里深耕，不冒进，不贪心；管理上，庞大的美的有着精细到神经元的分权体系，让组织化整为零，成为一个个反应敏捷的细胞体。同时，每个独立细胞又时刻牵动着遍布组织内部的信息神经系统，使得整个组织掌控张弛有度，灵敏而不失有序。

一、化整为零　实行事业部制

在企业的成长过程中，规模和效率是一对永恒的敌人。不能平衡肢体庞大和反应灵活之间矛盾的企业，总会在某个时刻，遭遇成长的天花板。对于美的集团来说，1997年就是撞到天花板的一年。这是美的历史上十分艰难的一年，也是关键性的一年。可以说，正是从突破困境的那个时候开始，美的逐渐显露出未来领袖企业的气质。

此前美的集团采用的是从上到下的垂直管理模式，所有产品的总经理都是既抓销售又抓生产，所有的产品由总部统一生产、统一销售。在公司发展早期，这样的中央集中控制模式，在行业内十分通用。但是，到了1996年、1997年时，美的虽然生产着包括空调、风扇、电饭煲在内的五大类近200种产品，可是组织结构还停留在单一产品制，体制性缺陷已经日益明显。为了克服体制性缺陷，美的高层管理团队经过反复调研和论证，最终决定实行事业部制，把企业"由大化小"。

在今天看来，这是个再清楚不过的正确决定了。但在当时，对于像美的集团这样的乡镇企业来说，去学习全球优秀的家电企业中通行的事业部制，还是遭到了很多的质疑。不巧的是，当时距美的不远的地方就刚刚发生过一起事业部制改造的失败案例：华南另一家著名家电企业，在进行事业制改造中遭遇滑铁卢，总部放权直接导致公司变成一盘散沙。

何享健一锤定音，事业部制必须实行。美的集团开始了全面的组织变革：以产品为中心，将空调、风扇、厨具、电机、压缩机划分成五个事业部。各个事业部拥有自己的产品和独立的市场，享有很大的经营自主权，实行独立经营、独立核算。它们既是受公司控制的利润中心，又是产品责任单位或市场责任单位，对产、研、销以及行政、人事等管理负有统一领导的职能。此外，各事业部内部的销售部门基本上都设立了市场、计划、服务、财务、经营管理等五大模块，将以上功能放到销售部门，形成了以市场为导向的组织架构。而像原来"生产经营部"这样类似"内部计划经济"的机构也渐渐消失了。

事业部制为后来美的集团的大发展提供了前提保障。其实，美的希望借助事业部制度突破天花板的逻辑很朴素：1996年业绩滑坡时，说明美的的驾驭能力达到30亿销售规模就是一个很难跨越的坎，那么假如把组织切分成更小的个体，这样，每个事业部现有的规模变成5亿，在增长到它们的成长天花板30亿之前，还有5倍的成长空间。而对于美的整个公司而言，整个组织的天花板就变成了150亿。以化整为零的方式打破企业成长规模的边界，美的在经历了事业制改造后，整个组织重新焕发出活力，迎来了从1998年开始的井喷式的增长，从30亿到100亿的跃升，只用了4年的时间。

二、反省与自知　优化组织架构

在外人看来，平淡无奇的美的集团是个没有传奇的企业。但这并非是由于这家企业缺乏精彩，而是它自己选择的一种生活态度。一是，从领导人到美的的企业文化，本身便对华而不实的荣誉和概念缺乏兴趣；二是，在美的文化中并不崇拜"英雄"，力挽狂澜的英雄事迹往往意味着之前有人犯下过愚蠢的错误，绝地逢生不如防微杜渐。在美的，"任何一个步骤发生之前，其实早已经安排好了"。成功后自我膨胀的情绪和过于乐观的自我认识更被视为大忌，可能伤害企业宝贵的自我反省能力。而正是这种谨慎小心、勤于反省的能力，让美的在几十年历史中一直没有出过重大失误。

2001年到2002年，销售冲破了100亿后，美的集团内部已经"涌现"出了七八个事业部，其中一些事业部创造的销售收入甚至超越了1996年美的整个集团的总收入。从1996年的业绩下滑、甚至有可能被科龙收购的低谷中走出来，迅速跨入100亿俱乐部的美的，内部情绪高涨，制定未来经营计划也一度开始"放卫星"。在一片乐观情绪中，何享健却开始提醒大家别忘记绷着风险那根弦，甚至在内部会议上直接用一盆"凉水"给大家头脑降温："你们现在回去要做最重要的事情，第一是调低预算，第二个是回去反思，我们还有哪些做得不够的地方。与我们现在高速发展不匹配的地方，会制约未来高速发展。"

而同时，上一次组织变革带来增长也开始出现边际效应降低的迹象。事业部制最大限度地释放出单个产品的活力，但单飞后每个业务单元也很快就遭遇了类似30亿的天堑，又陷入低效和业绩停滞。这时候，一位离职的员工给何享健写了一封信，痛陈美的内部的管理问题，他指责美的患了大企业病，决策效率低下。这件事让何享健非常重视，将其看成一次重大的危机，发起全公司一起讨论企业当下的问题和解决方法。

他自己还亲自召开中层会议，逐个听取每个干部的发言，检讨美的到底是不是真的犯了大企业病，是否效率变低了，是否变得官僚了，是否没有把决策和经营紧密联系在一起。在会上，何享健非常赞同一位中层干部的发言，他认为美的不是犯了当时流行的大企业病，反而是犯了"小"企业病。因为，美的集团并没有像全球领先的大企业那样重视专业化、资源整合等内部管理问题，这也是美的当时的问题所在：不但规模上够不上一个"大"企业，也没有一个大企业应有的目光远大；反而行为风格更像是一个缩手缩脚的小公司。

经过这次的组织反省，美的发起了深化事业部的第二次改革，从提升经营水平和强化组织竞争力方面提出了四个调整方向，对美的整个组织架构进行再次优化。由于一些事业部发展过快，美的将产品类型比较接近的事业部集中到一起，比如小家电系列产品，相应的设立二级管理平台来处理事业部层面的经营管理问题，再次增加组织的弹性，以便更快更专业地应对市场需求。自从建立事业部制以来，美的组织结构始终在调整，而每次调整都是围绕权力的放与收进行的，权力收放的另一面则是责任和利益的转换与变局。

这次组织调整是颇具美的特色的，与前一次发展低谷时求变不同，当时的背景是，从2000年到2001年间，美的的账面业绩一片大好，在此情况下，美的决定牺牲一定的业绩增长来进行组织内部的调整，让组织发展得更健康，规避未来的风险。正是这种居安思危的智慧让美的可以一直稳健地增长跳级，销售收入从2002年的150亿激增到2006年的570亿。

三、减政放权　建构分权制度

随着1997年事业部制变革的完成，美的集团也开始煞费苦心地建构分权制度。如果说事业部制为美的搭起的是庞大坚硬的骨架,那么细致入微的分权体系就是为了组织的每一寸肌肤都能够自由地呼吸。由于实行事业部制分权不当而天下大乱的南方另一家电公司就是前车之鉴,当时很多企业都在"一抓就死"和"一放就乱"的两难间徘徊。出于谨慎考虑,很多公司的领导人尽管忙得焦头烂额,却不敢放权。相比起来,何享健却是一个空闲得令人嫉妒的企业家,这位高明的领导者甚至今没有手机,每周还坚持打两次高尔夫球,同时,他治下的企业依然井井有条地运转。

高明的老板都懂得将个人能力注入企业制度的道理。过去企业的成功多依赖于老板在多年实践中锤炼出对问题的掌控能力,但是企业规模扩大后,就有很多企业领导者能力无法掌控的地方。因此要把能力演化成制度体系来保证组织的稳健运行,而同时这套制度又不能僵化,应该富有弹性,这样组织才能永葆活力。这是一个静水流深的长期过程。何享健则深信:对一个组织来说,群策群力的效果永远高于领导者的亲力亲为。更重要的是,正是这种观念让他舍得也懂得如何把权力释放出去。

最能够完美阐释美的张弛有度的权力结构的,莫过于美的集团厚达70多页的《分权手册》,上面不但明确规定了美的集团和事业部之前的定位和权限划分,还事无巨细地阐明了整个美的经营管理流程中的所有重要决策权的归属,为美的集团的分权提供了制度化的保障。集团总部只有财务、预算、投资,以及职业经理人的任免(中高层的管理者)的管理权力,下面的事业部高度自治,可以自行管理研发、生产、销售整个价值链上的所有环节和服务,支持部门都自行决策,同时事业部还有人事权,让事业部的总经理可以自行组阁。

权力的背面是责任,事业部也承担着巨大的经营责任,万一业绩不佳,整个内阁也要一起引咎辞职。为了保证《分权手册》的及时有效性,他们每半年就分析调整一次,这也是美的对待"制度条款"的惯例。调整的原则是:去粗取精,调整或删除一些不合理的项目,进一步推动分权的简化和向下。像美的微波炉事业部的总经理,过去可能每年要审批200多项内容,而随着事业部业务渐渐迈入正轨,他所需要直接审批的项目就只有70、80条了。

四、16字方针 制定权利边界

充分授权的最高境界是:组织内的每个人很清楚自己应该做什么,每个人都自然地获得了方向感和驱动力。但在外界竞争环境快速变化的情况下,只有把决策权放在最早也是最直接接触信息的地方,才能带来真正高效的执行力。根据这个出发点,美的制定了"集权有道、分权有序、授权有章、用权有度"的16字方针,把整个组织的决策大脑从中央控制的中心移到每个组织的细胞中。美的在竞争激烈的家电市场中一直都有凌厉的表现,以执行力强见长,也是得益于这样分布式的决策模式。

比如,在一个家电大卖场里,竞争对手刚打出降价的标识,两分钟后,美的空调也可以制定出相应优惠价格进行促销。因为根据分权手册,每个终端的营销人员都在一定范围内享有定价权,这就相当于把战地司令指挥中心拆分成无数个小指挥部安放在战地的最前沿。

很多公司的分权计划推行不了，最终流产，往往是因为领导者常常情不自禁地或不自觉地插手下属的决策，尤其是认为下属做了错误的判断时。久而久之，分权就变得名存实亡，还是老板一个人说了算。同时，对自己不自信的下属也会隐蔽地助长这种行为，将决策结果的责任推到老板身上。而在美的，从何享健开始，作为管理者每个人都清楚地为自己的权力划下边界，用影响而不是控制来保障分权的成功。

在美的的分权体系内，事业部的总经理享有很大的自由度。刚开始实行时，有些事业部负责人都有点不适应，觉得手中的权力大到令人不敢相信。一日，有一位总经理需要审批一个几千万元的生产计划项目，虽然在授权范围内，但由于数目过大，出于谨慎，他还是去找何享健请示。何给他的答复很简单：这在你的权限范围内，你自己拿主意。这位总经理更没有想到的是，往后随着事业部规模的扩大，他的权限还在继续增大，几个亿的资金在他们手里流进流出也是司空见惯的事情。

在美的，能够把这样一套精微的分权制度成功地运用到组织中，除了何享健本人的身体力行作出表率，还需要一个系统化的学习过程。比如，一个二级集团的行政人力资源部总监在整个公司分权制度中担当承上启下的角色：他身兼数职，要同时管理行政、法务和人力资源三个方面的工作，同时，作为二级平台管委会成员，他还需要参与产业层面的决策制定和管理监督。要同时把自己的多个角色处理好，自然十分需要下面的支持协助，这样他自己可以抽身出来，有精力参与更重要的决策的事情。因此，他内心更愿意把一些职能事务性的工作交给副总监。他经常像上司对他慷慨授权一样，对负责人力资源工作的副总监说："这样的事情可能你不需要问我。"这位副总监从他这里得到了很大的工作空间，从而在工作上更积极、绩效方面可以表现更好。接下来，这位副总监也会热衷于将工作中的部分权力下放下去，比如他会更关注培训体系的构建，而把具体的培训项目设计和实施都放权给下属的培训经理来负责，并尽可能地给他更大的工作空间。

为了让组织每个细胞都发挥出最大的能动性，美的还有一套同样精微的激励考核机制配合。年初的时候，集团与事业部的总经理签责任状，确定当年应该完成的业绩指标，年终，则根据这样的指标来考核。美的的薪资水平不低，但个均效率(工资成本/人均效率)在整个行业中也属非常高的水准。重赏之下，必有勇夫，组织因此受益更多。

大到从何享健当初给冒险点将的事业部总经理几千万的审批权，再到后来逐步放开的数亿资金额度；小到一个培训经理和他的副总监在一个培训计划方案设计上的权力划分。这其中的艺术就是，让下属用 10%的失误率，换来个人能力 100%的提升。但关键是，管理者如何能够确保下属的 90%正确？在美的，从何享健本身到整个的职业经理人团队，都一直在放权这门学问上反复学习和历练。何享健对于分权的看法是，企业分权离不开四个必要的条件：一是要有一支高素质的经理人队伍，能够独当一面；二是企业文化氛围的认同；三是企业原有的制度比较健全、规范；四是监督机制非常强势。他说："具备了这些条件，就不用怕分权。能走得到哪里去呢？总会有限度的。"

五、重大决策　总部集中控制

如果一个企业希望有效地实施放权，就要先找到放任与信任之间的险要地带。美的用一个系统化的制度来保障对分权的推动力和引导力，让决策权不会偏离正确的方向。更重要的是，保障管理者做个耳聪目明的旁观者，把保持各事业部头脑清醒的警醒能力留在总部，并针对现状不断调整权力的边界。

早在1996年办公室的电脑还没几台的时候，美的就开始信息系统建设，在企业内上马了ERP项目。ERP项目为美的提供一个数字化的"神经"系统，可以实时地反映出组织的运行状态，发现隐患，并及时调整和控制。但何享健并不依赖信息系统，他自己还有另一个多年经营留下的老习惯：定期到国内国外的市场上逛逛。虽然不直接插手一线的经营，但如果在市场考察时，发现了一些异常的信息，他回来就会安排相关的高层一起研讨，布置课题，寻找答案。

这显示了美的分权制度的另一面，最核心的重要决策权还是留在了集团总部里，因为他需要总部始终保持头脑清晰。随着美的业务规模的不断扩大，事业部总经理手里的资金审批权也不断放开，但是，在一些不属于事业部权限的方面，再小他也不能擅自决定。比如说，美的的投资由集团统一管理，事业部的任何投资项目都要向集团申报，也就是说，事业部总经理可以决定1000万营销计划，但是10万元的投资项目都要经过集团审批。

美的集团的战略决策也分三个层面：一级平台集团负责最高层的集团战略，比如，美的未来五至十年内的业务发展方向，是否专注于做家电，还是去发展其他的产业等。二级平台负责企业战略，在产业层面如何竞争，比如说，制冷集团会考虑如何在未来提高冰洗产品的竞争力。三级单位则负责竞争战略，例如具体产品的竞争策略、市场、定价等等。所有的投资权都是总部集中控制，由战略管理部门负责。这个部门会综合审批美的的各种投资项目，考虑项目的适当性和回报能力。之后，他们会把整个分析报告提交给决策层定夺。

对于何享健来说，他所关注的只是集团战略，企业的大方向。虽然美的内部没有人比他具有更丰富的家电业经验，此前也有过多次力排众议做了很多关键性决策的前例，但何享健一直都保持着"兼听则明"的态度，从不会绕过战略管理部贸然行事。有时候，有些老下属通过"热线"，与老板私下交流，提出一些项目，当时何享健也很有兴趣，会头脑一热地答应下来。但事后并不一定成行，因为他曾经预先明确告诉战略管理部，即使是他说要可以做的项目，没有经过他们的论证，也不意味着公司真的要投入这个项目。通常战略管理部与美的决策层开会时，所有参与项目的人也都会到场，而且无论职位高低，即使坐在第二排列席会议的中层干部，何享健都会逐个询问他们的意见。

对于美的而言，感觉敏锐，视野清晰，思维冷静，是一切决策的必要前提，也是一切组织设计的出发点。(资料来源：http://www.study365.cn，2008-5-14，作者：柴文静。有删改)

案例分析

1. 美的划分事业部的标准是什么?
2. 美的的事业部型组织结构有什么特点?试加以评价。

案例点评

事业部型组织结构是在公司总部下,设立若干自主经营的业务单位——事业部。按照事业部的划分方式,可将其具体分为产品事业部、顾客事业部、地域事业部三种类型。美的的事业部属于产品事业部,即以产品为中心,将空调、风扇、厨具、电机、压缩机划分成五个事业部。各个事业部拥有自己的产品和独立的市场,享有很大的经营自主权,实行独立经营、独立核算。它们既是受公司控制的利润中心,又是产品责任单位或市场责任单位,对销售、产品研发、生产以及行政、人事等管理负有统一领导的职能。

美的集团的事业部型组织结构具有完善的制度保障,确保该下放的权力能够放下去,该集中的权力能够收上来,做到张弛有度。最能够完美阐释美的张弛有度的权力结构的,莫过于美的厚达70多页的《分权手册》,上面不但明确规定了美的集团和事业部之前的定位和权限划分,还事无巨细地阐明了整个美的经营管理流程中的所有重要决策权的归属。美的还制定了"集权有道、分权有序、授权有章、用权有度"的16字方针,把整个组织的决策大脑从中央控制的中心移到每个组织的细胞中,为美的的分权提供了制度化的保障。

第十一章

企业战略领导

学习目标：通过本章的学习，学生应该了解战略领导的基本概念和作用、领导与管理的关系以及领导与权力的关系；理解领导特质理论、领导行为理论和领导情景理论的内容；掌握领导与战略的匹配关系。

关键概念：领导(leading) 领导理论(leading theory) 总经理类型(kinds of general managers) 战略领导班子(strategic leading group) 事业激励(achievement motivation) 利益激励(benefit motivation)

战略领导是企业最高管理者的主要职责，无论是战略的制定、选择，还是实施，都离不开企业最高管理者的领导。不同类型的战略对企业最高领导者的素质、领导风格和行为要求也不相同。战略实施中的领导包括建立与企业战略相适应的领导体制；选配与企业战略相匹配的经理人员；组建结构合理的企业战略领导班子。本章主要介绍战略领导的相关理论，企业战略与领导匹配的实现方法。

第一节 领 导 概 论

一、领导的定义

所谓领导，是指导和影响组织成员的思想和行为，使其为实现组织目标而作出努力和贡献的过程和艺术。从这个定义中，可以理解领导包括以下两层含义，即，领导本身是一个动态的过程，进行领导就是引导、指挥、指导与先行；领导的目的是指引和影响个体、群体或组织去完成所期望的目标。

领导作为一个动态过程，应该包括三个必不可少的要素，即领导者、被领导者、作用对象(客观环境)。而在上述三个要素中，领导者起主导作用，一个成功的领导过程在很大程度上取决于领导者领导的能力。约翰·科特教授研究认为，对于一个企业的领导者来说，成功的领导过程应该包括下述四个方面，①即为企业制定一个能够并且应该实现的设想或规划，即企业的长远发展目标。这种设想或规划要考虑到有关当事人的长期合法利益。

②为实现企业的设想和规划，作出战略安排。这种战略安排应充分考虑到各种主要的外部相关环境因素和企业内部因素。③建立一个强有力的资源协作体系。这一体系包括与主要权利力构之间的支持关系，这些支持关系足以获得企业内部的服从和合作。有必要的话，还可以建立联合组织。④在这个协作体系中，有一群热情高昂、担负着将设想变成现实这一责任的核心队伍。

由此可见，领导者实施领导过程的能力，对领导过程的成功与否起决定性作用，对于企业经营活动的有效性至关重要。

二、领导的作用

领导者在带领、引导和鼓舞部下为实现组织目标而努力的过程中，要发挥指挥、协调和激励三方面的作用。领导者的角色如同一个管弦乐队的指挥，他的作用就是引导演奏家通过的共同的努力形成一种和谐的声调和正确的节奏。由于指挥者的指挥才能的不同，乐队也会作出不同的反应，或者演奏得杂乱无章，或者表现出激情四溢。

领导的指挥作用是指在组织活动中，需要有头脑清醒、胸怀全局、高瞻远瞩、运筹帷幄的领导者帮助组织成员认清所处的环境和形势，指明活动的目标和达到目标的路径。

领导的协调作用是指组织在内外因素的干扰下，需要由领导者来协调组织成员之间的关系和活动，朝着共同的目标前进。如果没有领导的协调，企业的不同部门和成员之间就不能很好地配合，企业也就不能发挥其整体效能。

领导的激励作用是指领导者为组织成员主动创造能力发展空间和职业发展生涯的行为。员工的精神状态会直接影响其工作的效果，要保持员工的良好状态，离不开领导者的有效激励行为。

三、领导与管理

领导与管理的关系一直是管理学家关心的话题。多数管理学家认为领导与管理之间存在着差别。管理学家亚伯拉罕·扎莱兹尼克认为，管理者和领导者是两类完全不同的人，他们在动机、个人历史、想问题做事情的方式上存在着差异。他认为，从动机和态度上看，管理者往往是以一种被动的态度，或是以一种非个人化的态度去面对目标；而领导者则以一种个人的、积极的态度面对目标。管理者倾向于把工作视为可以实现的过程，这种过程包括人与观念，二者相互作用就会产生策略和决策；而领导者的工作具有高度的冒险性，他们常常倾向于主动寻求冒险，特别是当机遇和奖励富有吸引力时尤其如此。管理者喜欢与人打交道的工作，他们回避单独行动，他们根据自己在事件和决策过程中所扮演的角色与他人发生联系；而领导者关心的则是观点，他们以一种更为直觉和移情的方式与他人发生联系。

实际上，领导与管理之间既有联系，也有差别。首先，领导与管理之间存在着共性。从行为方式看，领导和管理都是一种在组织内部通过影响他人的活动，实现组织目标的过程。从权力构成看，两者也都是组织层级岗位设置的结果。其次，领导与管理之间存在着区别。从本质上说，管理是建立在合法的、有报酬和建立在强制性权力基础上的对下属施加命令的行为。而领导则可能是建立在合法的、有报酬和建立在强制性的权力基础上，而更多的则是建立在个人影响力、专业特长以及模范作用的基础上。因此，一个人可能既是管理者，也是领导者，而两者相分离的情况也会存在。从行为方式的作用对象来看，行使管理职权的人称为管理者。但管理者是被任命的，他们拥有合法的权力进行奖励和惩罚，其影响力来自他们所在职位拥有的正式权力。相比之下，作为行使领导职权的领导者，则既可以是任命的，也可以是从某个群体中产生的，领导者可以选择不运用正式权力来影响他人的活动。

对于实现组织的共同目标而言，领导与管理具有同等的重要性，二者缺一不可。但在不同的环境下，领导与管理作用的发挥存在着差别。在相对稳定和繁荣时期，有限的领导与强有力的管理相伴可使企业具有良好的运营效果。在动荡和混乱时期，强有力的领导伴随着某种有限的管理可能更符合企业运作的要求。而在这两个极端的时期，强有力的领导和强有力的管理对企业的有效性来说是必需的。

四、领导与权力

权力，最简单的理解，就是影响别人行为的能力。现代领导科学认为，领导者的权力大致包括五个方面，首先是强制权。这是建立在惧怕基础上的权力，下属认识到不服从上司的命令会导致惩罚。在特殊情况下，在关键的时刻，这种权力当然是必要的。但如果把这种权力到处运用，便成了"专制主义"和滥权现象，是很危险的。把它看做是唯一的权力表达方式，只会加速失去领导权。其次是法定权。这种权力来自组织机构正式授予的法定地位，如总经理比部门经理有更大的权力。承担多大的责任，就应当有多大的权力，这不是所谓的权、责、利一致原则。这种权力只要运用合理，符合组织原则，就是一种正常现象。再次是奖励权。这是强制权的对立物，它使下属认识到，完成一定的任务会带来积极的奖励。这种奖励，既包括报酬、奖金等物质奖励，也包括精神奖励和社会尊严。接着是专长权。由于领导者具有某种专门知识和特殊技能，因而赢得同事和下属的尊敬和佩服。最后是个人影响权。这种权力是因为领导者具有好的品质、作风等，因而受到下属的敬佩，它是建立在下属发自内心的认可基础之上的。

上述五项权力中，前三项来自个人在组织中的地位，是一种领导权，后两项主要是由个人的品质和才能决定的，是一种统御权。领导人的威信往往来自于统御权而非领导权，所以，现代领导科学中，越来越重视对统御权的研究，它是真正取得领导权的客观基础，也是加强领导权的重要条件。

五、战略领导职责

1. 决定战略方向

战略领导的首要职责是决定战略方向。决定战略方向是指战略领导者应该勾勒出反映企业战略意图的长期愿景。理想的长期愿景，应该包括基本理念和基于此理念所衍生出来的使命与愿景。这些理念、使命与愿景成为战略执行过程中各个阶段的指导原则。

2. 发展与维持核心竞争力

发展与维持企业的核心竞争力是战略领导的重要职责。核心竞争力源于企业的资源与能力，战略领导者必须不断努力地开发企业核心竞争力，同时也必须确保在战略执行的过程中，不断地对其进行强化并充分发挥其作用。

3. 优化人力资源

人是企业的中心要素，有效地发展与管理人力资源，是企业能否成功地进行战略制定与实施的关键。因此，战略管理人员必须确保在战略执行的过程中，对人力资源进行适当的安排。同时，人员的潜力必须能够不断得到开发，以形成新的竞争优势，这涉及人员的晋用、训练、绩效评估及奖酬等。战略领导者必须具有相关的技能，以确保能够有效执行这些过程。

4. 培育有效的企业文化

企业所有的作为与活动，都是在企业文化的潜移默化下进行的，战略的执行也不例外。因此，如何培育出能够促进战略执行的企业文化，是战略领导者的重要职责之一。

5. 建立良好的企业道德规范

企业的道德规范影响着企业战略发展方向的选择，从企业长期发展的角度来看，对于战略执行的作为是否符合道德标准的考虑是很重要的。为了有效帮助企业员工进行道德性的判断，企业一般都会将道德标准融入企业文化并成为其一部分，因为制定良好的企业文化是确保员工符合社会道德要求的最有效方式之一。

6. 建立适当的战略控制系统

控制是确保战略的执行能够达到预期目标的重要手段，适宜的控制系统是战略执行的基础。控制可以帮助战略管理人员建立其信誉，确保战略能够对公司产生价值，以使其促进和支持战略性变革。成功的战略管理人员在执行战略时,会同时考虑短期和长期的目标,并试图建立适当而不偏颇的战略控制体系。通常财务上的指标虽然足够明确,但往往偏重于短期目标的达成,而战略上的指标则偏重于长期目标的达成,这两者都不可以忽略和偏重,应该力求维持平衡。

第二节 领导理论

一、领导特质理论

领导特质理论的基本思想在于,领导过程的有效性取决于领导者的个性品质,要指导和影响群体为完成组织目标而共同努力,企业的最高领导者就应具备最优秀的个性品质。因此,领导特质理论研究的主要问题是,什么样的特性或个人品质是领导者所需要的?也就是说,具备什么样的人格特征或品质的人最适合充当领导者?领导特质理论又分为传统领导特质理论和现代领导特质理论。

1. 传统领导特质理论

传统领导特质理论认为,人的特性或品质是先天的,天赋决定了一个人能否充当领导者的角色,一些优秀的领导者主要得益于其先天拥有的个性特点。这种理论代表人物心理学家吉普认为,天才的领导者往往具备如下个性特点:外表英俊潇洒,有魅力;善言辞;智力过人;善于控制和支配他人;具有自信心;性格外向,包括心理健康;灵活敏感。

另一代表人物斯托格迪尔则认为,优秀的领导者应具有 16 种先天特性,包括勇敢;有胆略;力求革新与进步;可靠;直率;有良心;责任心强;自律;有理想;有良好的人际关系;风度优雅;身体健康;胜任愉快;智力过人;有组织能力;有判断力。

2. 现代领导特质理论

现代领导特质理论认为人的个性特征和品质是在后天形成的,因此,领导者可以通过培养和训练加以造就。其代表人物美国包莫乐教授的研究结论显示,企业家应具备下面 10 个方面的条件,:①合作精神。即愿意与其他人一起工作,有较强的说服能力,能赢得人们的合作;②决策能力。有依据事实而非想象进行决策的能力,有远见卓识;③组织才能。善于将人力、物力和财力组织起来;④善于授权。能总揽全局,把具体事务分给部属去完成;⑤善于应变。灵活机动,权宜通达,不抱残守缺、墨守成规;⑥勇于负责。对组织以及整个社会抱有高度责任心;⑦勇于求新。对新事物、新环境、新观念有敏锐的接受能力;⑧敢担风险。有创造新局面的雄心和信心,并敢于承担改变企业现状可能带来的风险;⑨尊重他人。重视和采纳别人的合理化意见;⑩品德超人。其品德为社会和企业员工所敬仰。

领导魅力理论可以被归为一种现代领导特质理论,这种理论试图确认具有领导魅力的领导者所应具有的个性特点,以及他们与无领导魅力者之间的行为差异。瓦伦·本尼斯通过对 90 位美国最杰出的领导者进行研究发现,成功的领导者具有 4 种共同的能力:即有令人折服的远见和目标意识;能够清晰地表述这一目标,使下属明确理解;对这一目标的追求表现出一致性和全身心的投入;了解自己的实力并以此作为资本。康格和凯南格的研究发现,魅力型的领导者具有如下特点,包括他们有一个希望达到的理想和目标,并愿意为此目标的实现投入全部身心;反传统;非常固执和自信;是激进变更的代言人而不是传统现状的卫道士。一般说来,领导的领导魅力与下属的高绩效和高满意度之间有着显著的相关性。为具有领导魅力的领导者工作,员工因受到激励而愿意付出更多的努力,而且由于他们喜爱自己的领导,也表现出更高的满意度。

二、领导行为理论

1. R. 李克特的研究结论

密执安大学的 R.李克特(Rensis Likert)及其同事研究发现了两种不同的领导行为方式,包括工作(生产)导向型的领导行为和是员工导向型的领导行为。

工作(生产)导向型领导方式关心工作的过程和结果,并用密切监督和施加压力的办法来获得良好绩效、满意的工作期限和结果评估,群体任务的完成情况是领导行为的中心。对这种领导者而言,下属是实现目标或任务绩效的工具,而不是和他们一样有着情感和需要的人。

员工导向型领导方式表现为关心员工的需要、晋级和职业生涯的发展,并有意识地培养与高绩效的工作群体需要的人文因素,即重视人际关系。员工导向型领导者把他们的行为集中在对人员的监督,而不是对生产的提高上。

R.李克特的研究结论表明,在员工导向型领导方式的组织中,生产的数量要高于工作导向型领导方式组织。另外,在员工导向型的生产单位中,员工满意度高,离职率和缺勤率都较低。在工作导向型的生产单位中,产量虽然不低,但员工满意度低,离职率和缺勤率都较高。因此,员工导向型领导者与高群体生产率和高满意度成正相关,而生产导向型领导者则与低群体生产率和低满意度相关。

2. 弗莱西曼的研究结论

美国俄亥俄州立大学的研究人员弗莱西曼(E. A. Fleishman)和他的同事们用两个维度,即领导方式的关怀维度和定规维度来描述领导方式。关怀维度代表领导者和员工之间以及领导者与追随者之间的关系,包括相互信任、尊重和关心等,即领导者信任和尊重下属的程度;定规维度代表领导者构建任务、明察群体之间关系和明晰沟通渠道的倾向,或者说,为了达到组织目标，领导者界定和构造自己与下属角色的倾向。

根据上面的理论，领导者可以分为四种基本类型，即高关怀—高定规、高关怀—低定规、低关怀—高定规和低关怀—低定规。俄亥俄州立大学的这项研究发现，在两个维度方面皆高的领导者，一般更能使下属达到高绩效和高满意度，而其他三种组合类型的领导者行为，普遍与较多的缺勤、事故、抱怨以及离职有关系。

3. PM行为理论

卡特赖特(K.Carturight)和詹德(A. Zander)的PM领导行为理论认为，群体的目的可以归纳成下列两种中的任何一种，或两者兼而有之，包括以达成特定组织目标为目的和以维持及强化团体关系为目的。领导者为了达成不同的目标，会选用四种不同的领导行为方式，包括目标达成型(P型)、团体维持型(M型)、两者兼备型(PM型)、无效领导型(pm型)，如图11-1所示。

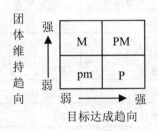

图11-1　PM领导行为分析

目标达成型领导行为的特点是，将成员的注意力引向组织目标，将工作任务明确化，拟定工作程序，利用专门标准评定工作成果等；团体维持型领导行为的特点是，维持和谐愉快的人际关系，调解团体成员的纠纷，注意激励、促进成员的交往；两者兼备型领导行为的特点是，既注重抓生产，努力实现组织的目标，又注重人际关系的协调处理；无效领导型领导行为的特点是，既没有完成组织的生产目标，又没有建立和谐的人际关系。

研究结论表明，PM型领导的单位，其生产量最高；P型和M型领导模式居于中位；pm型领导模式的生产量最低。

三、领导情景理论

领导情景理论，也称领导权变理论，它强调，没有一成不变和适用于一切情况的最好领导风格，领导的有效性依赖于领导者所处的环境因素或条件。领导的权变理论对于战略管理具有重要的意义，它指出有效的领导风格必须与所处的领导环境相适应或匹配，"匹配性"是有效领导与情境的重要中间环节。

1. 菲德勒权变理论

弗莱德·菲德勒所提出的综合领导权变模型中有三个重要的情境因素,即领导者与被领导者的关系,即领导者对下属信任、依赖和尊重的程度,或下属爱戴、信任领导者和乐于追随的程度;任务结构,指任务被阐明的深度和员工对任务的责任感;职位权力,即领导者利用所处职位所实现的对下属支配能力的程度。

根据上述三个情境变量,菲德勒设计出了 8 种情境类型组合(如图 11-2),这 8 种情境类型组合分为有利的情境,即表 11-1 中的 I、II、III 类情境;中等有利的情境,即IV、V、VI类情境;不利的情境,即VII、VIII类情境。

表 11-1 菲德勒 8 种情境类型组合

情景类型	人际关系	任务结构	职位权力	环境类型	有效领导方式
I	好	简单	强	好	任务导向
II	好	简单	弱		
III	好	复杂	强		
IV	好	复杂	弱	中	关系导向
V	差	简单	强		
VI	差	简单	弱		
VII	差	复杂	强	差	任务导向
VIII	差	复杂	弱		

菲德勒确定了两类领导风格,任务导向风格,即领导者从设法完成任务中得到满足;关系导向风格,即领导者从实现良好的人际关系和达到有声望的职位中得到满足。

菲德勒得出如下结论,任务导向的领导者适宜在非常有利的情境和非常不利的情境下工作。如表 11-1 所示,当面对 I、II、III、VII和VIII类型的情境时,任务导向的领导者更能发挥优势。而关系导向领导者则在中等有利的情境下,即在IV、V、和VI类情境中干得更好。

2. 路径—目标理论

路径—目标理论是罗伯特·豪斯发展的一种领导权变理论。该理论认为,领导者的工作是帮助下属达到他们的目标,并提供必要的指导和支持,以确保各自目标与群体或组织总体目标的一致。

豪斯确定了四种领导行为,指导型领导者让下属知道他对他们的期望是什么,以及他们完成工作的时间安排,并对如何完成任务给予具体指导;支持型领导十分友善,表现出对下属所需要的关怀；参与型领导则与下属共同磋商，并在决策之前充分考虑他们的建议；成就导向型的领导设定富有挑战性的目标，并期望下属发挥出最佳水平。豪斯认为领导者是灵活的，同一领导者可以根据不同的情景表现出任何一种领导风格。

路径—目标理论提出了两类情景变量作为领导行为—结果关系的中间变量，即环境因素(任务结构、正式权力系统和工作群体)和下属的个人特点(控制点、经验和知觉能力)。下属分为内向控制点和外向控制点两种类型。内向控制点说明个体充分相信自我行为主导未来而不是环境控制未来的观念，外向控制点说明个体具有把自我行为的结果归于环境影响的倾向。环境因素和下属个人特点决定着领导行为类型的选择。

以下是路径—目标理论的一些研究结论，当任务不明或压力过大时，指导型领导产生更高的满意度；当下属执行结构化任务时，支持型领导下的员工具有高绩效和高满意度；指导型领导不太适于知觉能力强或经验丰富的下属；组织中的正式权力关系越明确、越层级化，领导者越应表现出支持型行为，降低指导型行为；内向性控制点的下属，比较满意于指导型风格；当任务结构不清时，成就导向型领导将会提高下属的努力水平，从而达到高绩效的预期效果。

第三节　领导与战略的匹配

领导者的能力必须与所选择的战略相匹配，只有这样，才能实现战略的既定目标。这种匹配包含两方面的内容，即使总经理的能力与战略类型相匹配；组建结构合理的经理班子，使经理班子成员的能力互相匹配。

一、总经理的类型

不同类型的公司战略要求总经理具有不同的能力。例如，发展战略对总经理能力的要求与防御战略所要求的能力不一样，发展战略中的集中性发展战略与多样化发展战略对总经理的能力要求也不会一样，总经理的具体条件要适合于所选择的特定的战略类型。

管理学家从服从性、社交性、能动性、成就压力和思维方式等五个方面，来描述各种类型总经理所表现出的特征，如表11-1所示。表中显示的总经理类型分为开拓型、征服型、冷静型、理财型、交际型五种，每种类型的总经理又表现出不同的行为特点，目的在于反映不同类型的总经理可能具有的行为特点。

表 11-1　各种类型总经理的特点

类　型	行为方面	类型特点
开拓型	服从性	非常灵活，富有创造性，偏离常规
	社交性	性格明显外向，在环境的驱动下具有很强的才能与魅力
	能动性	极度活跃，难于休息，不能自制
	成就压力	容易冲动，寻求挑战，易受任何独特事物的刺激
	思维方式	非理性的直觉，无系统的思维，有独创性
征服型	服从性	有节制的非服从主义，对新生事物具有创造性
	社交性	有选择的外向性，适于组成小团体
	能动性	精力旺盛，对"弱信号有反应"，能够自我控制
	成就压力	影响范围逐渐增加，考虑风险
	思维方式	有洞察力，知识丰富，博学、具有理性
冷静型	服从性	强调整体性，按时间表行事，求稳
	社交性	与人友好相处，保持联系，受人尊敬
	能动性	按照目标行动，照章办事，遵守协议
	成就压力	稳步发展，通过控制局势达到满足
	思维方式	严谨、系统、具有专长
理财型	服从性	官僚，教条，僵化
	社交性	程序控制型
	能动性	只做必做的事情，无创造性
	成就压力	反应性行为，易受外部影响
	思维方式	墨守成规，按先例办事
交际型	服从性	在一定的目标内有最大的灵活性，有一定的约束性
	社交性	通情达理，受人信任，给人解忧，鼓舞人的信念
	能动性	扎实稳步，有保留但又灵活
	成就压力	注意长期战略，既按目标执行又慎重考虑投入
	思维方式	有深度与广度，能够进行比较思考

二、战略与总经理的匹配

管理学家根据企业发展速度的不同将战略划分为剧增战略、扩充战略、连续增长战略、巩固战略、投资转向战略、收缩战略。研究表明，在实施不同的战略时，不同类型的总经理与战略的匹配关系和成功机会是不同的。

开拓型的总经理在剧增、扩充、连续增长三类战略中的作用是递减的，而在巩固、抽资转向和收缩这三类战略中，则很难发挥作用，如图 11-3 所示。

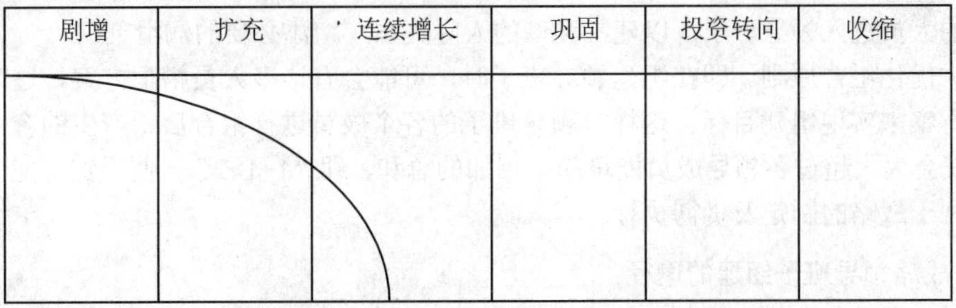

剧增	扩充	连续增长	巩固	投资转向	收缩

图 11-3　开拓型总经理的效应

交际型的总经理由于缺乏必要的创造性，在实施剧增和扩充型战略中一般不会起多大作用，但在其他战略的实施中或多或少地发挥着作用，如图 11-4 所示。

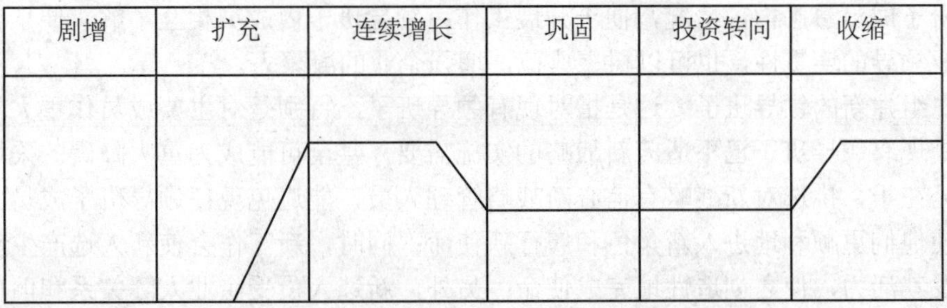

剧增	扩充	连续增长	巩固	投资转向	收缩

图 11-4　交际型总经理的效应

三、战略领导班子的组建

1. 战略领导班子组建的原则

(1) 选择主要领导原则。根据环境变化的情况和企业将实施的战略要求，选择合适的主要领导，再结合主要领导的素质与能力，让其在企业战略实施过程中起核心作用。作为一个公司制的企业，首先要选择作为主要决策者的董事长和主要战略实施者总经理。这是企业战略领导班子中的两个主要领导者。

(2) 能力匹配原则。指战略领导班子内部成员的能力应该相互补充，相互匹配。根据战略管理对领导能力的要求和企业内外部环境变化，选择与主要领导存在能力互补的人员进入领导班子，以弥补主要领导能力的不足。

(3) 精干高效原则。领导班子不但要结构合理化，还要工作高效化。因此领导班子必须精干化，即领导班子人数要适当，关键在于少设副职。公司制企业中，主要指董事会和经理班子的组成人员要精干，保证决策和执行效率，从而使得战略顺利实施。

(4) 合作和谐原则。即在组建战略领导班子人选时应考察其成员的合作性，选择富有合作性的人员进入领导班子，以建立和谐的人际关系，增添必要的润滑剂。

(5) 优化组合原则。即在组建领导班子时，可能会有诸多人员搭配方案，这时应选择最佳的方案来实现组建目标。这样，领导班子的各个成员进行组合后所产生的合力和整体功能，就会大大超过各领导成员能量简单相加的总和，即"1+1>2"，便于实现能力匹配要求且有利于战略的制定及贯彻执行。

2．战略领导班子组建的途径

(1) 调整现有领导班子。这是指根据新经营战略的要求，对现有的领导班子进行局部的调整。保留哪些成员，调整哪些成员应根据现有成员能力和素质与新战略的符合程度而决定。在确定新领导班子主要的领导成员后，相应的安排好其他领导成员的职位分工，并形成新的合作关系，建立新的集体责任感，保证工作的正常运行。这样做的优点在于，现存领导班子成员熟悉内部情况，便于开展工作；领导班子内成员相互了解，便于合作；可保持企业领导的连贯性，也可以树立典范，增强企业的凝聚力。

(2) 组建新的领导班子。这是指对现有领导班子，特别是对主要成员作重大的调整，其原因是现有领导班子已不适应新战略的实施需要，甚至可能成为重大障碍。采用这种途径的好处在于，挑选对新战略有信心新战略管理人员，能避免现任领导班子成员面临的障碍，可使他们更顺利地进入新角色和履行新使命；同时，新工作会使新人选产生新鲜感，容易激发其活力，使之创造性地完成使命；另外，新选人员受企业人际关系和旧秩序的影响较少，可更加轻松地推行新战略。

3．经理班子的能力组合

如前所述，实施每一战略，都要对总经理的能力提出多方面的要求。在现实中，任何一个总经理都很难完全满足战略的全部要求。因为一个人的能力、知识、阅历和经验以至精力都是有限的，无论多么优秀和杰出的经理人员，都不可能做到尽善尽美。因此，企业战略的实施，单靠一个总经理是远远不够的，还必须组成一个经理班子。一个经理班子需要什么样的能力组合，美国学者艾夏克·阿代兹提出了四种组合模式，分别是：

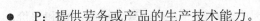

- P：提供劳务或产品的生产技术能力。
- A：计划、组织和控制集团活动的管理技能。
- E：适应动荡环境，创造新劳务和承担风险的企业家资质。
- I：调节、平衡、统一集团活动与目标的综合才能。

阿代兹提出的模式对于理解经理班子能力组合具有很重要的意义。它表明，第一，一个人能够具备 P，A，E，I 四种能力组合的可能性很小，所以应在管理班子中力求实现这四种能力的组合；第二，P，A，E，I 的最佳比例，即对 P，A，E，I 每一方面的重视程度，应因时而异，因公司而异。相应的比例取决于公司的战略，更取决于公司所处的生命周期阶段和所面临的环境。对于新生企业，首先要偏重于企业家能力(E)；一旦企业步入正轨，就必须转而偏重于生产率(P)；随着企业的发展，管理的重要性(A)与日俱增；当企业壮大到金牛单位时，企业家能力(E)需要很低，对于生产率(P)、管理(A)和综合能力(I)则应全部给予重视；面临"发展中危机"的大企业则多关注于如何激发变革和革新，又重新强调企业家能力(E)，并兼有落实战略变革的 P，A，I 能力。

采用阿代兹模式来组建经理班子时，应首先根据企业寿命周期和面临的环境来确定所需要的管理能力组合及侧重点；然后据此考虑总经理的能力，总经理选定后，再根据优化组合原则，考虑经理班子中其他成员以及力求实现能力的互补和匹配。

四、经理人员的激励

经理人员承担着正确制定和有效实施战略的艰巨任务，面对着竞争中的各种压力，他们需要激励，只有获得适当的激励，他们才能有效地完成既定规划和战略。然而，由于经理人员工作的特殊性，在实际工作中，要想通过激励促进战略执行并非易事。这是因为战略实施一般是长期的，其后果不能马上衡量；战略要冒很大风险，而且可能中途改变；一个战略周期结束前，可能对经理进行频繁更迭；不同的战略，目标各异，达到目标必须采取的行动也不同；中间结果捉摸不定，难以衡量，环境的变化常常打乱预定的战略规划。上述种种原因使人们难于将成果与经理业绩联系起来，从而难以有效地进行奖励。

为了对经理人员的工作进行有效的激励，首先必须确立正确的评审经理人员工作业绩的方法，使奖酬激励与企业希望取得的成果相对应；其次是采取切实有效的激励措施，提高激励的效果。

(一)对经理人员的考核和评价

经理人员不从事具体的业务，而是从事客观的战略活动，指引企业生存和发展的方向。经理人员要担负企业战略制定和实施的职责，即规定企业的使命并制定战略方针，确定战略目标和拟定实现目标的战略方案，进一步确定实现战略的组织结构、人员配备，领导和激励企业员工,以对战略实施进行监控。因此,对经理人员经营业绩的考核和评价,主要是衡量他们从事战略活动的绩效。这些绩效可以从三个方面加以评价,即生产和经营的产品满足市场需求的程度;使企业资产保值和增值的情况;上缴税金为国家提供积累的情况。

考核和评价经理人员是否完成上述任务,可通过若干具有实际操作性的指标进行测评。在实际中常用的指标包括销售利润率、总资产报酬率、资本收益率、资本保值增长率、资产负债率、流动比率(或速动比率)、应收账款周转率、存货周转率、社会贡献率、社会积累率等。

(二)经理人员的激励内容

对经理人员激励的内容、激励方式是多种多样的,概括起来有以下三个方面。

1. 事业激励

事业激励是指采取切实有效的措施和可行的方法,调动和发挥经理人员经营的积极性、主动性、进取性、创造性。鼓励他们运用新技术,创造新产品,提供新服务,贡献于民族和国家。经理人员也是事业家,他们有很强的事业心和成就感。他们希望自己能在经营管理企业的工作中作出成就,实现自身的价值。这本身也是一种内在的自我激励因素。如果再通过外在的激励,为经理人员创造良好的工作环境、政策环境、公平竞争的市场环境,对经理人员的工作热情支持,采取具体措施帮助他们解决实际困难,政治上爱护他们,法律上保护他们,促进他们实现事业上为国争光的宏愿,就会对经理人员起到良好的激励作用。

2. 利益激励

所谓利益激励,就是根据经理人员的经营业绩,从收入上给予合理的回报,以调动经理人员的经营积极性,给予其强大的物质动力,并使经理职业成为有吸引力的、高收入的职业。经理人员从事企业经营管理工作,就是以盈利为目的。他们要为投资者带来利润,要为国家提供税金,要为员工增加收入,为社会提供福利,为企业生存和发展积累资金。经理人员也是企业的一个利益主体,因而他们的经营劳动也需要得到回报。

现代公司对经理人员的物质激励一般采取以下形式,首先是工资或薪金,这是经理人员的基本报酬,与企业经营绩效无关,是一种稳定、有保障的收入,其额度高低大体上反映该经理人员的人力资本价值水平。其次是奖金,这一般与企业年度经营绩效直接挂钩,有较强的刺激作用,但也易导致经营行为短期化。再次是股票,奖励经理人员持有公司的股票,是不直接以货币形式表现的对公司制企业经营者的一种报酬,它与奖金一样将经理人员的经营绩效挂钩。同时,当经理们拥有一定数量的股票后,则促使他们从股东的角度考虑企业的长期效益,当然这对战略管理更为有利。最后是期股,也就是股票期权的简称,目的在于促使经理人员从企业长期经营绩效的角度处理当前经营与决策问题,但其效果如何更加取决于股票市场的规范化运作。总体来看工资和奖金属于对短期经营业绩的激励，而股票和期权属于对长期业绩的奖励。这就涉及如何确定两者比例的决策，使经理人员更好地兼顾长、短期利益。

3. 精神和荣誉激励

所谓精神激励，就是对经理人员所作出的贡献进行表扬和鼓励，在企业内和社会上公开表彰，宣传他们的经营业绩，使他们受到人们的尊敬和赞扬，从而鼓励经理人员们继续努力。所谓荣誉激励，就是根据经理人员对企业发展和社会进步所作出的重大贡献，分别授予不同层次的荣誉称号。经理人员追求卓越，重视实现自我价值。他们非常希望人们能够理解他们工作的艰辛，对他们的努力及成绩给予尊重和赞誉。因此，应特别重视对经理人员进行精神上的激励。这种激励往往比对他们的物质激励所产生的作用还要大。

本 章 小 结

领导是指导和影响组织成员的思想和行为，使其为实现组织目标而作出努力和贡献的过程和艺术。领导具有指挥、协调和激励三个方面的作用。领导与管理之间既有联系，也有差别。领导者的权力来自于强制权、法定权、奖励权、专业特长和影响力五个方面。战略领导的职责包括确定战略方向；发展和维持核心竞争力；优化人力资源；培育良好的企业文化和道德；建立适当的战略控制系统。

领导特质理论认为领导过程的有效性取决于领导者的个性品质，企业的最高领导者应具备最优秀的个性品质。领导特质理论可分为传统领导特质理论和现代领导特质理论。领导行为理论主要研究领导行为与工作绩效的关系，领导情景理论强调没有一成不变的和适用于一切情况的最好领导风格，领导的有效性依赖于领导者所处的情境因素或条件。

管理学家将总经理分为开拓型、征服型、冷静型、理财型、交际型五种类型。不同类型的总经理在不同战略中的匹配关系和成功机会是不同的。战略领导班子的组建要坚持能力匹配、精干高效、合作和谐、优化组合等原则。战略领导班子的组建可以通过调整现有领导班子和组建新的领导班子两种途径来实现。对经理人员的激励内容包括事业激励、利益激励、精神和荣誉激励。

思 考 题

1. 简述战略性领导的职责有哪些？
2. 领导者的权力包括哪些内容？
3. 简述领导特质理论的内容。
4. 简述菲德勒权变理论的内容。

5. 总经理包括哪些基本类型？各有何特点。
6. 简述战略领导班子的组建原则。
7. 对经理人员的激励措施主要有哪些？

本章案例

百度李彦宏印象

李彦宏，1991年毕业于北京大学信息管理专业，随后赴美国布法罗纽约州立大学完成计算机科学硕士学位。毕业后，李彦宏先后担任道•琼斯公司高级顾问、《华尔街日报》网络版实时金融信息系统设计者、Infoseek资深工程师。1996年，因发明全球第二代搜索引擎核心技术"超链分析"，在美国获专利；1998年，根据硅谷工作及生活经验，出版了《硅谷商战》一书。2000年年初，携风险投资回国，与好友徐勇共同创建百度网络技术有限公司。2001年被评选为"中国十大创业新锐"之一；2002年荣获首届"IT十大风云人物"称号；2003年再次荣获"IT十大风云人物"称号；2004年1月，当选第二届"京城十三新锐"；2004年4月，当选第二届"中国软件十大杰出青年"。

"百度"，2000年年初创立，开始为国内各网站提供搜索技术服务；2001年推出新的商业模式——搜索引擎排名（针对企业，收费，使其在可能的搜索页面上优先排序，从而提高赢得新客户的可能性），公司开始逐步盈利；根据最近的美国调查机构Alexa统计，"百度"已成为全球第二大独立搜索引擎商，在中文搜索引擎中位居第一。

一、独立自信的李彦宏

如果从"百度"创业向前，追溯李彦宏的成长往事，我们看到的，同样是"一步一个脚印"的渐进：实用的理想主义或者理想的实用主义，缜密的自我设计里有对环境的敏感和参照，亦步亦趋里不忘自信自我；而且，在每个阶段，都有充分自觉的目的性，"有播种有收获"。

1987年，山西小城阳泉19岁的李彦宏填报高考志愿：高中时参加全国青少年程序设计大赛的他，毫无疑问地喜爱计算机，但是第一志愿却不是北大计算机系，而是信息管理系。因为他考虑到：将来，计算机肯定应用广泛，单纯地学计算机恐怕不如把计算机和某项应用结合起来有前途。

读北大，学会独立思考。面临毕业，正是沉闷的1991年，决定"走出去看世界"的李彦宏如期接到布法罗纽约州立大学的入学通知。留学读研期间，偶然间，导师一句话，"搜索引擎技术是互联网一项最基本的功能，应当有未来"引起他的关注。这时候，1992年，互联网在美国还没开始普及，但李彦宏已经开始行动——从专攻计算机转回来，开始钻研信息检索技术。并从此认准了搜索。然后在松下研究所实习，工业界的鲜活让李彦宏决定放弃攻读博士学位，进入华尔街，开始做金融信息检索技术。这个公司老板是耶鲁博士，从贝尔实验室出来办了公司,再把公司卖给道·琼斯。从这里,李彦宏看到,"一个有知识的人如何利用知识发财致富,在读硕士博士当教授之外,另有一条明亮的成功途径"。接下来,当意识到华尔街最有前途的是金融家而不是计算机天才,而自己,热爱和长处只在计算机,于是,来到硅谷当时最成功的搜索技术公司 Infoseek。在 Infoseek,李彦宏见识了一个每天支持上千万流量的大型工业界信息系统是怎样工作的,并写成了第二代搜索引擎程序。

此外他还善于倾听,详细地了解 Infoseek 成立两年就红火上市的后面的艰辛,成功之前必须历练的谨慎和勤俭——这,先是被李彦宏写成畅销书《硅谷商战》,然后这个意识又让"百度"初期的他"心满意足",不租嘉里中心,不坐商务仓,也不住五星酒店。

二、平实低调的李彦宏

回忆艰难时期争取投资的技巧,李彦宏认为:关键是摆正位置,有自知之明。譬如,IDG 投资"百度",投资人最后下决心不是因为李彦宏让他们认识到"搜索在中国巨大的前途",而是,他们发现这个 30 来岁的年轻人,一直在滔滔不绝的不是自己怎么怎么厉害,而是怎么怎么去找"比自己强"的技术人员、管理人员,怎么组建最好的团队。

这个被上面看好的"创业者难得的心态",延续到"对下"、公司的管理上,李彦宏认为自己的核心概念还是"摆正位置","管理者不过是给大家提供一个好的工作环境、氛围,让有才能的人愉快充分地发挥潜力创造。"这种低姿态,具体到公司日常管理,有细小温暖的体贴。比如,2000 年公司开业,"百度"的办公室就开始提供免费早餐,虽然不过是白粥煮鸡蛋,但让早上爬起来就上班的年轻人不至于一个上午饿肚子;后来公司搬入理想国际大厦,不准做饭了,"百度"在大厅里摆上了咖啡机,开始提供免费咖啡。

对他人,是平实和体谅;对自己,对心中梦想,李彦宏的态度,也没什么高调,就是那两个不大新鲜的词儿:专注、坚持——"认准了,就去做,不跟风、不动摇。"认准了搜索引擎,认准了竞价排名,认准了自己的兴趣所在,认准了前途利益所在。接下来的执行,哪有徘徊迷茫的工夫,"我是个心理素质不错的人,自我调整能力很强,能比较快地走出低潮",李彦宏如是说。

三、机智细腻的李彦宏

李彦宏的细腻与心机表现在一本书上。上市后的百度已有近 700 名员工,据说他们均可以免费得到老板李彦宏在创立百度之前写的一本 200 多页的小册子——《硅谷商战》。当然,百度员工中真正读完这本书的可能微乎其微。这本被包装成章回体小说的文本,说它是小说肯定有些牵强,因为它没有故事也没有结构。但它确实可以作为时下急欲成为互联网从业人员的一本上岗前阅读的通俗手册。

其实,这是李彦宏在美国读书期间写的一本"技术"笔记,其纪录时间是 1994 年至 1998 年。当时的李彦宏辗转美国几大 IT 公司,埋头打工与抬头想事是在美国学计算机专业的中国留学生通常会走的谋生道路。在他们身边,平均每 5 天就有一家硅谷公司股票上市,每 24 小时就造就 62 个百万美元的富翁。

李彦宏这一批在90年代初、中期降落到美国的中国学生,为数不少的在几年后回国创业——拷贝硅谷模式。从书中内容可以看出,李彦宏在技术层面没有特别的偏好,他关注的东西很宽泛:从浏览器大战、搜索引擎、网上服务引发的电子媒体战,再到SUN的Java与IBM、甲骨文、微软的网络计算机竞争……此时的李彦宏显然还没有找到方向,所以他看到什么就纪录什么。

可能是命运注定。在Infoseek(全球第一批搜索引擎服务商)工作期间,李彦宏在澳大利亚参加一次学术研讨会时,在会议室的板报上贴了一个小纸条,希望与有兴趣研究搜索引擎的大腕过招。就是这张纸条,吸引来了 Google 的创始人谢尔盖·布林与拉里·佩奇。当时,李彦宏与这两位后来的"搜索引擎巨匠"交流了什么,尚不重要,因为这个领域的风向标是雅虎、Infoseek、Excite 和 Lycos。几年之后,李彦宏回到中国创立的公司到在纳斯达克上市,与 Google 一样,获得前所未有的追捧——上市第一天就跃入股价超百美元的行列。

四、善于决策的李彦宏

在硅谷的日子,让李彦宏感受最深刻的还是商战气氛。他经常翻看《华尔街日报》:微软如何跳出来公然反叛IBM,又怎样以软件教父的身份对抗SUN、网景……一个个鲜活的商战故事,让李彦宏感觉到:"原来技术本身并不是唯一的决定性因素,商战策略才是真正决胜千里的因素。"他的合作伙伴谈及对李彦宏的最大印象时,不约而同都说了睿智二字。在3年多来的合作中,令合伙人徐勇意外惊喜的是,李彦宏不仅有技术背景还对商战有敏锐的直觉和出色的判断。2002年5月从用友到百度担任副总裁的朱洪波对李彦宏的评价也是:虽然以前从事技术工作,但他的商业思维和市场眼光非常独到,对搜索产业方向的把握和商业竞争的规律和规则理解得非常到位。也许这与李彦宏在硅谷的耳濡目染有关,也许与在美国股市小试牛刀,关注股市起伏与公司战略间的关系有关。李彦宏在炒股时,在纯粹的美国股市环境中,从很多公司的业绩、决策等分析到股票涨、跌的关联,从中得到商业成败的关键。

创业与守业没有哪家公司会一帆风顺。在百度成立初期,有记者写文章八问百度,其中很多问题针对其客户资源和利润增长点。现在看来,当初的一些担心并非多余,百度成立半年内狂扫国内门户网站,占领了国内搜索引擎 80%的市场,但后来一些客户投靠了 Google,有的自立门户自己开发搜索,市场的竞争是残酷的。李彦宏总结百度风风雨雨 4 年中,面临了两次重大挑战:一是创业初期,拿着200万美金做公司,原计划 6 个月花光的钱公司做了一年计划,所以坚持到 9 月等到第二笔融资。如果"烧钱",就没有今天的百度。第二次是当世界所有使用人气质量定律的搜索引擎公司要么遭人收购,要么推迟上市时,百度根据李彦宏总结的搜索引擎第三条——自信心定律推出竞价排名。定律指出,搜索结果的相关性排序,可进行竞价拍卖。谁对自己的网站有信心,为这个排名付钱谁就排在前面。这样开创了真正属于互联网的收费模式,使百度的目标群体瞄准数十万的中小企业网站。李彦宏找到了搜索引擎的出路。

面临市场变化，见过无数硅谷商战的李彦宏也在变化中求发展。现在的百度，以搜索网站和竞价排名为主要的业务增长点，以国内数量巨大的中小企业为主要客户。这与他和徐勇为拿到第一桶金，而向投资人递交商业计划书内所写的做门户网站的生意大相径庭。"管理者的决策是这样形成的：听多数人的意见，和少数人商量，自己做决定，李彦宏就做到了。"朱宏波这样评价道。有人评价百度的成功在于：目标明确，市场定位准确。而且头脑冷静，不跟风，不抢潮。用这句评语描述李彦宏的性格特点，也是非常适当的：他知道自己想要得到的是什么，他一直坚信ASP商业模式必将获得成功，他知道自己所专注的，而别人做不到同样程度的就在搜索领域；在互联网高潮时，他能预言对于国内公司的烧钱做法，国外的投资人要吃亏，在互联网低谷时他能鼓励员工不要看到眼前利益要把眼光放得长远些……经历恶风巨浪，李彦宏承受了来自各方的压力，让足够少的人知道风浪，掌舵百度一路乘风破浪。

五、兴趣广泛的李彦宏

李彦宏帅气的长相加上儒雅谦和的性格，容易给人亲和感。然而内向的他却不擅长与人交往，更像社会的观察家。无论在公共社交圈还是平时的运动中，他更多时间沉默不语，在观察着这个社会和这些人与事。他的生活是简单的，每天花费时间最多的就是上网，在美国学习使用的是二手的本田车，现在回国创业后仍是开本田车。因为家人在硅谷，他每3个月去一次美国用两个星期时间与家人团聚。内秀的性格让人以为他不会作秀。可是2002年底的百度激情夜，李彦宏的出场让人有张朝阳的感觉：又一个作秀的CEO。百度市场总监毕胜对此评价：Robin（李彦宏英文名）放在哪里哪里就亮。李彦宏的爱好比较广泛，像打高尔夫、滑雪、游泳等，玩伴多数是在硅谷时认识的工程师朋友，还有公司的同事、合作伙伴、大学同学等。

像很多硅谷技术人员的理想一样，李彦宏的理想是希望靠技术改变世界。希望自己做的事能改变大多数人的生活方式，让足够多的人受益。李彦宏表示：无论当初做Infoseek还是现在做百度，我看到每天有上千万的人在用自己的技术，大家从中受益了，我心里就特别高兴，觉得对社会作出了贡献。而且现在这个社会越来越趋向合理，你对社会作出贡献了，社会也会给予你同样的回报。对于很多创业者来说，如果说创业者是为了赚钱和发财，这种心态通常使之抵御风险的能力非常低。而创业者如果认准了要做事作出东西来的初衷，一旦做成，社会也会给你同样的回报，财富随之而来。

管理公司4年，李彦宏经常会感觉自身还有许多地方需提升。他认为自己不是一个受过正规训练的职业经理人，现在要做职业经理人做的事情。有时候，遇到自己从来没有见到的事情，都要靠学习甚至感觉来做事。他希望如果有一天能够找一个合适的CEO的时候，让自己更轻松一些。他甚至想到了到时候退休，退休以后周游世界是他的生活理想。其实，高中时候的李彦宏，个人兴趣并不在理科，他对历史和地理兴趣更大。"有一定经济基础后我就一直想到处看看，然后在自家园子里种些蔬菜、水果之类的东西"。李彦宏的眼光穿过记者，望着远处，呈现满眼的向往。（资料来源：http://www.wjw.cn 2008-2-23 作者：刘宣如。有删改）

案例分析

1. 李彦宏具有哪些性格特点？这些性格特点在其领导企业的过程中发挥了怎样的作用？
2. 李彦宏是如何进行管理决策的？你对此有何评价。

案例点评

领导特质理论认为，领导过程的有效性取决于领导者的个性品质，企业的最高领导者应具备最优秀的个性品质。传统领导特质理论认为，人的特性或品质是先天的，天赋决定了一个人能否充当领导者的角色，一些优秀的领导者主要得益于其先天拥有的个性特点。现代领导特质理论中的领导魅力理论认为，成功的领导者具有以下共同的能力：有令人折服的远见和目标意识；能够清晰地表述这一目标，使下属明确理解；对这一目标的追求表现出一致性和全身心的投入。领导者的领导魅力与下属的高绩效和高满意度之间有着显著的相关性。从案例材料可以看出，李彦宏是一位有良好个性品质、富有魅力的企业领导人，他独立自信、平实低调、机智细腻、兴趣广泛，他的个性品质在其领导企业的过程中发挥着重要的作用。

管理者的决策是这样形成的：听多数人的意见，和少数人商量，自己做决定，李彦宏就做到了。有人评价百度的成功在于：目标明确，市场定位准确。而且头脑冷静，不跟风，不抢潮。用这句评语描述李彦宏的性格特点，也是非常适当的：他知道自己想要得到的是什么，他一直坚信ASP商业模式必将获得成功，他知道自己所专注的，而别人做不到同样程度的就在搜索领域；在互联网进入高潮时，他能预言对于国内公司的"烧钱"做法，国外的投资人要吃亏，在互联网低谷时，他能鼓励员工不要只看到眼前利益，要把眼光放得长远些。正是基于正确的决策理念和方法，才使得经历恶风巨浪，承受了来自各方的压力的李彦宏掌舵百度一路乘风破浪。

第十二章

企业战略控制

学习目标：通过本章的学习，学生应该了解战略控制的动因、特征和原则，以及战略控制的基本类型，理解战略控制的基本过程、战略控制系统的要求和实施战略控制的条件，掌握战略控制的基本方法。

关键概念：控制原则(principle of controlling) 控制过程(controlling process) 控制方法(controlling approach) 控制系统(controlling system)

战略控制是指企业战略管理者和一些参与战略实施的管理者，依据战略既定目标和行动方案，对战略的实施状况进行全面评价、发现偏差并进行纠正的活动。明确而有效的控制不仅可以纠正偏差，而且还可能导致确立新的目标、提出新的计划、改变组织结构以及在指导和领导方法上作出相应转变。对战略实施进行系统化的检查、评价和控制成为企业的一项重要工作。本章主要介绍战略控制的动因和特点，战略控制的过程，战略控制的类型以及战略控制的系统和方法。

第一节 战略控制概述

一、战略控制的动因

在战略的实施过程中，现实状况总会偏离于理想状态，无论战略制定得如何周密，由于各种各样的原因，人们在执行战略的过程中总是会或多或少地遇到与计划不一致的现象，这就显示了控制的必要性。斯蒂芬·罗宾斯曾这样描述控制的作用："尽管计划可以制定出来，组织结构可以调整得非常有效，员工的积极性也可以调动起来，但是这仍然不能保证所有的行动都按计划执行，不能保证管理者追求的目标一定能达到。李彦宏其根本原因在于管理职能中的最后一个环节，即控制，战略控制的必要性主要是由下述原因决定。

1. 环境的变化

战略实施是一个动态的过程，在这个动态过程中，企业的环境总处于不断的变化之中。如果企业面对的是一个完全静态的环境，影响企业活动的因素，如市场供求、产业结构、技术水平等永不发生变化，那么，企业管理人员便可以日复一日、年复一年地以相同的方式组织企业经营，工人可以用相同的技术和方法进行生产作业，因而，不仅控制工作，甚至管理中的计划职能都将成为完全多余的东西。事实上，这样的静态环境是不存在的，企业外部的一切每时每刻都在发生着变化。这些变化必然要求企业对原先制定的战略做相应的调整。

2．管理权力的分散

合理授权是管理的一个基本原则，只要企业经营达到一定规模，企业战略管理者就不可能直接地、面对面地组织和指挥全体员工的活动。时间与精力的限制要求他委托一些助手或战略管理部门代理部分管理事务。类似地，这些助手也会再委托其他人帮助自己工作。这便是企业管理层次形成的原因。为了使助手们有效地完成受托的部分管理事务，高一级的主管必然要授予他们相应的权限。因此，任何企业的管理权限都制度化或非制度化地分散于各个管理部门和层次。企业分权程度越高，控制就越有必要。控制系统可以及时掌握被授予权力人员的权力使用情况，以保证授予他们的权力得到正确地利用，促使这些权力组织的业务活动符合计划与企业的目的。如果没有控制，没有为此而建立相应的控制系统，战略管理者就不能检查下级的工作情况，即使出现权力滥用或活动不符合计划要求等情况，也无法发现，更无法采取及时的纠正行动。

3．工作能力的差异

在一个企业内，不同层次、不同部门的管理人员在认识和能力上总存在一些差异。由于这些差异的存在，即使企业制定了完善的战略规划，经营环境在一定时期内也相对稳定，对经营活动的控制也仍然是必要的。完善规划的实现要求每个部门的工作严格按计划要求进行。然而，由于组织成员是在不同的时间和地点进行工作的，他们的认识能力也不同，对规划要求的理解可能存在差异；即使每个员工都能正确地理解规划的要求，但由于工作能力的差异，实际工作结果也可能在质和量上与规划要求不符。这种某个环节可能产生的偏离规划现象，会对整个企业战略实施造成冲击。因此，加强对这些成员的工作控制是非常必要的。

二、战略控制的特征

企业的战略控制是一个动态过程，这个过程有如下一些特征。

1．渐进性

所谓渐进性，是指在企业战略的制定和实施过程中，采用先行试验的方法，根据试验效果对战略方案进行必要的修正，使战略得以顺利地实施，并产生较好的效果。企业的战略是逐步形成的。虽然人们可以在平时的点滴想法中发掘出一些十分精练的正规战略分析内容，但真正的战略都是在一系列内部决策和外部事件中逐步得到发展的，最高管理班子中的主要成员对新的行动方案达成共识之后，才逐渐形成。在管理得法的企业中，管理人员积极有效地把这一系列行动和事件概括成思想中的战略目标。有意识地用渐进的方式来进行战略控制。他们制定的很多战略方案带有试验性质，随时准备在适当的时候进行复审和修正。对一些前景不太明朗的战略方案，适宜对其先进行一定的检验，借此了解外界的反应。实践证明，为了改善战略控制过程，企业最好谨慎地、有意识地通过渐进的方法加以处理，以便使决策能够不断地适应新的变化。

2. 交互性

所谓交互性，是指企业在战略的制定和实施过程中，应不断地与外部环境进行必要的信息交流，以保证企业战略与外部环境保持高度的适应性。现代企业所面临环境控制因素具有多样性和相互依赖性，这决定了企业必须与外界信息来源进行互相交流来获得高度的适应性。例如在实际中，要使公众对企业形成有利的认识需要很长时间，这就需要企业积极地、源源不断地投入智力和资源。战略必须在实际中进行适当检验，注重反馈和动态发展，注重信息收集、分析和检验，以唤起人们的意识，吸收集体意见，协调其他与权力和行为有关的行动。

3. 系统性

所谓系统性，是指要保持企业整体与各子系统之间、各子系统相互之间互相配合，协调运行。子系统是为实现某一重要战略目标而相互作用的一组活动或决策。每一子系统有与其他子系统不相关的时间和信息要求，但又在某些重要方面依赖于其他子系统。子系统各自有组织地解决具有全公司性质的某个具体问题，是企业总战略的关键组成部分。由于企业各个主要子系统的进度千差万别，它们在明确问题、唤起注意、初步概念化、进行实验、产生集体意见、具体细节、确定措施和控制等方面往往处于不同阶段，因此每个战略子系统在时间要求和内部进度参数方面，很少能相互配合。企业必须采取有目的、有效率、有效果的管理技巧，把各个子系统整合起来。

三、战略控制的原则

(一)适时控制原则

适时控制要求企业的战略控制有时效性。企业战略实施中对产生的偏差只有及时采取措施加以纠正，才能避免偏差的扩大，或防止偏差对企业不利影响的扩散。及时纠偏，要求战略管理人员及时掌握能够反映偏差产生及其严重程度的信息。如果等到偏差已经非常明显，且对企业造成了不可挽回的影响后，反映偏差的信息才姗姗来迟，那么，即使这种信息是非常系统、绝对客观、完全正确的，也不可能对纠正偏差带来任何指导作用。

事实上，纠正偏差的最理想时机是在偏差未产生以前，企业就注意到偏差产生的可能性，从而预先采取必要的防范措施，防止偏差的产生。预测偏差的产生，虽然在实践中有许多困难，但在理论上是可行的，即可以通过建立企业战略预警系统来实现。我们可以为需要控制的对象建立一条警报线，反映战略实施状况的数据一旦超过这个警戒线，预警系统就会发出警报，提醒人们采取必要的措施防止偏差的产生和扩大。

(二)适度控制原则

适度控制是指企业战略控制的范围、程度和频度要恰到好处，这种恰到好处的控制要注意以下几个方面的问题。

1. 避免控制过多或控制不足

控制过多或控制不足均会带来消极的影响。控制常给被控制者带来某种不愉快，控制过多会影响被控制者的情绪。但是如果缺乏控制则可能导致组织活动的混乱。既能满足对组织活动监督和检查的需要，又要防止与组织成员发生强烈的冲突，适度的控制应能同时体现这两个方面的要求。一方面，应认识到，对组织成员行为的过多限制，会扼杀他们的积极性、主动性和创造性，抑制他们的创新精神，从而影响个人能力的发展和工作热情的提高，最终影响企业的效率；另一方面，也要认识到，过少的控制，将不能使组织活动有序地进行，不能保证各部门活动进度和比例的协调，造成资源的浪费。此外，过少的控制还可能使组织中的个人无视组织要求，我行我素，不提供组织所需的贡献，甚至利用在组织中的地位谋求个人利益，最终导致组织的涣散和崩溃。

2. 正确运用全面控制和重点控制

任何组织都没有必要对每一个部门、每一个环节的每一个人在每一时刻的工作情况进行全面的控制。由于存在对控制者再控制的问题，这种全面控制甚至会导致组织中控制人员远远多于现场作业者的现象。实际上，并不是所有成员的每一项工作都具有相同的发生偏差概率，并不是所有可能发生的偏差都会对组织带来相同程度的影响。适度控制要求企业在建立控制系统时，利用 ABC 分析法和例外原则等工具，找出影响企业经营成果的关键环节和关键因素，并据此在相关环节上设立预警系统或控制点，进行重点控制。

3. 使控制费用与控制产生的效益相适应

控制总会产生必要的成本，例如衡量工作成绩、分析偏差产生的原因以及为了纠正偏差而采取的措施，都需对此支付一定的费用；同时，任何控制，由于纠正了组织活动中存在的偏差，都会带来一定的收益。一项控制，只有当它带来的收益超出其所需成本时，才是值得的。控制费用与收益的比较分析过程，实际上是从经济角度去分析上面考察过的控制程度与控制范围的过程。

(三)客观控制原则

客观控制原则是指企业的战略控制必须是客观的、符合实际的。控制工作应该基于企业的实际状况，采取必要的纠偏措施，或促进企业活动沿着原先的战略轨道继续前进。客观的控制来源于对企业经营活动状况及其变化的客观了解和评价。为此，控制过程中采用的检查、测量等技术和手段，必须能正确地反映企业经营在时空上的变化程度和分布状况，准确地判断和评价企业各部门、各环节的工作与战略规划的要求相符或相背离程度，这种判断和评价的正确程度还取决于衡量工作成效的标准是否客观和恰当。为此，企业还必须定期检查过去规定的标准和计算规范，使之符合现时的要求。另外，由于管理工作带有许多主观成分，因此，判断下属人员的工作是否符合计划要求，不应不切实际地进行主观评定，会影响对业绩的判断。没有客观的标准、态度和准确的检测手段，人们对企业实际工作就不容易有一个正确的认识，从而难以制定出正确的措施，进行客观的控制。

(四)弹性控制原则

弹性控制原则是指企业的战略控制应能根据实施过程中的变化作出相应的调整，也就是说，控制应该具有灵活性或弹性。企业在生产经营过程中经常可能遇到某种突发的、无力抗拒的变化，这些变化使企业战略规划与现实条件严重背离。有效的控制系统在这样的情况下应仍能发挥作用，维持企业的运营。弹性控制要求制定合理的控制标准。例如，预算控制通常规定企业各经营单位的主管人员在既定规模下能够用来购买原材料或生产设备的经营额度。这个额度如果规定得绝对化，那么一旦实际产量或销售量与预测数值发生差异，预算控制就可能失去意义。有效的预算控制应能反映经营规模的变化，应该考虑到未来的企业经营可能呈现出不同的水平，从而为代表经营规模的不同参数值相应规定不同的经营额度，使预算在一定范围内是可以变化的。弹性控制有时也与控制系统的设计有关。通常组织的目标并不是单一的，而是多重目标的组合。由于控制系统的存在，人们会采取一些措施使自己避免受到指责或使业绩看起来不错，从而直接影响一个特定控制阶段内信息系统所采集到的数据。例如，如果控制系统仅仅以产量作为衡量依据，则员工就会忽略质量；如果衡量的是财务指标，那么员工就不会在生产指标上花费更多时间。因此采取多重标准可以防止工作中出现做表面文章的现象，同时也能够更加准确地衡量实际工作和反映组织目标。

除此之外，一个有效的控制系统还应该站在战略的高度，抓住影响整个企业行为或绩效的关键因素。有效的控制系统往往集中精力于预料之外发生的事情，即例外管理原则，凡已出现过的事情，皆可按规定的控制程序处理。

第二节 战略控制过程

战略控制的目的在于使企业战略的实际实施效果尽量符合预期目标。为了达到这一目标，战略控制过程可以分为四个步骤，即确定评价标准、审视战略基础、衡量企业绩效及战略调整或变革，如图 12-1 所示。

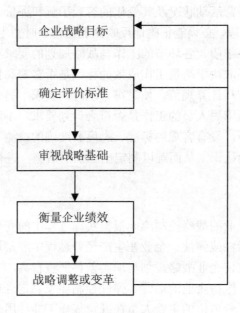

图 12-1　战略控制过程

一、确定评价标准

战略控制的首要步骤就是根据预期目标和战略方案制定出战略评价标准。在制定战略评价标准之前，企业需要评价已定的战略计划，找出需要努力的方向，明确实现目标所需要完成的工作任务。评价的重点应放在那些可以确保战略实施成功的领域里，如组织结构、企业文化和控制系统等。

经过上述一系列的评价、审查，企业可以找出成功的关键因素，并据此作为企业实际效益的衡量标准。企业常用的衡量标准有销售额、销售增长率、净利润、资产、销售成本、市场占有率、价值增值、产品质量和劳动生产率等。可选取这些衡量标准中的部分指标作为战略评价的标准。

二、审视战略基础

审视战略基础就是审视企业的内外条件是否发生变更。企业战略是在研究了外部环境和内部条件的基础上制定出来的，对于构成现有战略基础的外部机会与威胁、内部优势与劣势，企业应实时时监测其变化，以下是这一过程中需要注意的一些关键问题。

1. 检验关键战略因素的可靠性

在众多影响企业战略制定的外部环境要素中，有一些是起关键作用的战略因素。制定战略应对关键战略因素进行推测，如果作出的推测不可靠，则制定的战略就需要修正。迅速地抓住关键战略因素，有利于及时把握战略转变时机。因此，公司在制定战略时都应推测出外部环境关键战略因素，并对其进行系统监视。例如，一家公司制定了市场营销领域中的行业领先地位战略，并拟定一个包括技术、价格、推销等活动在内的战略计划，同时在这个战略计划中还拟定了一年后股票上市的战略项目。遗憾的是，由于该战略计划没有监视金融市场这个外部环境关键战略因素的变化，因而一年后当金融市场发生变化时，其股票发行也就成了泡影。当然，我们事先也无法知道进行监视金融市场的变化是否有利于公司筹集到资金，但是至少可以控制好企业内部的资金投向问题。

2. 监视关键战略因素的变化

企业的关键战略因素一般可归纳为两大类，即不可控因素和直接因素。不可控因素是指非企业所能控制的，并且与企业竞争活动间接相关的环境因素，如科学技术、通货膨胀程度、政府的进口保护、消费倾向、银行存款及利率等。每个企业都必须判断并监测这些因素，从而清楚哪些因素的变化直接涉及自己的竞争优势。通常关注的那些因素是否发生的变化，判断变化对本企业产生的影响有多大。直接因素是指那些与企业竞争活动直接相关的环境因素，如企业的竞争对手、供应商、行业势力集团等，它们的行动变化将会对本企业的战略实施产生重大影响。

3. 识别关键因素变化与战略实施的联系

监视外部环境中关键战略因素的变化，这些因素主要包括收集关于不可控因素或直接因素全面、最新的情报；预测未来的行为；分析预测到的行为在企业战略实施中哪一方面可能产生的重要影响。系统收集、分析、研究这些变量的相互作用关系，并理清关键战略因素变化与战略实施的联系，对值得引起关注的威胁或机会形成监视报告。

三、衡量企业绩效

衡量企业绩效就是考查企业是不是在令人满意地朝着既定目标前进。这一活动包括将预期目标与实际结果进行比较，确定两者之间的差距。有了偏差之后，首先要分析偏差的性质，即偏差是否可以接受，如果偏差不大，或偏差无关大局，或纠正要耗费太大的成本，这时可以考虑不对偏差进行纠正。

偏差的性质确定以后，应认真分析偏差出现的原因。实际情况与预期标准之间存在的差异及其造成差异的原因,是拟定纠偏措施并将其付诸行动的依据。如果在原因不明的情况下,拟定和实施纠正措施,则常常事倍功半,或者即使纠正了还会再次重现此类偏差。

偏差的出现既可能是由战略目标设置不当造成的,也可能是战略本身的问题。通常有下列情况,战略目标、战略或战略控制标准定的缺乏科学性,在执行中发现了问题;由于客观环境发生了预料之外的变化,原来被认为正确的目标、战略或实施计划不再适应新形势的需要。偏差出现也可能是战略实施过程存在问题,这时就要将负关键责任的部门找出来。总之,必须把战略本身的问题与战略实施中的问题区分清楚。属于战略或实施计划本身原因造成的偏差,需要通过调整战略和修改标准加以纠正。

四、战略调整或变革

如果战略实施中出现的偏差较大,企业应考虑采取纠正措施或实施权变计划。在战略实施过程中,一旦推断出公司外部环境带来的机会或威胁可能造成的后果,则必须采取相应的纠正或补救措施,即实施战略调整或变革。

企业在实施战略调整或变革时可采取三种方式:一是常规模式,企业按照常规的方式去解决所出现的偏差,这种模式花费的时间较多;二是专题解决模式,企业就目前所出现的问题进行专题重点解决,这种措施反应较快,节约时间;三是预先计划模式,企业事先对可能出现的问题制定权变计划,从而减少反应的时间,增强处理战略意外事件的能力。

第三节 战略控制类型

一、依据控制时机分类

依据控制时机的不同,战略控制可分成前馈控制、同期控制和反馈控制三类。

1. 前馈控制

前馈控制是在企业战略实施之前进行的控制,其目的在于防止问题的发生而不是当问题出现时再补救。基本原理是在企业战略实施前,对战略行动的结果可能出现的偏差进行预测,并将预测值与战略的输入控制标准进行比较,提前采取纠正措施,使战略不偏离原定计划,保证企业战略目标的实现。前馈控制对战略实施的结果进行预测,对后续行动起到调节作用,能防患于未然。一般情况下,在战略实施过程中可采用将前馈控制与反馈控制相结合的复合型控制网络,以提高和改善控制的效果,因而是一种比较有效的战略控制方法。

前馈控制的内容包括检查资源的筹备情况和预测其利用效果两个方面。为了保证战略过程的顺利进行，管理人员必须在战略开始实施以前，检查企业是否已经或能够筹措到在质和量上符合战略计划要求的各类经营资源。如果预先检查的结果表明资源的数量和(或)质量无法得到保证，那么就必须修改企业的战略计划和目标。事先预测的另一部分内容是检查已经或将能筹措到的经营资源经过加工转换后是否符合市场需要。如果预测的结果符合企业需要，那么企业战略就可以按原定的程序进行；如果不符合，则需要改变企业战略的运行过程及其投入。

2. 同期控制

同期控制亦称过程控制，是指企业战略实施过程开始以后，即开始对涉及的人和事进行指导和监督。基本原理即在企业战略实施过程中，按照控制标准验证战略行动执行的情况，判断是否出现偏差。主管人员越早感知偏差，就可以越快地采取纠偏措施，在发生重大问题之前及时纠正。同期控制方法一般适用于实施过程标准化战略的控制，或部分过程标准化战略项目的控制。

同期控制的具体操作有以下三种形式，一是直接指挥，企业管理者根据控制标准，对战略行动进行直接指导，发现偏差及时纠正，确保有关行动符合控制标准；二是自我调节，执行者在具体工作过程中，通过正式的或非正式的沟通，按照规定的控制标准主动调节自己的行为，保持与协作者的默契配合；三是共同愿景，各职能部门及职能人员，对企业战略目标应在认识上保持一致，并在各自的岗位上表现出使命感，从而达到殊途同归，和谐一致，齐心协力实现目标。

3. 反馈控制

反馈控制亦称事后控制，是指战略实施过程结束以后，对这段时期的资源利用状况及其结果进行总结。基本原理是在企业战略推进过程中对行动的实际结果与期望的控制标准进行对比，然后根据偏差大小及其发生的原因，对战略的输入和执行过程采取纠正措施，以使最终的结果能符合控制标准的要求。

反馈控制方法控制的对象是结果，纠正的是战略的输入部分及执行过程，根据实施形成的结果，总结经验或教训来调整和指导未来的行动，确保企业战略的正确实施。由于反馈控制具有一定的滞后性，有可能在某些环节上出现纠正措施不及时的现象，影响战略的顺利执行，因此，反馈控制一般在经营环境比较稳定的条件下采用。同样道理，在战略实施过程中，可采用将反馈控制、前馈控制和同期控制相结合形成的复合型控制网络，更能提高和改善控制效果。这样的复合型控制网络是一种相当有效的战略控制方法。

反馈控制的具体操作有以下两种形式：一是目标导向，让员工参与战略目标的制定和工作业绩的评价，既可以看到个人行为对实现企业战略目标的作用和意义，也可以从工作业绩的实际评价中看到成绩与不足，得到肯定和鼓励，为战略的推进发挥作用；二是行为评价，对员工的实际工作行为与战略所需的行动进行控制和评价，要求员工的工作行为符合规定的控制标准要求。同时，通过员工行为实际产生的结果反馈来规范员工的行为，使之更符合战略的要求，从而强化员工的战略意识，确保员工行为与企业战略行动的一致性。

二、依据控制对象和目的分类

依据控制对象和目的的不同，战略控制可分成回避控制、具体活动的控制、绩效控制和人员控制四类。

1. 回避控制

回避控制，也称避免控制。是指管理人员通过采取适当的手段，避免不良情况发生，从而达到避免控制的目的，具体的手段有：

(1) 高效自动化。计算机等高效自动化手段通常可以按照企业预期的目标按部就班地工作，保持工作的稳定性，使控制得以改善。企业可以采用计算机或者其他高效自动化手段来减少控制问题。

(2) 管理集中化。管理集中化就是指把各个管理层次的权力集中在少数高层管理人员手中，从而避免分层控制引起的矛盾。当管理人员在进行所有决策时都采用集中化方式后，事实上就不存在管理意义上的控制问题了。

(3) 风险共担。这里的风险共担是指企业可以将一些内部风险与企业外的一些组织共同分担，如与保险公司签订协议等。这样，企业可以不必担心某些职工的个体行为严重地影响企业的利益从而形成对企业的控制威胁。

(4) 风险转移。当企业的管理人员对于企业的某些生产经营活动感到很难控制时，可以考虑采取发包或完全放弃的方式来处理该项经营活动，从而将潜在的风险转移出去，当然与之相应的利益也就转移了出去，这样企业就消除了相关的控制问题。

2. 具体活动控制

具体活动的控制是为了保证企业员工能够按照企业的预期目标进行活动的一种控制手段，其具体做法主要有以下三种形式：

(1) 行为限制。这种方式可以通过两种途径来实现，一是利用物质性的器械或设施来限制员工的行为；二是利用行政管理上的限制，约束员工必须按照各自的职能进行工作。

(2) 工作责任制。这种方式主要通过检查与考核职工的工作，同时激励员工，从而充分发挥他们的积极性。实行工作责任制一般要求确定企业允许行为的界限，让职工按照一定的规章制度工作；经常地检查员工在实际工作中的行为；根据所制定的标准惩罚或者奖励员工的行为。

(3) 事前审查。这种审查主要是指在职工工作完成前所做的审查，可以纠正潜在的有害行为，达到有效控制的目的。

3. 绩效控制

绩效控制形式以企业的绩效为中心，通过明确绩效责任制来达到有效控制的目的，绩效控制系统一般要求确定预期的绩效范围；根据绩效范围衡量效益；根据效益实现绩效的人员给以奖励，对没有完成绩效的人给以惩罚。绩效责任制与工作责任制在某种程度上有一定的相似性，即都是面向企业的未来，使职工的行为符合企业的预期目标。这样控制系统只有在员工充分认识到其好处时，才能充分发挥作用。

4. 人员控制

人员控制系统是依靠企业涉及的人员，让他们为企业作出最大的贡献。同时，人员控制系统还可以为某些人员提供一定的帮助。当该控制系统出现问题时，一般可以采用以下的手段加以解决，包括实施员工训练计划，改善工作分配，提高关键岗位上人员的能力；改进上下级的沟通，使企业职工更清楚地知道与理解自己的作用，将自己的工作与企业中其他群体的工作很好地进行协调；建立具有内在凝聚力的目标和高效协作的团队，促成同车间的互相控制。

第四节 战略控制方法和战略控制系统

一、战略控制方法

为了有效地实施控制，人们在战略控制系统中使用了许多种控制方法，下面介绍几种常用的控制方法。

1. 预算控制

预算可能是使用最广泛的控制方法或工具。所谓预算是一种以财务指标或数量指标表示的有关预期成果或要求的文件。预算一方面起着指导如何在企业内各单位之间分配资源的作用；另一方面，它也是企业战略控制的一种方法。预算准备完成之后，企业内部的会计部门就要保留各项开支记录，定期作出报表，表明预算、实际支出以及二者之间的差额。报表完成之后，通常要送达该项预算所涉及的不同层次负责人手中，由他们分析偏差产生的原因，并采取必要的纠正措施。

2. 审计控制

审计是客观地获取有关经济活动和事项论断的论据，通过评价明确所得论断与预期标准之间的符合程度，并将结果报知有关方面的过程。审计过程基本上着重于对企业作出的财务论断进行审核，以及判断这些论断是否符合实际。在我国执行审计的人员可有两类，一类是独立的审计人员或注册会计师，他们的主要职责是检查委托人的财务报表。同时，他们还提供其他服务,如会计服务、税务会计、管理咨询以及为委托人编制财务报表等。另一类是企业内部审计人员,他们的主要职责是确认企业的方针和程序是否被正确地执行,保护企业的资产。此外,他们还经常负责评估企业各单位的效率以及控制系统的效率。

3. 个人现场观察

个人现场观察是指企业的各阶层管理人员(尤其是高层管理人员)深入到各生产经营现场,直接进行观察,从中发现问题并采取相应的解决措施。

二、战略控制系统

1. 战略控制系统的职能

在战略实施控制系统中,又包括三个基本的控制子系统,即战略控制系统、业务控制系统和作业控制系统。战略控制系统关注外部环境有关因素和企业内部绩效,对总体战略和经营单位战略进行控制。业务控制系统关注实现企业战略中各部分策略及中期计划目标的工作绩效,检查是否达到了企业战略为它们规定的目标,是对在时间和空间上分解了的战略计划进行控制。作业控制是对具体负责作业工作人员的日常活动进行控制,它关注于作业人员履行规定职责及完成作业性目标任务的绩效,作业控制由各基层主管人员进行。

战略控制系统与业务控制系统的基本区别为:一是执行的主体不同。战略控制主要由高层管理者执行,包括公司级和战略经营单位级高层管理者;业务控制主要由中层管理者进行。二是战略控制具有开放性,业务控制具有封闭性。战略控制既要考虑外部环境因素,又要考虑企业内部因素,而业务控制主要考虑企业内部因素。三是战略控制的目标比较定性、不确定、不具体;业务控制的目标比较定量、确定、具体。四是战略控制主要解决企业的效能问题,业务控制主要解决企业的效率问题。

2. 战略控制系统的要求

1) 控制标准必须与企业目标相联系

控制标准既要与企业的长远目标相联系,也要反应企业短期内的经营绩效。有效的战略实施的控制必须将控制目标与各特定系统的绩效标准相联系,与资源的分配导向相联系,与外部环境的关键因素相联系,这样做有利于明确战略计划和个人行为目标之间的关系。

2) 控制与激励相结合

一般说来,当个体行为取得符合战略需要的绩效时会得到激励,但平时对个体的行为可能没有清晰的期望目标,而有效的战略实施控制提供了这种期望与战略目标之间的联系,这时的控制与评价就具有激励性,对有效地实施战略十分有益。

3) 控制系统要包括预警系统

设立预警系统的目的在于可以及早告知管理者在战略实施中的潜在问题或偏差,使管理者能及早警觉起来，提前纠正偏差。

3. 实施战略控制系统的条件

1) 完整的企业战略规划

战略控制是以企业战略规划为依据的，战略规划越是明确、全面和完整，其控制的效果就有可能越好。

1) 健全的企业组织结构

组织结构是战略实施的载体，它具有具体执行战略、衡量绩效、评估及纠正偏差、监测外部环境的变化等职能，因此组织结构越是合理、完善，控制的效果可能就会越好。

3) 得力的企业领导者

高层领导者是执行战略控制的主体，同时也是战略控制的对象，因此要选择和培训能够胜任的得力企业领导人。

4) 优良的企业文化

企业文化的影响根深蒂固，利用优良的企业文化加以诱导和规范，对于战略实施的控制是最为理想的手段，当然这也是战略控制的一个难点。

5) 高效的企业信息系统

全面、准确、及时的信息，使组织成员可以监督企业战略控制进展状况，并在必要时迅速采取纠正行动。企业应利用现代信息技术的成果，完善企业的信息系统。

本 章 小 结

由于企业所处的环境在不断地变化，企业内部管理权力的分散和不同管理人员存在工作能力的差异，使得战略控制成为必要。战略控制具有渐进性、交互性和系统性的特征。要使战略控制变得有效，必须坚持适时控制原则、适度控制原则、客观控制原则和弹性控制原则。战略控制过程包括确定评价标准、审视战略基础、衡量企业绩效和战略调整或变革四个步骤。依据控制时机的不同，战略控制可分成前馈控制、同期控制和反馈控制三类；依据控制对象和目的的不同，战略控制可分成回避控制、具体活动的控制、绩效控制和人员控制四类。

战略控制的一般方法包括预算控制、审计控制和个人现场观察。在战略实施的过程中，有三个基本的控制系统，即战略控制系统、业务控制系统和作业控制系统。

战略控制系统要求控制标准必须与企业目标相联系；控制要与激励相结合；控制系统要包括预警系统。实施有效控制的条件包括完整的企业战略规划、健全的企业组织结构、得力的企业领导者、优良的企业文化和高效的企业信息系统。

思 考 题

1. 简述战略控制的特征。
2. 战略控制必须坚持哪些基本原则?
3. 阐述战略控制的基本过程。
4. 战略控制包括哪些基本类型?
5. 战略控制的常用方法有哪些?
6. 简述战略控制系统与业务控制系统的区别。

本 章 案 例

波导与TCL的发展战略与控制

目前,在国产手机企业中胜出的是波导与TCL,这是一种偶然还是必然?回头来看,知道前进的方向固然重要,但输赢往往取决于怎么去"走",即选择了战略后,还要对战略实施进行有效的控制。

2001年国产手机的市场占有率达到15%,其中波导手机2001年的销售量超过250万部,市场份额超过5.7%,位居中国手机市场的第五名、国产手机的第一位;2001年,TCL手机利润达3亿元,约占集团利润的42%,成为国产品牌手机盈利最多的企业。许多财大气粗、技术领先、投入巨大的企业都没有取得如此业绩,赢家为什么是波导和TCL呢?我们认为,波导和TCL的成功是针对市场需求和自身资源,选择不同的品牌战略并有效执行的结果。

波导和TCL:两种典型的品牌战略。

1997年,维杰伊·韦斯瓦纳斯和乔纳森·马克在《品牌经营的最佳战略》一文中提出了低路品牌和高路品牌的概念。他们认为,品牌的盈利能力是由两个因素决定的,即市场份额和这类产品的性质(或者说是品牌参与竞争的产品市场的性质)。一个品牌的相对市场份额对其盈利能力的影响,根据整个商品大类是以高档品牌产品为主,还是以低价品牌产品为主的情况而有所差异。他们运用这两个因素画出一个矩阵图(以商品大类的高档程度为纵轴、以商品的相对市场份额为横轴)。

处于不同的象限对一个品牌的潜在盈利能力有着不同的影响。一般来说,如果商品基本上由高档品牌构成,这类商品中的大多数品牌将有利可图;反之,回报会低一些。如果你选择了不同的象限,相应地你也要采用不同的品牌战略。

当然,在没有约束的条件下,每一个正常的企业都愿意选择高路品牌的战略,因为利润高。但品牌战略的选择是有条件的,每个企业面对的市场环境不同、拥有的资源不同、经营的理念不同、核心能力也不完全相同，所以，企业应根据这些不同的变量选择自己的战略。

国产手机厂商在切入市场之初，面临着多重的两难选择。技术开发和市场占有孰轻孰重、孰先孰后？是重金投入技术内功的修炼，还是把握时机投入资金、人力、物力开拓和建设市场？面对巨大的市场蛋糕如何下刀？是由低端市场挺进高端市场，还是杀入高端市场获利之后再来个回马枪？而最关键的还是高路或低路品牌战略的抉择！

		相对市场份额	
		低	高
商品档次	高	II	IV
	低	I	III

当时，许多国内企业的选择是低路品牌战略，其中包括波导。波导选择低端市场战略，是期望在低端市场获得成功之后，再推出高档产品。从当时的市场环境看，其选择是合理的，因为与洋品牌相争，国产手机最大的优势在于研发成本、生产成本、市场推广、内部管理能少几个百分点，这是产业的比较优势。

TCL 则成了一个异类，选择了在高端市场和国外品牌直面竞争。由此，TCL 推出自主开发的 TCL999D 宝石系列手机、TCL 大富豪 8988 宝石手机等八个系列，发动了"宝石攻略"。后来的发展证明，低路品牌和高路品牌的战略都是可取的，并都获得了成功。

许多企业能认识到前进的方向，但却不知如何走，更多的企业会在走的过程中迷失或改道，所以战略实施与控制和战略制定同样重要！

如果你定位低路品牌，即在一个相对低价类商品中竞争，并且拥有一个较高的相对市场份额。那么你要注意，低路品牌的利润并不是通过它们的价格实现的，更多的是通过成本领先实现的。因此，在这个象限内的品牌，削减成本至关重要，研发投资应当致力于使生产过程更有效率以及减少浪费，并把节约的资金再投入到进一步的降价中去。格兰仕是实施低路品牌战略的一个楷模，"价格屠夫"通过规模的扩张、成本的降低，实现了价格优势，从而扼杀竞争对手。

在同时进入手机市场的国内企业中，有好几家选择了低路品牌战略，可是都没有做好，原因在于成本控制。当许多企业还在为必须降低成本但又不知道如何做而发愁时，波导已将成本控制做得非常好。波导手机降低成本的第一招就是规模生产。2001 年，波导手机副总隋波说："手机如果一年做不到 100 万台，迟早要死。100 万是一个生存的门槛，300 万是一个发展门槛，过不了 300 万只是小打小闹，不可能成为市场上的主力。过了 300 万才算获得了发展权。"波导甚至提出在 2002 年要向 500 万部突破。第二招就是精细的成本控制。波导认为控制成本有两种方式：一是对每一种手机要控制一定的规模，不能10种手机每种都做2万部，这样不可能盈利；二是科学地把握每一种产品的生命周期，以确定不同时期的价格。第三招就是降低产品的开发成本，主张"拿来主义"。国内手机刚刚起步，在技术创新上超过洋品牌极不现实，故在产品策略上第一是学习，第二才是创新。波导根据不同目标消费群的需要，对某款主流机型的功能进行删减，派生出一系列低端新款产品，既节约了全新系列产品的研发成本，又满足了不同细分市场对产品功能的不同需求。成本的降低是低路品牌成功的关键。你既然选择了低价战略，那么你也就选择了价格敏感型的目标对象，要想赢得他们，唯一有效的方法是更低的价格。这里，我们要强调一个目标对象的选择问题，目标对象必须与你的战略相符，许多选择低路品牌战略的手机企业却锁定高端消费者，在北京、上海等大城市猛推，岂有成功之理？波导的市场策略并不是从大城市、沿海地区开始，而是从中小城市、内地城市及小城镇推起。波导很好地执行了既定的低路品牌战略，在众多战略雷同的企业中杀出重围。

那么，走高端的 TCL 手机又是如何表现的呢？

高路品牌的销售回报率通常能达到 20%以上。这个象限里的品牌取得成功的关键就是创新、创新、再创新。高路品牌的消费者一般较忠诚，并愿意支付高价。同时作为回报，消费者会不断要求在款式、尺寸和功能上进行改进和变化，并且要求这些改变能提高真正的价值。中国家电业中，海尔可算高路品牌战略的一个典型，通过产品创新和服务创新，提高品牌价值，从而避免恶性价格竞争。如何在高端与洋品牌手机竞争呢？TCL 给出的答案是"宝石攻略"，即在功能、外形有实力的产品上再加上宝石、镀金等文化附加价值。

在国产手机企业都强调技术引进时，TCL 却强调技术创新，面对国际手机市场每7天推出一款新型手机，而诺基亚每23天生产出一款新型手机，TCL 组成了一个10人博士团，专门负责手机产品的研发。TCL 还是第一个拥有自主知识产权 WAP 技术的企业。在技术上，TCL 深知短期内无法与诺基亚、摩托罗拉等国际巨头较劲，要走高价道路，就要创造其他的顾客价值。于是，TCL 在手机消费文化上大做文章。2001年春节期间，TCL 第一款钻石手机以厂家直销的方式面向全国发售，虽然该款手机零售价高达万元以上，但销售情况相当可观。象征高贵、成功、财富和地位的钻石手机一经入市即以独特的产品定位和别具一格的装饰文化内涵博得高层次消费者青睐。TCL 手机在传播策略上，也力求创新和独特，塑造中国手机的新形象。

2001年3月，TCL 移动通信在浙江温岭举行"中国手机新形象"新闻发布会，率先在业内提出"打造中国手机新形象"的主题；7月份，TCL 移动通信在泰山举行"新产品上市新闻发布会暨手机文化学术研讨会"，一举推出五款新机型，并提出"以价值竞争打造中国手机新形象"的竞争纲领；8月份，聘请韩国著名影星金喜善出任 TCL 手机品牌形象代言人，由张艺谋执导的新品牌形象广告在中央电视台推出；9月份，TCL 移动通信与中国百家广告公司建立起市场推广联盟。

但我们也应认识到，走高价路线是有相当风险的。你必须拥有独特的竞争优势，可以提供额外的顾客价值，并不断地进行创新活动。这也是国内企业在进入手机市场时，大多选择波导式的低价路线，而很少走高端的原因。

实施高路品牌和低路品牌战略的企业都可以取得成功，但成功的结果却又有较大的不同，往往是一个赢得了较大市场份额，另一个则有较高的利润回报。高路品牌盈利能力较强，而低路品牌的销售回报相对较低。从TCL集团2001年的年报可看出，2001年TCL手机销量不及波导，但利润可观，达到3亿元。波导2001年报显示，公司2001年的主营业务收入26.2亿元，净利润6 813万元，而手机的销售收入占到了主营收入的97.78%，但手机业务的利润仅为4 000万元。

在中国国产手机企业的发展壮大过程中，不可避免地面对一个"向上走还是向下走"的难题。应该把份额放在前面，还是将利润摆在首位？

我们看到低路品牌战略的代表"波导"开始向上走。2002年波导在巩固原有实力的基础上，目标直指中高端市场。同时，波导也已开始在北京、广州、上海等大城市和沿海地区展开攻势，力争在这些城市占有一定的份额。波导副总隋波说，走低端市场线路将越来越难行，一是低价手机基本不挣钱；二是洋品牌手机随时都可以把市场淘汰的产品进行超低价倾销。国产手机由于在规模上无法与洋品牌手机较量，因此很难进行类似竞争，而高端手机市场相对利润率较高，投资收益大。波导认为，目前在2500元以上的高端市场上，虽然销量不是很大，但单机利润很高。这将是今后手机厂商重点进军的战场。

TCL手机则继续维持目前的高路品牌战略，并向右方急速前进。据赛迪顾问今年5月28日发布的《中国手机市场新格局》报告，TCL集团2002年1～4月已销售约160万部手机，数量直逼2001年全年销售量，销售额突破30亿元，在国内手机市场排名第三。TCL计划2002年手机总销量达到600万台，营业收入总额达到10亿美元。2002年，TCL移动信息产业国际科技园也已建成，手机产能将由300万台/年提至1200万台/年，一直让TCL感到捉襟见肘的瓶颈问题，即产能不足将得到解决。TCL在3年时间内，迅速成长为行业内的开路先锋，其飞跃式发展历程的背后，贯穿了一条清晰的主线：通过创新，产生差异化，为消费者提供个性化的产品；不把关注点放在价格上，更多体现价值。这或许将是TCL手机一如既往的品牌战略。厦新完全是搭便车品牌战略的代表，其凭着一款高端的A8手机，虽然总体市场份额不大，但获得了不菲的利润，成为厦新新的利润增长点，并为厦新股份的盈利提供了可能；而且，市场的反响火爆，销售量日渐增长。其他的国产手机，向右上方移动的趋势也有一定的表现。

可见，在手机行业，无论你的初始品牌战略选择如何，最后的选择必将是一个向上走的过程。为消费者提供价值而非价格，进行创新之争而非成本之战，选择向上走而非向下走，是中国手机企业乃至其他所有企业获取最后胜利的重要因素。(资料来源：王文亮。企业战略管理，郑州：郑州大学出版社，2004年8月)

案例分析

1. 波导和TCL分别采取了什么样的发展战略？它们如何成功地进行了战略控制？
2. TCL采用了哪种基本战略控制方式？你对此有何评价？

案例点评

波导和TCL的成功是针对市场需求和自身资源，选择不同的品牌战略并有效执行的结果。

波导选择低端市场战略，是期望在低端市场获得成功之后，再推出高档产品。从当时的市场环境看，其选择是合理的。当许多企业还在为必须降低成本但又不知道如何做而发愁时，波导已将成本控制做得非常好。波导手机降低成本的第一招就是规模生产，第二招就是精细的成本控制，第三招就是降低产品的开发成本，主张"拿来主义"。

此外，目标对象必须与企业的战略相符，许多选择低路品牌战略的手机企业却锁定高端消费者，在北京、上海等大城市猛推，岂有成功之理？波导的市场策略并不是从大城市、沿海地区开始，而是从中小城市、内地城市及小城镇推起。波导很好地执行了既定的低路品牌战略，在众多战略类似的企业中杀出重围。

TCL选择了在高端市场和国外品牌直面竞争。如何在高端与洋品牌手机竞争呢？

第一是开展"宝石攻略"，TCL推出自主开发的TCL999D宝石系列手机、TCL大富豪8988宝石手机等八个系列。

第二是强调技术创新，TCL组成了一个10人博士团，专门负责手机产品的研发。TCL还是第一个拥有自主知识产权WAP技术的企业。

第三是在手机消费文化上大做文章。象征高贵、成功、财富和地位的钻石手机一经入市即以独特的产品定位和别具一格的装饰文化内涵博得高层次消费者青睐。

第四是在传播策略上，也力求创新和独特，塑造了中国手机的新形象。

参 考 文 献

1. 王文亮. 企业战略管理. 郑州：郑州大学出版社，2004
2. 孙伯良等. 企业战略管理. 北京：科学出版社，2004
3. 顾天辉等. 企业战略管理. 北京：科学出版社，2004
4. 王玉. 企业战略管理教程. 上海：上海财经大学出版社，2005
5. 胡建绩等. 企业经营战略管理. 上海：复旦大学出版社，2004
6. 朱煜. 经营战略. 北京：中国纺织出版社，2004
7. 林建煌. 战略管理. 北京：中国人民大学出版社，2005
8. 徐佳宾. 企业战略管理. 北京：经济管理出版社，2004
9. 杨锡怀等. 企业战略管理理论与案例. 北京：高等教育出版社，2004
10. 周三多等. 管理学. 北京：高等教育出版社，2000
11. 黄渝祥等. 企业管理概论. 北京：高等教育出版社，2000
12. 刘仲康. 企业经营战略概论. 武汉：武汉大学出版社，1999
13. [美]迈克尔·波特. 竞争战略. 北京：华夏出版社，1997
14. 王方华，吕巍等. 企业战略管理. 上海：复旦大学出版社，2000
15. 加里·德斯勒. 人力资源管理. 北京：中国人民大学出版社，1999
16. 彼德·F.德鲁克. 管理. 北京：中国社会科学出版社，1987
17. 王方华，吕巍等. 战略管理. 北京：机械工业出版社，2004
18. 甘华鸣. 经营战略 MBA 核心课程. 北京：中国国际广播出版社，2002
19. 金占明. 战略管理——超竞争环境下的选择. 北京：清华大学出版社，2001
20. 李亚. 民营企业发展战略. 北京：中国方正出版社，2004
21. 陈幼其. 企业战略管理案例. 上海：立信会计出版社，2001
22. 张臻华. IBM 公司——利用联盟战略进入中国市场的蓝色巨人. 中国期刊网
23. 吴健安. 市场营销学. 北京：高等教育出版社，2000
24. 陈伟等. 经济全球化与经济转轨互动研究. 北京：商务印书馆，2005
25. 李刚等译. 国际管理. 北京：中国人民大学出版社，2006
26. 王军等译. 战略管理. 北京：人民邮电出版社，2004
27. 王迎军等译. 战略管理. 北京：机械工业出版社，2004
28. 张明玉. 企业战略理论与实践. 北京：科学出版社，2005
29. 尹柳营等. 国际企业战略管理. 华南理工大学出版社，2002
30. 黄凯. 战略管理. 竞争与创新. 北京：石油工业出版社，2004
31. 解培才. 企业战略管理. 上海：上海人民出版社，2001
32. 于文明，侯书森. 企业战略管理. 合肥：安徽人民出版社，2002
33. 王迎军，柳茂平. 战略管理. 天津：南开大学出版社，2003
34. 钟耕深，徐向艺. 战略管理. 济南：山东人民出版社，2006
35. 张建涛. 现代企业战略管理创新. 广州：中山大学出版社，2007